터부, 주술, 정령들

Taboo, Magic, Spirits

A Study of Primitive Elements in Roman Religion

(1931)

터부, 주술, 정령들

모든 종교에서 발견되는 원시적인 요소들

엘리 에드워드 베리스 지음 김성균 옮김

우물이 있는 집

일러두기

1. 단행본은 『 』로, 정기간행물은 《 》로, 소논문, 설명문, 유태교-기독교경전, 시詩는 「 」로, 미술작품은 < >로 표시되었다.
2. 【 】로 표시된 번역자 각주를 제외한 모든 각주는 저자가 붙인 것들이다.
3. 본문에 추가된 모든 도판은 번역자가 선정한 것들이다.

차례

서문

현존하는 역사문헌들에서 발견되는 로마 종교는 다양한 요소들의 집합이다. 로마 종교를 연구하는 현대의 학자들을 고민하게 만드는 문제들 중 하나는 이 다양한 요소들 — 원시적 요소들, 라틴[1]계 요소들, 에트루리아[2]계 요소들, 동양계 요소들 — 을 분류하고 해석하는 것이다. 그래서 라틴문학에 친숙한 일반적인 비교종교학자들조차 종교 및 미신과 관련된 엄청나게 많은 사실 및 견해를 아무리 많이 섭렵하더라도 과거와 현대의 원시인들이나 야생원주민[3]들과 문명인들 사이에서 신봉되는 모든 종교의 공통요소들을 파악하지 못할 것이다. 대체로 발달한 종교에서 발견되는 그런 공통요소들은 원시요소들로 간주되어도 무방하다. 여느 인간종족[4]의 종교를 파악하려는 연구도 바로 그런 원시적 공통요소들을 출발점으로 삼아야 할 것이다.

1 【Latin: 이 낱말은 이탈리아 중서부의 도시 로마를 포함하는 지역인 라티움Latium에서 사용된 언어의 통칭이다. 그러므로 한국에서 이른바 '라틴어'로 통칭되어온 것은 정확하게는 '라티움어Latium語'이고 '라틴족'은 '라티움족'이다.】

2 【Etruria: 이탈리아 북반부의 서부지역을 통칭하는 고대지명.】

3 【savage: 이 영어낱말은 한국에서는 흔히 '미개인未開人'이나 '야만인野蠻人'으로 번역되어왔다. 그런데 '미개인'이나 '야만인'은 이른바 '문명인文明人들'의 부정적 편견이나 고정관념을 다분히 내포한다. 그러므로 이 책에서 이 영어낱말은 선사시대와 고대의 문명화되지 않은 인간무리(인간집단 또는 인간공동체)를 뜻하는 경우에는 '원시인'으로, 근대와 현대의 문명화되지 않은 인간무리를 뜻하는 경우에는 '야생원주민野生原住民'으로 번역된다.】

4 【people: 이 책에서 이 영어낱말은 이른바 '민족'이나 '백성'이나 '국민'으로 번역되지 않는다. 이런 의미에서 비슷한 영어낱말인 'race'도 '민족'이나 '인종'으로 번역되지 않는다. 왜냐면 '민족'이나 '백성'이나 '국민'은 근대에 형성된 '국가'를 전제前提로 삼는 낱말들이고 '인종'은 부정적 함의를 "아직도" 완전히 떨쳐내지 못한 낱말이기 때문이다. 그러므로 이 책에서 이 두 영어낱말은 '과거와 현대의 혈연, 지연, 생활양식, 종교 같은 요인들을 공유하는 인간무리(인간집단 또는 인간공동체)'를 뜻하는 경우에는 '인간종족人間種族'으로 번역된다.】

그런데 여태껏 학자들의 대다수는 '고대 로마의 남신들과 여신들, 그런 신들에게 봉헌된 의례들, 그런 의례들을 집전한 성직聖職들'의 발달과정을 추적하고, 그것들의 역사적 원천들을 탐구하며, '다양한 종교축제일들이 명시된 로마 달력'을 설명하고 해석하는 작업에 치중해 버릇했다. 더구나 원시요소들을 다룬 기존의 연구들도 오히려 더 광범한 연구의 일부를 구성하는 데 그쳤던지, 아니면 조직된 로마 국가종교를 연구하는 방법을 개척하느라 오히려 원시요소들을 경솔하게 처리하고 말았다. 심지어 잉글랜드 역사학자 겸 조류학자鳥類學者 윌리엄 워드 파울러William Warde Fowler(1847~1921)의 저서 『공화정치시대 로마의 축제들The Roman Festivals of the Period of the Republic』(1899)과 독일 고전문헌학자 게오르크 비소바Georg Wissowa(1859~1931)의 『로마의 종교와 문화Religion und Kultus der Romer』(1908)에서 다뤄진 최우선 관심사들도 역사문헌들에 기록된 로마 종교의 사실들이었다. 물론 파울러는 『로마인들의 종교체험The Religious Experience of the Roman People』(1911)이라는 저서의 두 단원을 원시요소들을 탐구하는 데 분명히 할애했지만 저서의 제목으로 내세운 주제를 성급하게 다루려는 욕심도 확연히 드러냈다. 캐나다 출신 브리튼 고전학자 겸 신화학자 허버트 제닝스 로즈Herbert Jennings Rose(1883~1961)는 『이탈리아 원시문화Primitive Culture in Italy』(1926)에서 로마 종교의 원시요소들을 비록 건전한 학자정신을 발휘하여 고찰하려고 노력하면서도 "이탈리아 원시문화"라는 큰 주제에 포함하여 간략하게 거론했을 따름이다. 더구나 게오르크 비소바의 가르침을 멀리 에둘러 추종한 미국 고전학자 제시 베너딕트 카터Jesse Benedict Carter(1872~1917)의 비교종교학지식은 미미했던 것으로 보인다. 그래서 그런지 근래의 학자들은 고대 로마인들의 것들과 유사한 세계각지의 의례들 및 통념들을 채록하여 정리한 스코틀랜드 비교종교학자 겸 신화학자 제임스 조지 프레이저James George Frazer(1854~1941)의 유익한 저서들에 많이 빚졌다. 그의 명저 『황금가지The Golden Bough』(1890~1915)는 그런 의례들과 통념들을 연구하는 사람들에게 유익한 정보들을 가득 머금은 진정한 광맥이다. 또한 그가 최근에 출간한 편저編著 『오비디우스의 "종교축제일들"The "Fasti" of Ovid』(1929)은 로마 종교와 관련된 주제를 연구하는 사람들에게는 불가결한 자료이다. 나는 지금 쓰는 서문을 붙일 이 연구서의 초고를 완성하고 나서야 비로소 여러 사람의 손을 거쳐 프레이저의 이 편저를 입수할 수 있었다. 나는 고대 로마 시인 오비디우스Ovidius(서기전43~서기18)의 저서 『종교축제일들Fasti』을 해설하는 프레이저의 주석註釋들은 적절하다고 판단했으므로, 프레이저의 편저를 이 연구서에 인용하면서 각주에 참고문헌으로 명시했다.

내가 아는 한에서, 로마 국가종교에도 내재하고 흔히 원시적인 것으로 간주되는 로마인들의 민간종교생활에도 내재하던 원시요소들을 고대문헌들에서 발견하려고 노력한 사람은 여태껏 없었다. 물론 미국 고전학자 유진 터베너Eugene Tavenner(1878~1963)는 『라틴문헌에 기록된 주술을 다룬 연구들Studies in Magic from Latin Literature』(1916)에서 주술과 관련된 중요한 일련의 사실들을 우리에게 알려주었지만 그것들을 해석하려는 시도를 감행하지는 않았다.

우리가 진정한 원시요소들과 비非원시요소들을 정확하게 판별하기는 확실히 곤란할 뿐더러 불가능한 경우도 많다. 그러나 원시요소들의 흔적은 분명히 잔존한다. 내가 이 연구서에서 비교적 상세하게 다룬 긍정적 마나mana와 부정적 마나, 공감주술共感呪術sympathetic magic 원리들, 자연신앙

naturalism, 애니미즘animism(정령신앙精靈信仰)이 바로 그런 흔적들이다. 나는 로마 종교의 원시요소들을 연구하면서 그런 흔적들을 발견했다. 내가 더욱 자세히 논의할 몇몇 주제는 이런 나의 연구결과에서 연원했을 뿐 아니라 그런 원시요소들을 이해될 수 있게 만드는 필수적 지식을 구성한다.

이 연구서에 수록된 인용문들의 다수는 내가 5년 넘게 직접 탐독한 1차 문헌들에서 발췌한 것들이다. 그 문헌들의 일부는《클래식컬 필롤러지(고전문헌학)Classical Philology》,《클래시컬 저널The Classical Joural》,《클래시컬 위클리The Classical Weekly》,《비블리컬 리뷰The Biblical Review》,《예술과 고고학Art and Archaeology》 같은 여러 정기간행물에, 어쩌면 미비하고 불완전했을 상태로, 실려서 출판된 것들이다. 나는 나의 역량을 최대한 발휘하여 1차 문헌들을 수집하고 분류하며 해석한 다음에 비로소 2차 문헌들을 참조했다. 그러므로 나는 이 연구서의 각주들에 1차 문헌들뿐 아니라 내가 참조한 2차 문헌들도 명시했다.

내가 고대문헌들에서 발췌하여 이 연구서에 수록한 인용문들 중 한 건을 제외한 나머지는 모두 내가 직접 영어로 번역한 것들이다. 또한 이 연구서에 언급된 고대 로마 축제들의 명칭들 — 아마도 고전문헌학을 공부하지 않은 독자들에게는 쉽사리 이해될 수 없을 축제명칭들 — 도 내가 프레이저의 번역방식을 채택하여 영어로 번역한 것들이다.

나는 이 연구서의 원고를 준비하고 집필하면서 뉴욕 대학교의 캐스퍼 크레머Casper John Kraemer(1895~1958) 교수와 캐서린 루스 스미스Catherine Ruth Smith 양의 고마운 도움을 많이 받았다.

엘리 에드워드 베리스

뉴욕, 1931년 4월

제1장

마나, 주술, 애니미즘(정령신앙)

1. 원시인의 심성

오늘날에도 잔존하는 원시인(야생원주민)들과 마찬가지로 과거의 원시인도 자신을 둘러싼 세계를 정확하게 추리할 수 없었다. 아마도 원시인의 무지無知도 정확한 추리를 방해했겠지만 진위를 분간하지 못할 만치 강렬하고 과격한 그의 상상력도 정확한 추리를 방해했을 것이다. 또한 세계를 정확하게 연상聯想하고 추리할 수 있을 만큼 심리적으로 충분히 발달하지 못한 원시인의 두뇌도 정확한 추리를 방해했을 것이다. 더구나 원시인은 불안정하게 생활해야 했고 생존투쟁현장에서 빈발하는 온갖 위험에 대처하느라 늘 긴장해야 했기 때문에 그의 상상들도 과격해질 수밖에 없었을 것이다. 원시인을 특징짓는 이런 사고력 결핍은 정확히, 예컨대, '피[血]는 기묘하고 위험한 성질들을 지녔다'고 느끼는 감정으로 귀결한다. 그것은 원시인들의 극대다수가 느끼는 감정일뿐더러 심지어 문명인들도 느끼는 감정이다.

그래서 고대 로마 군인 겸 집정관 티투스 만리우스Titus Manlius(서기전4세기경)는 갈리아[5]에서 일대일로 싸워서 죽인 어느 거인의 머리를 잘랐

5 【Gallia(골Gaul): 현재의 프랑스, 룩셈부르크, 벨기에, 네덜란드, 스위스의 대부분, 북이탈리아, 독일의 라인Rhine강

고 "거인의 목에서 피범벅된 목걸이를 떼어내 자신의 목에 걸었다"(서기전361). 그때부터 만리우스와 그의 자손들은 '사슬 또는 목걸이'를 뜻하는 토르케스torques라는 낱말에서 유래한 토르콰투스Torquatus라는 성씨姓氏를 사용했다.[6] 토르콰투스 가문은 목걸이 착용을 금지한 로마 황제 칼리굴라Caligula(12~41)의 재위기간(37~41)에까지도 가문을 상징하는 목걸이를 착용했다.[7] 그 후 많은 세월이 흘러 페이건[8]들이 기독교신자들을 박해하던 시절의 어느 날 사투루스Saturus라는 기독교신자가 표범우리에 내던져졌다. 굶주린 표범들한테 물어뜯긴 그는 순식간에 피투성이로 변했다. 그때 표범우리를 지키던 군졸의 눈과 사투루스의 눈이 마주쳤다. 그 순간 기독교신자이면서도 그런 사실을 숨기던 군졸의 손가락에 끼인 반지를 발견한 사투루스는 그 반지를 자신에게 달라고 군졸에게 부탁했다. 군졸이 자신의 손가락에서 빼낸 반지를 사투루스에게 건네주자 사투루스는 자신의 생피[生血]를 반지에 발라서 군졸에게 돌려주었다.[9]

서부지역을 아울러 가리키는 고대지명.】

6 아울루스 겔리우스Aulus Gellius(125~180: 고대 로마의 작가 겸 문법학자), 『아티카 야록野錄Noctes Atticae』 IX, 13:6-19(서기전1세기에 활동한 로마 연대기기록자 퀸투스 클라우디우스 콰드리가리우스Quintus Claudius Quadrigarius로부터 인용). 이 전설은 토르콰투스 가문이 목걸이를 가문의 상징으로 삼은 연유를 설명하느라 꾸며냈을 것이 분명하지만, 이것은 이 연구서의 목적에 비추어보면 그다지 큰 문제는 아니다. 왜냐면 로마인들은 그런 전설을 이렇게 설명할 수 있다고 믿었을 뿐 아니라, 이런 설명이 그런 전설의 저변에서 작동하는 심리를 이해하려는 우리에게도 충분한 유익하기 때문이다.

7 수에토니우스Suetonius(69~122: 로마 역사학자), 『칼리굴라Caligula』 XXXV, 1.

8 【pagan: "페이건" 또는 "파간"으로 발음되는 이 낱말은 "도시의 바깥 또는 시골"을 뜻하는 라틴어 "파구스pagus"에서 유래했다. 여태껏 한국에서 이 낱말의 번역어로 채택되어온 "이교도異敎徒"는 이 단어의 파생어인 "페이거니즘(파가니즘)paganism"의 주요 번역어인 "이교(異敎)"와 함께 많은 오해의 소지를 낳았다. 왜냐면 본시 "중동지역에서 태동한 이른바 '아브라함계Abraham系 3대 유일신교唯一神敎' — 유태교(유대교), 기독교(그리스도교), 회교(이슬람교) — 와 그것들의 신자들"이 아닌 "다른 종교들 — 비非유태교, 비非기독교, 비非이슬람교, 다신교多神敎, 샤머니즘shamanism, 토테미즘totemism, 무속신앙, 토착종교 등등 — 과 그것들의 신자들"을 총칭하는 "페이거니즘과 페이건"이라는 낱말들을 단순히 "이교"와 "이교도"로만 번역해온 안이한 관행은 특히 3대 유일신교들의 관점만 반영하기 때문이다. 그렇다고 두 낱말이 모든 경우에 이처럼 3대 유일신교들의 관점만 반영하는 "이교"와 "이교도"를 대신하여 "비非____교"나 "비非____교도"라는 따위의 낱말들로 번역될 수만도 없다. 왜냐면 그런 낱말들은 번역과정뿐 아니라 독자들의 읽기과정마저 번거롭게 만들 수도 있기 때문이다. 물론 "페이건(파간)"과 "페이거니즘(파가니즘)"이 3대 유일신교들의 관점을 반영하는 인용문이나 문장들에 사용되면 "이교도"와 "이교"로 번역될 수 있다. 그러나 두 낱말이 3대 유일신교들의 편파적이고 일방적인 관점을 벗어나서 본뜻대로 충분히 이해되고 읽히려면, 더구나, 딱히 적확한 다른 번역어마저 없다면, 번역되지 않고 그대로 사용되어야 더 낫고 마땅하다.】

9 『페르페투아와 펠리키타스의 순교전록殉敎傳錄(Acta SS. Perpetuae et Felicitas Martyrum)』, 57[자크-폴 미뉴Jacques-Paul Migne(1800~1875: 프랑스 가톨릭성직자), 『라틴 교부문집敎父文集Patrologia Latina』 Vol. III, p. 57].

독실한 기독교신자들이면서도 세례를 받지 않았다는 죄목으로 203년에 로마 황제 셉프티미우스 세베루스Septimius Severus(145~211: 193~211재위)의 생일축하군사체육대회장에서 처형당하는 페르페투아Perpetua, 펠리키타스Felicitas, 레보카투스Revocatus, 사투르니누스Saturninus, 세쿤둘루스Secundulus. 1000년경 비잔티움의 교회가 황제 바실레요스 2세Basileios II(958~1025)에게 헌정한 교회달력의 일종인 『바실레요스 2세 헌정서Menologion of Basil II』에 수록된 이 삽화에는 사투루스가 묘사되어있지 않지만, 페르페투아 등이 처형당할 때 사투루스도 함께 처형했다고 알려졌다.

이런 행위들은 승리감에 도취된 군인과 종교광신자가 단순히 피를 갈망해서 저지른 행위들이 아니다. 토르콰투스도 정확하게 추리할 수 있는 사고력을 결핍했기 때문에 자신이 머리를 자른 거인의 목에 걸린 피범벅된 목걸이를 떼어내 자신의 목에 걸었고, 사투루스도 그런 사고력을 결핍했기 때문에 자신과 같은 기독교신자인 군졸로부터 건네받은 반지에 자신의 피를 발라서 군졸에게 돌려줄 수밖에 없었다.

이런 행위들을 유발하는 기묘하게 왜곡된 생각습관은 이른바 주술시대age of magic의 특성으로 간주되어왔다. 하지만 그것은 이 연구서에서 이론적으로 다뤄지는 시기에만 나타나는 특성도 아닐 뿐더러 실제로 원시인만 드러내는 특성도 결코 아니다. 왜냐면 그것은 오늘날의 어린이들뿐 아니라 어른들 사이에서도 발견될 수 있는 특성이기 때문이다. 그래서 천둥소리를 듣고 놀란 네 살배기 여아女兒가 "하늘이 나한테 짖어요!"라고 외치며 유치원교사에게 달려가 안겨서 훌쩍거렸던 것이다.[10] 언젠가 그 여아는 개 짖는 소리를 유심히 들었다. 그래서 하늘이 콰르릉거리는 소리도 그 여아에게는 개 짖는 소리와 똑같게 들렸다. 그리하여 하늘은 진짜 개가 아닌데도 그 여아는 '하늘과 개는 같다'고 느꼈다.

나의 아버지는 목사로서 어린이들에게 물을 뿌리는 세례식을 빈번하게 주관했다. 언젠가 아버지의 교구민 한 명은 팔레스타인Palestine을 방문했다가 요르단Jordan 강에서 길어올린 물 한 통을 가지고 귀국했다. 이 소식을 들은 교구민들 중에 세례받을 아이를 둔 부모들의 다수는 자신들의 아이들에게 그 물로 세례해달라고 나의 아버지에게 요청하곤 했다. 그들이 만약 '당신들은 왜 아이들에게 요르단강물로 세례하려고 합니까?'라는 질문을 받았다면 아마도 당황해서 아무 대답을 못했거나 아니면 어떤 감정적인 이유 때문에 그리하려한다고 대답했을 것이다. 그렇지만 그들의 행위는, 어떤 분석자에게는, 다음과 같은 생각의 결과들로 보일 수 있다.

> 예수는 2천 년 전에 요르단강에서 세례를 받았다. 그래서 요르단강은 거룩한 강이다. 그렇게 예수의 몸과 접촉한 요르단강물은 예수와 같아서 적어도 예수만큼 신성한 효험들을 지녔을 것이다. 그래서 요르단강물로 세례받는 아이들은 예수와 접촉하는 아이들이다.

10 조지 윌리엄 길모어George William Gilmore(1857~?: 미국 신학자), 『애니미즘Animism』, p. 15에 인용된 《시카고 트리뷴Chicago Tribune》 기사 참조.

물론 네 살배기 여아가 "하늘이 나한테 짖어요!"라고 외치기 전에 의식적意識的으로 생각했을 리는 없다. 또한 토르콰투스가 죽인 거인의 목걸이를 피범벅으로 만들기 전에 논리적으로 생각했을 리도 없다. 그러나 그들의 행위들을 분석하려는 사람은 그런 행위들을 유발한 그릇되고 무의식적인 추리과정을 반드시 추적해야 한다. 그런 행위들과 유사한 행위들은 민간설화들에서 풍부하게 발견되는 만큼 '교육받은 사람'의 사고방식들을 기준으로 분석될 수도 있다.

이런 행위들을 유발하는 원시적 추리방식에 얽매인 사람은, 예컨대, 'A라는 사물을 접촉한 B라는 사물은 실제로 A에서 아무리 멀어져도 여전히 A를 접촉한다'고 믿어버린다. 이런 믿음을 초래하는 것이 '접촉원리'로 지칭될 수 있다.

아울루스 겔리우스의 『아티카 야록』에서 발견되는 일화도 이런 접촉원리를 예시한다. 그 일화 속에서, 어떤 땅의 주인을 가리려고 논쟁하던 사람들은 심판관과 함께 문제의 땅으로 직접 가서 그 땅을 "손으로 만져보는" 수밖에 없다[11]고 믿었다. 그러나 심판관은 땅을 "손으로 만져보려고" 로마를 떠나는 행위는 이탈리아의 발전을 방해한다고 판단했다. 그래서 자신들만 문제의 땅으로 직접 가서 그 땅의 흙을 입수하여 로마의 심판관 앞에 갖다놓은 논쟁자들은, 마치 자신들이 문제의 땅에 심판관과 함께 직접 와있다는 듯이, 그 흙을 손으로 "만져보는" 필수적인 행위를 실시했다.

고대 로마 속령 마다우라[12]에서 태어나고 성장하여 로마에서 활동한 플라톤주의철학자 겸 작가 루키우스 아풀레유스Lucius Apuleius(124~170)가 기록한 '마녀한테 해괴한 방식으로 코와 두 귀를 잘린 텔리프론Thelyphron

11 아울루스 겔리우스, 앞 책 XX. 10, 8-9.

12 【Madaura(마다우루스Madaurus): 북아프리카 알제리Algeria 북동부해안지역에 있었던 고대도시.】

L.
APVLEII
METAMORPHOSEOS
LIBRI XI.
cum
ANNOTATIONIBVS
Uberioribus
IOANNIS PRICÆI
M.DC.L.

잉글랜드 고전학자 존 프라이스John Price(1602~1676)가 1650년에 편찬한
라틴어판『황금당나귀(변신담)』의 표지화.

의 일화'[13]도 접촉원리를 예시한다. 그 일화의 줄거리는 다음과 같다.

어느 날 그리스의 올림픽 경기장으로 가던 텔리프론은 테살리아Thessalia의 라리사Larissa라는 도시에 들어섰다. 그는 때마침 바닥난 자신의 노잣돈을 벌 만한 건수를 물색하느라 그 도시의 길거리를 거닐었다. 그러다가 도시의 장터에 들어선 그는 어느 노파가 목청껏 외치는 소리를 들었다.

"시체를 지켜주는 사람에게 후사하겠소!"

텔리프론은 그토록 기이한 제안을 하는 노파에게 까닭을 물었다. 그러자 노파가 대답했다.

"테살리아의 마녀들이 시체의 얼굴에서 이런저런 부위들을 잘라가서 그것들로 그들의 마법을 강하게 만들기 때문이라오. 그 마녀들은 새, 개, 쥐 같은 짐승으로 변신할 수도 있고 심지어 파리로 변신할 수도 있을 뿐더러 그렇게 변신하여 사악한 목적들을 달성한다오."

그리고 노파는 중요한 말을 덧붙였다.

"만약 시체를 지키는 파수꾼이 마녀들이 시체를 건드리지 못하도록 아침까지 지키지 못하면, 시체의 얼굴에서 잘려나간 것들과 같은 부위들이 파수꾼의 얼굴에서도 잘려나가 시체의 얼굴에 가서 붙어버릴 것이오."

무일푼신세로 급하게 돈을 벌어야만 했던 텔리프론은 그런 악조건마저 무릅쓰고 남자의 시체를 지키기로 노파와 합의했다. 그러나 시체를 지키던 텔리프론은 결국 잠들어버렸다. 그때 족제비로 변신한 마녀가 몰래 다가와 시체의 얼굴에서 코와 두 귀를 잘라갔고, 대신에 밀랍으로 만든 코와 두 귀를 시체의 얼굴에 붙여놓았다. 다음날 아침에 마녀의 속임수를 알아차리지 못한 홀어미노파는 텔리프론에게 약속한 보수를 주었다. 그러나 뜻밖에도 기괴

13 루키우스 아풀레유스, 『황금당나귀Asinus aureus』(=『변신담變身譚Metamorphoses』) II. 21-26.

> 한 사건이 발생하는 바람에 텔리프론의 실책이 발각되고 말았다. 그날 시체의 장례행렬을 막아선 어느 노인이 '죽은 남자는 아내한테 독살당했다'고 폭로해버린 것이다. 이 살인사건의 진상이 조사되는 와중에 이집트인 점쟁이가 위촉되었다. 점쟁이가 죽은 남자에게 잠시 생기를 불어넣는 과정에서 마녀의 속임수가 우연히 발각되고 말았다. 그 사실을 알아차린 텔리프론이 자신의 코와 두 귀가 잘려나가리라고 경고하던 노파의 미신을 떠올리며 자신의 코와 두 귀를 만져보는 순간에 코와 두 귀가 사라져버렸다.

이 일화가 실제상황이었다면, 아마도 죽은 남자의 가족들 중 한 명이 테살리아의 풍습대로 텔리프론의 코와 두 귀를 잘라버렸을 것이다. 그러나 아풀레유스가 실제상황을 재해석하여 이 일화를 기록했다면, 시체의 얼굴에서 사라진 부위들은 공감주술에 꼼짝없이 걸려든 텔리프론이 직접 만지면서도 실감하지 못한 자신의 얼굴부위들이었을 것이다.

중세 로마에는 파리들이 옮기는 전염병이 만연했다. 그런데 중세 로마인들은 고대 로마 시인 베르길리우스Vergilius, Vergil(서기전70~서기전19)가 마법사로 환생하여 기적을 행할 수 있다고 믿었다. 그래서 로마에 전염병이 돌면 그들은 '베르길리우스가 환생하여 전염병을 퇴치하기'를 기원했다. 그런 믿음은 다음과 같은 전설로까지 발전했다.

> 환생한 베르길리우스는 파리들의 왕 모스코네Il Moscone와 협상하면서 거대한 황금파리상을 만들어 로마에 세우겠다고 왕에게 제안하여 로마의 전염병을 퇴치하는 기적을 행했다.[14]

14 찰스 고드프리 릴런드Charles Godfrey Leland(1824~1903: 미국 작가 겸 민속학자), 『베르길리우스의 공개되지 않은 전설들The Unpublished Legends of Vergil』(1899), pp. 45-49.

이 전설은 주술과 의술이 공유하는 이른바 "같은 것이 같은 것을 치료한다"는 동종요법원리同種療法原理(이열치열以熱治熱 또는 이독제독以毒除毒)를 예시한다.

고대 로마인들도 이런 전설들에 담긴 원리들을 어렴풋이나마 알았다. 예컨대, 고대 로마 정치인 겸 철학자 마르쿠스 키케로Marcus Cicero(서기전106~서기전43)는 "육신이 죽으면 땅에 묻히므로 …… 사람들은 시체가 땅속에서 여생을 보낸다고 생각할 것이다"고 썼다.[15] 고대 로마 시인 겸 철학자 루크레티우스Lucretius(서기전99~서기전55)는 원시인의 투쟁들을 묘사하면서 "그러나 원시시대의 인간들을 낳은 땅이 단단했으므로 그들은 땅에 적응하여 땅보다 훨씬 더 단단해졌다"고 기록했다.[16] 오비디우스가 기록했듯이, 로마인들은 "새해 첫날부터 달콤한 열매나 꿀을 먹으면 느낄 수 있는 달콤한 기분을 1년 내내 느낄 수 있으리라"고 생각해서 새해 첫날에는 대추야자나 무화과나 꿀을 지인들에게 선물했다.[17] 언젠가 음란한 명칭과 외모를 겸비한 물고기를 이용하는 주술을 부린다는 죄목으로 고발당한 루키우스 아풀레유스는 자신을 변론하다가 "서로 다른 것들이 같은 이름을 가졌으면 같은 효력을 발휘한다는 추리보다 더 어리석은 추리가 대관절 세상에 어디 있소이까?"라고 고발인에게 반박했다.[18] 또한 고대 이탈리아 문법학자 세르비우스 호노라투스Servius Honoratus(4세기 후반~5세기 초반)는 다음과 같이 기록했다.

> 제물祭物은 실물을 닮아서 실물로 이해된다. 그래서 사람들은 제물로 삼아

---

15 마르쿠스 키케로, 『투스쿨룸 토론Tusculanae Disputationes』 I. 36.
16 루크레티우스, 『만물의 본성De Rerum Natura』 V. 925-926.
17 오비디우스, 『종교축제일들』I. 185-188.
18 루키우스 아풀레유스, 『주술론Apologia』 XXXIV.

야 할 희귀동물을 구할 수 없으면 빵이나 밀랍으로 희귀동물의 모형을 만들어 진짜 희귀동물을 대신하는 제물로 삼는다.[19]

이 모든 기록에서 발견되는 오해들은 정확하게 추리할 수 있는 사고력의 결핍을 예시한다. 또한 이 모든 기록에서는 이런 오해들이나 부정확한 추리들이 유발한 행위들도 발견된다. 물론 이런 사실들이 현대의 인류학자들만 발견할 수 있는 것들은 아니다. 왜냐면 고대 로마인들도 이런 사실들을 의식했기 때문이다.

2. 긍정적 마나와 부정적 마나

오늘날의 종교는 인간의 생존투쟁을 힘겹게 만드는 자연의 난관들을 극복하려는 인간욕구의 부산물처럼 보인다.[20] 홍수, 가뭄, 우박은 인간의 농작물들을 파괴한다. 벼락은 인간의 가옥을 강타한다. 역병疫病은 인간의 사랑하는 사람들과 가축들을 죽인다. 인간은 완전히 불가사의한 원인 때문에 발생하는 이런 재난들을 피해야만 생존할 수 있다. 그런 동시에 인간은 자신의 주위에서 발생하는 현상들을 자신에게 유익하도록 이용해야 한다. 이런 난관들을 극복하려고 노력하는 인간은, 앞에서 인용된 야록에나 전설에 나오는 인물들과 흡사하게도, 비논리적으로 추론한다. 아니, 어쩌면 우리는 차라리 우리의 관점에서 '그런 인간들의 행위는 비논리적 추론을 암시한다'고 말해야 할지 모른다. 앞에서 인용된 기록들의 대부분에서 우리는 의식적意識的 생각과정을 전혀 발견할 수 없다. 설령 그런 생각과정이 발견될 수 있더라도 불완전하고 무망無望하리만치 혼란스러

19 세르비우스 호노라투스, 『"베르길리우스의 『아이네이스』" 해설Commentary on the Aeneid of Vergil』II. 116.
20 파울러, 『로마인들의 종교체험』, p. 3.

울 따름이다. 온갖 미신, 종교적 오해들, 이기적 인간행위들의 다수는 '우주의 사실들을 오해하는 인간의 이토록 불완전한 이해력'과 '그런 사실들을 정확하게 고찰하지 못하는 인간의 무능력'에서 생겨났다.

현대의 인류학자들뿐 아니라 고대인들도 '인간이 생존투쟁과정에서 불가피하게 맞닥뜨려야 했던 난관들'을 자각했다. 물론 고대인들은 이 난관들을 과학적으로 연구할 수 없었지만, 그들 사이에서도 루크레티우스나 마르쿠스 키케로 같은 인물이 가끔 등장하여 어떤 원리를 인식할 수 있었다. 오늘날에도 인류학자들은 그런 원리를 근거로 삼아 발견한 것들을 자랑스러워한다. 에피쿠로스주의[21]를 옹호한 로마 철학자 루크레티우스는 현대의 물리학과 사회학에서 연구되는 많은 문제를 이미 예상했다. 루크레티우스는 원시인이 치렀을 생존투쟁 몇 가지를 다음과 같이 생생하게 묘사하면서 넘치는 상상력을 과시했다.

> 그들[원시인들]은 불을 사용하는 방법도 몰랐고 야생동물의 가죽으로 옷을 만들어 입는 방법도 몰랐다. 그래도 그들은 좁다란 숲, 산악동굴, 산림에서 살았다. 또한 그들은 폭풍과 비를 피하려고 덤불 속에 헐벗은 몸을 숨기기도 했을 것이다……. 그들은 때로는 야생동물들의 치명적 공격을 받을까 두려워했고 굶주리기도 했다. 그들은 성난 멧돼지나 강력한 사자가 접근할 수 없는 바위들 사이에 은신처를 마련했을 것이다. 캄캄한 밤에는 무서워 벌벌 떨던 그들은 나뭇잎을 깔아 만든 휴식처들마저 사나운 야수들에게 빼앗기곤 했을 것이다. 죽어가는 원시인들의 몸에서 꺼져가는 생명의 빛은 죽어가는 현대인들의 몸에서 꺼져가는 생명의 빛보다 더 신선했을 것이다. 그렇게 죽어가는

21 【Epicureanism: 고대 그리스 철학자 에피쿠로스Epicurus(서기전341~270)의 철학체계를 추종하려는 의지나 태도.】

원시인을 발견한 굶주린 맹수들은 그에게 달려들어 그의 신선한 육신을 뜯어 먹으며 포식했을 것이다. 살아있는 무덤 같은 맹수에게 자신의 신체부위들을 뜯겨먹히면서도[22] 처참한 자신의 몰골을 자신의 눈으로 직접 봐야했던 원시인이 내지른 비명소리는 숲과 산악과 산림을 가득 채웠을 것이다. 그러다가 동료들이 맹수의 아가리에서 그를 가까스로 빼내어 구출했어도 이미 만신창이로 전락한 자신의 피투성이 상처들을 떨리는 두 손으로 움켜쥔 그는 차라리 자신을 죽여달라고 처절하게 울부짖었을 것이다. 그러나 상처를 치료하는 데 필요한 것을 모르는 동료들로부터 아무 도움도 받지 못한 그는 극심한 고통에 시달리다가 결국 숨지고 말았을 것이다……. 식량부족도 원시인들의 무기력한 육신을 죽음으로 내몰았을 것이다. 그러나 오늘날에는 정반대로 남아도는 식량이 인간들을 파멸로 몰아간다.[23]

마르쿠스 키케로는 언젠가 다음과 같이 기록했다.

천둥번개를 무서워하다가 느낀 경외감에 사로잡힌 옛사람이 '전능한 유피테르Jupiter(주피터: 제우스Zeus)는 천둥번개 같은 현상들마저 유발하신다'고 믿어버렸을 가능성은 명약관화하지 않은가?[24]

인간은 자의식을 갖기 시작하자마자 '자신이 아닌 다른 것은 잠재적으로 위험한 것이다'고 느낀다. 그는 그토록 위험한 것은 그에게 해로울 수 있는 신비영능神秘靈能을 지녔다고 믿는다. 그래서 그는 그것을 강제로라도 그에게 이로운 것으로 변화시켜야 한다고 생각한다. 그는 그것을 체

22 【한국어복합능동사 "뜯어먹다"의 피동형은 "뜯어먹히다"가 아니라 "뜯겨먹히다"이다.】
23 루크레티우스, 『만물의 본성』 V. 953-957, 982-998, 1007-1008.
24 마르쿠스 키케로, 『점술론De Divinatione』 II. 18, 42.

험하여 '그것은 그에게 이롭지 못하고 해로울 따름이다'고 인지하면 그것을 피해야 한다고 생각할 것이다. 그가 그것을 도저히 피할 수 없으면 그것의 해로운 감염효과들을 피하는 데 필요한 — 대체로 물이나 불 같은 — 수단들을 강구해야 할 것이다. 그러던 어느 날 그는 '잠재적으로 위험한 — 예컨대, 밤새 내리면 홍수를 일으켜 파괴력을 발휘할 수 있는 비 같은 — 것들도 때로는 이로울 수 있다'고 깨닫는다. 왜냐면 비는 농작물을 생육시켜줄 수도 있고 더위를 식혀줄 수도 있기 때문이다. 그런 반면에 그는 '타인들이나 다른 사물들이나 다른 행위들은 언제나 해롭다'고 생각한다.

이렇듯 인간에게 실재로나 잠재적으로 해롭거나 이롭다고 인지되는 신비영능이 "마나"라는 명칭을 얻는다.[25] 마나가 항상 해롭다고 인지되면 "터부"로 지칭된다. 우리는 이런 터부를 "부정적 마나"로 지칭할 것이다.[26] 마나가 항상 이롭다고 인지되면 그냥 "마나"로 지칭된다. 그러나 이런 마나는 "긍정적 마나"로 지칭되어야 더 좋을 듯하다. 그래도 '주술행위로써 혹은 주문(이나 기도)으로써 자신의 의지를 강행하려는 긍정적 마나를 보유한 개인이나 사물이나 행위'와 '터부로 지칭되는 것을 보유하거나 혹은 "부정적 마나"라는 새로운 명칭을 부여받은 것을 보유한 개인이나 사물이나 행위'의 근본적인 차이는 당장에 존재하지 않는다. 왜냐면 "마나"도 "부정적 마나"도 인간이나 행위나 사물을 통해 경험되기 전에 이미 잠재적 위험이나 잠재적 이득을 타고나기 때문이다. "부정적 마나"의 경험적 결과들이 증명해온 바대로라면, "부정적 마나"의 위험성은 잠재적인 것인 동시에 실질적인 것이다. "긍정적 마나"의 경험적 결과들이 증명해온 바

25 로버트 래널프 매릿Robert Ranulph Marett(1866~1943: 브리튼 종교인류학자), 『종교의 문지방The Threshold of Religion』, p. 137 참조.

26 매릿은 파울러에게 보낸 편지에(파울러, 『로마인들의 종교체험』, p. 42, 각주4를 인용하면서) 다음과 같이 썼다. "터부는 경솔한 접근을 불허하는 신비한 것(부정적 측면)을 내포합니다. 그렇게 신비한 것이 마나mana라면 신비영능(긍정적 측면)을 잔뜩 함유합니다."

대로라면, 주술행위는 "마나"의 잠재적 이득을 실익實益으로 변화시킬 수 있다. "부정적 마나" 또는 "터부"의 잠재적 위험성은 경험되면 실질적 위험성으로서 실감된다. 인간은 그런 위험성을 피해야 하지만, 도저히 피할 수 없다면, 그렇게 위험한 것의 감염성感染性 해악을 물리치는 정화의례들을 거행해야 한다.

원시인은 낯선 외지인을 "마나"라는 일반명칭을 부여받을 만한 기묘한 영능의 보유자로 간주한다. 외지인은 '원시인이 한 번도 들어가지 않은 미지의 숲'에서 나왔기 때문에 원시인에게 해로울 수도 있고 이로울 수도 있다. 외지인이 원시인을 공격하면 원시인은 '외지인이 해로운 영능(부정적 마나)을 보유했다'고 실감한다. 그때 미지의 숲에서 나온 두 번째 외지인을 목격한 원시인은 첫 번째 외지인의 해로운 영향을 상기한다. 그리하여 원시인은 외지인을 봐도 굉장한 공포감을 느끼지만 '외지인을 접촉한 것'을 보거나 '실제로 외지인이 나온 곳과 동일한 곳에서 나온 것'을 봐도 굉장한 공포감을 느낀다. 원시인은 자신이 만약 외지인을 피하지 못하고 접촉해야 하거나 외지인의 소유물과 흔적들을 접촉해야 한다면 그것들의 해악들에 감염되지 않도록 정화의례를 거행해야 한다고 믿는다. 그래서 고대 로마의 장군들과 병졸들뿐 아니라 그들의 군마軍馬들과 무기들도 전쟁터를 떠나 로마 시내로 귀환하기 전에 정화의례를 치러야 했다. 왜냐면 그들과 군마들 및 무기들은 전쟁터에서 반드시 적군을 접촉할 수밖에 없었기 때문이다.

3. 주술

원시인은 자신이 의존할 수 있는 우월한 존재나 설득해야 할 의지를 품은 우월한 존재를 상상하지 못했다. 그러나 원시인은 '평소에 바라던 행위를 모방하고 때로는 주문이나 — 방어용 행운부적防禦符籍amulet이나 공격용 호신부적護身符籍talisman을 막론하는 — 부적charm의 도움을 받는 다소 신비한 행위'를 실행하여 자신이 바라던 결과를 억지로 도출할 수 있다.

'주술'로 통칭되는 이런 '신비한 행위와 주문'은, 우리가 앞에서 살펴봤듯이, 기묘하게 왜곡된 생각습관에서 생겨난다. 그런 생각습관에 사로잡힌 개인은 다음과 같은 네 가지 가설을 끝내 확신해버린다. 첫째, 결과와 원인은 동일하다. 둘째, 인간을 닮은 것이나 사물을 닮은 것은 인간자체이거나 사물자체이다. 셋째, 생각의 유사성은 사실의 유사성이다. 넷째, 인간을 한 번 접촉한 것은 계속 접촉한다.

인류학자들은 타인의 유효한 행위를 모방하는 개인의 모방행위를 유감주술類感呪術homeopathic magic로 지칭한다. 자신이 소유하거나 접촉한 옷가지나 머리카락이나 손톱 같은 사물들을 사용하여 실행하는 개인의 모방행위는 감염주술感染呪術contagious magic로 지칭된다. 공감주술이라는 일반명칭은 유감주술뿐 아니라 감염주술마저 포함한다. 왜냐면 '주술의 영향을 받는 대상'과 '그 대상을 닮거나 접촉한 대상' 사이에는 신비한 공감대가 존재하리라고 추정되기 때문이다. 그래서 동일한 주술의례에서 감염주술과 유감주술이 동시에 구사되는 경우도 드물지 않다.

이런 주술개념들은 다음과 같은 친숙한 개인주술의례로 더욱 뚜렷하게 예시될 것이다.

베르길리우스의 『전원시집Eclogues』에 수록된 — 고대 그리스 시인 테오크리토스Theocritos(서기전3세기)의 『목가시집Idylls』에 수록된 두 번째 시와 흡사한 — 「제8전원시」의 "알페시보유스Alphesiboeus의 노래"에 나오는 양치기소녀는 떠나간 애인 다프니스Daphinis를 귀향시키려고 주문을 읊조리며 정성껏 주술의례를 거행한다. 이 주술의례에는 정화수淨化水, 신성한 나뭇가지, 유향乳香이 사용된다. 이 의례를 집전하는 소녀 — 주술사 또는 무녀 — 는 손수 만든 다프니스 인형을 세 가지 매듭진 색실로 감아서 묶는데, 그 순간에 유감주술의 요소가 드러난다. 다프니스 인형을 색실들로 감아서 묶은 그녀는 "도시로 떠난 다프니스를 귀향시켜다오, 나의 부적들이여, 다프니스를 귀향시켜다오!"라는 주문을 아홉 번 반복하여 읊조리며 자신과 애인 다프니스의 해후를 기원한다. 그녀는 다프니스의 모습을 본뜬 진흙인형과 밀랍인형을 주술의례에 사용한다. 진흙인형은 마르면서 굳어가는 진흙처럼 다른 소녀들을 딱딱하고 무정하게 대하는 다프니스의 표정과 태도를 재현했고, 밀랍인형은 애인(그녀)을 사랑하는 뜨거운 마음에 녹는 다프니스를 재현했다. "똑같은 불을 쬐어도 이 진흙인형은 굳고 이 밀랍인형은 녹으니까 다프니스는 나의 사랑에 녹겠지"라고 그녀는 노래한다. 이런 주술의례를 거행하는 그녀 — 주술사 또는 무녀 — 는 보관하던 다프니스의 소지품들을 집의 대문 문지방 밑의 땅에 파묻는다. 그러면서 그녀는 땅에게 말한다. "오, 땅이여, 이 물건들을 당신에게 맡깁니다. 이 담보물들은 다프니스를 나에게 반드시 반환할 것입니다." 이런 주술의례에서 작용하는 요인은 "감염"이다. 왜냐면 땅에 파묻힌 물건들은 다프니스가 접촉했던 것들이기 때문이다.

4. 애니미즘

여기서 우리가 살펴볼 또 다른 주제는 애니미즘[27]이다. 주술과 터부처

27 에드워드 클로드Edward Clodd(1840~1930: 잉글랜드 작가 겸 인류학자 겸 은행업자), 『애니미즘Animism』; 조지 윌리엄 길모어, 앞 책; 프랭크 바이런 제번스Frank Byron Jevons(1858~1936: 잉글랜드 비교종교학자), 『신神이라는 이념The Idea of God』, pp. 15-18 참조.

럼 애니미즘도 종교발달과정의 일정한 "단계"로 간주되곤 한다. 그러나 이 단계에서도 애니미즘과 결부된 현상들은 단지 특정한 시대에나 특정한 종족에서만 발생하지는 않는다. 심리학자들의 설명대로라면, 유년기에서 성년기로 발달하는 개인들은 저마다 소속하는 종족의 성장경험들을 공유한다. 그래서 어린이는 마치 인지력을 갖춘 생물에게 말하듯이 애완견에게 말할 것이다. 설령 어른이 그 아이에게 "개는 사람의 말을 이해하지 못한단다"라고 말해줘도 그 아이는 어른의 말을 단호하게 부정할 것이다. 왜냐면 지금 그 아이는 애니미즘 단계를 통과하고 있기 때문이다. 나는 최근에 어린이 한 무리가 호랑이, 사자, 코끼리, 낙타를 쉽사리 빠르게 연달아 모방하는 장면을 흥미롭게 관찰했다. 그들은 전날에 서커스를 구경했기 때문에 그렇게 모방할 수 있었다.

어린이의 이런 특성은 유년기에 머무는 종족들뿐 아니라 현대의 원시인(야생원주민)들도 공유하는 특성이다. 그들은 주변사물들을 그들의 의식수준대로 인식한다. 모든 민족의 설화들이나 신화들은 이런 특성의 증례를 가득 포함한다. 특히 큐피드Cupid(아모르Amor=에로스Eros)와 프시케Psyche의 신화는 이런 특성을 가장 우아하고 적절하게 예증할 것이다. 이 신화에서 개구쟁이 큐피드는 유한한 생명을 타고난 소녀 프시케와 사랑에 빠진다. 프시케의 미모는 베누스Venus(비너스=아프로디테Aphrodite)의 미모에 버금갈 만큼 빼어났다. 그래서 신들도 프시케의 미모를 예찬했다.

그러자 증오심과 질투심에 휩싸인 베누스는 불운한 소녀 프시케를 뜻대로 처분할 권한을 획득했다. 베누스는 프시케에게 '초인超人의 도움을 받지 못하면 도저히 완수할 수 없는 여러 임무'를 부과했다. 이 임무들 중 하나는 어느 강변언덕에서 방목되는 양의 황금빛 털을 구해오는 것이었

<프시케와 아모르(큐피드)Psyche et L'Amour>
프랑스 화가 위얌-아돌프 부그로William-Adolphe Bouguereau(1825~1905)의 1889년작.

다. 임무를 완수하지 못한 자신의 무능력 때문에 절망한 프시케는 강물에 뛰어들어 자살하기로 마음먹었다. 그때 "강물에 떠오른 푸른 갈대 하나가 때마침 불어오는 청량한 산들바람을 맞으며 신의 영감靈感을 받은 듯이 아름다운 음악을 연주하면서 다음과 같이 예언했다. '그토록 힘겨운 시련을 겪으며 괴로워하는 프시케여, 너의 가련하고 비참한 죽음으로 나의 거룩한 강물을 더럽히지 말거라. 그리고 강렬한 햇볕을 쬐며 몸을 데우는 양떼에게는 절대로 접근하지 말거라. 그리하면 양떼는 타고난 습성대로 분노하여 정신없이 미쳐서 날뛰고, 그들의 뿔은 날카로워지며, 그들에게 물린 사람은 자칫 생명을 잃을 수도 있을 뿐더러 그들의 눈에 띄는 동물들을 죽이려고 광분하기 때문이니라. 그러니까 한낮이 지나서 태양의 열기가 잦아들고 불어오는 선선한 강바람을 맞으며 양떼들이 안정을 되찾는 오후가 될 때까지 너는 저쪽에서 강물을 마시고 커다란 소나무 밑에서 나처럼 조용히 숨어있을 수 있어야 하리라. 그러다가 분노를 누그러뜨리고 안정을 되찾은 양떼가 인근 숲으로 들어가서 풀을 뜯기 시작하자마 너는 숲의 어디에서나 활처럼 드리워진 나뭇가지에 매달린 황금양털을 찾아라.' 한 줄기 갈대는 이렇게 예언했다."[28]

잉글랜드 인류학자 에드워드 버닛 타일러Edward Burnett Tylor(1832~1917)는 『원시문화Primitive Culture』 제1권의 애니미즘에 얽힌 고전적 관념을 논의하는 단원[29]에서 한 가지 가설을 증명했다. 그 가설대로라면, 원시인은 자신의 육체를 소유한다고 믿을 뿐 아니라, 꿈속에서나 황홀경에서 이리저리 빠르게 훨훨 날아다니며 현실의 육체가 할 수 있는 행위들의 대부분을 실행할 수 있는, 자신의 육체에 딸린 영상影像(그림자-이미지)마저 소유한

28 루키우스 아풀레유스, 『변신담』 VI. 12.
29 에드워드 버닛 타일러, 『원시문화』, Vol. 1, Chapter XI.

다고 믿는다. 이런 믿음은 심지어 현대의 원시인들 사이에도 널리 존재한다. 그래서 꿈은 정령들을 믿는 인간의 신념을 생성시키는 원천이고, 원시인은 그런 꿈속에서 겪은 체험들을 꿈밖에서 겪은 체험들만큼 현실적인 것들로 생각한다. 프레이저가 채록한 북아메리카 원주민의 꿈도 이런 신념이나 생각을 예시한다. 그 원주민은 자신의 주인이 "카누를 몰고 여러 급류를 거슬러 올라가라"고 자신에게 강요하는 꿈을 꾸었다. 다음날 아침에 그 원주민은 '주인이 자신에게 힘든 일을 시켰다'고 주인에게 화를 내면서 따졌다. 그 원주민은 밤에는 자신의 영혼이 육신을 떠난다고 믿었다. 그래서 원시인들은 잠든 사람을 갑자기 깨우지 않을 것이다. 그들은 그리하면 육신을 떠난 영혼이 제시간에 육신으로 돌아오지 못할 수도 있다고 믿었기 때문이다.[30] 말레이인Malay人들 사이에서 6년간 생활한 잉글랜드 태생 미국의 탐험가 겸 작가 카베스 웰스Carveth Wells(1887~1957)는 다음과 같이 기록했다.

> 내가 기억하건대, 말레이인 하인은 잠든 나를 한 번도 실제로 부르거나 깨우지 않았다. 말레이인들은 잠든 사람을 깨우면 위험해진다고 생각했다. 왜냐면 그들은 '잠든 육신과 영혼은 분리되므로 잠든 사람을 갑자기 깨우면 잠든 사람이 급사할 수 있다'고 믿었기 때문이다. 그래서 그들은 잠든 사람이 서서히 깨어날 때까지 곁에서 참고 기다린다.[31]

게다가 원시인은 여행할 때 가지고 다니는 소지품들에도 영혼들을 할당한다. 그러니까 예컨대, 그가 움직이는 대로 움직이는 그의 그림자들,

---

30 프레이저, 『터부Taboo』, pp. 36-37.
31 카베스 웰스, 『말레이시아 밀림에서 지낸 6년Six Years in The Malay Jungle』, pp. 73-74.

언덕중턱에서 그가 외치는 소리의 메아리, 호수에 비친 그의 모습 — 이것들 모두가 영혼의 형성을 돕는 성질을 띤다고 그는 믿는다. 무엇보다도 살아있는 육체와 시체의 차이들을 관찰하면서 시체의 부동성不動性을 특히 더 유심히 관찰한 원시인은 살아있는 육체에서 무언가 — 영혼이 — 사라졌다고 믿는다. 꿈속에서 육체는 생기를 결여한 시체와 비슷하게 보이므로 원시인은 꿈속에서는 영혼이 육체를 떠나는 줄 안다.

루크레티우스는 이렇듯 꿈속에서 육체를 떠난 영혼의 방랑을 다음과 같이 표현했다.

> 그러니까 잠자는 우리의 팔다리는 편안하게 휴식하고 우리의 온몸은 가장 깊은 숙면에 빠지지만, 우리는 그렇게 숙면하는 중에도 잠깬 듯이 팔다리를 움직인다고 여긴다. 그리고 칠흑같이 캄캄한 밤에도 우리는 낮의 해와 빛을 본다고 생각한다. 또한 사방이 꽉 막히고 밤의 적막이 가득한 곳에서도 우리는 하늘, 바다, 강, 산이 변한다고 느끼며, 우리가 평원을 가로질러 걸어간다고 느끼며, 우리가 소리들을 듣는다고 느낀다. 뿐만 아니라 침묵하는 현실에서도 우리는 스스로 말한다고 생각한다.[32]

또한 고대 로마 자연철학자 플리니우스[33]의 기록에서는 강경증强硬症에 걸려 꼼짝하지 못하는 육체를 떠난 영혼의 여행들이 묘사된다. 예컨대, 고대 그리스 철학자 클라조메내의 헤르모티무스Hermotimus of Clazomenae(에르모티모스Ermotimos: 서기전6세기경)의 확연히 죽은 듯이 보이던 육체를 벗어난 영혼은 먼 곳들을 방문했다. 헤르모티무스의 적들은 죽은 듯이 보

32 루크레티우스, 『만물의 본성』 IV. 453-461.

33 【본명은 가이우스 플리니우스 세쿤두스Gaius Plinius Secundus(23~79)이고, 영어권에서는 플리니 디 엘더Pliny the Elder(대大플리니우스)로 호칭된다.】

이는 그의 육체를 불태워서 "그의 육체로 돌아온 — 그의 육체를 사용할 수 있는 — 영혼을 그의 육체에서 박탈해버렸다."[34]

애니미즘 시대의 원시인은 생존하려고 투쟁하는 자신에게 이로운 것들과 해로운 것들에 정령들을 부여했다. 그러니까 원시인은, 예컨대, 그의 갈증을 해소해준 시원한 샘물에도 정령을 부여했고, 그의 조잡한 돛배를 띄워 그의 작살로 생계용 물고기를 잡을 수 있는 하천에도 정령을 부여했으며, 그에게 시원한 비를 내려서 그의 농작물들을 생육시키든지 아니면 말려죽이거나 병사病死시키는 하늘에도 정령을 부여했고, 빛나는 긴 꼬리를 매달고 하늘에서 낙하하며 그를 신기한 공포감에 빠뜨리는 유성流星들에도 정령을 부여했으며, 유쾌하면 그의 밀알들을 볶아주거나 그의 몸을 따뜻하게 데워주지만 화나면 그의 움집과 식량을 파괴하는 불에도 정령을 부여했고, 그의 양떼를 결딴내버릴 사나운 맹수들을 풀어놓는 해질녘의 숲에도 정령을 부여했으며, 그의 아내와 자녀들을 지키려면 그가 맞서 싸워야 할 적들에도 정령을 부여했다. 게다가 우리는 고대 로마인이 정령들을 부여한 것들도 거의 무한히 열거할 수 있다. 그래서 고대 로마 정치인 겸 소설가 페트로니우스Petronius(27~66)와 자연철학자 플리니우스가 정확하게 말했듯이, 로마인들 사이에는 정령들(누미나numina)이 인간들보다 더 많이 존재했다.[35]

종교발달과정에서 애니미즘 단계는 주술을 무산시키는 단계로 생각되어왔다. 그 단계는 오히려 원시인의 자의식이 성장하면서부터 시작하여 '그가 영향을 끼치려는 대상들을 향한 그의 태도'가 바뀌면서 끝나는 듯이 보인다. 우리가 이런 태도변화를 이해하려면 두 가지 문제를 연구해야 한

34 자연철학자 플리니우스, 『자연역사Naturalis Historia』(『박물지博物誌』) VII. 52, 174.
35 앞 책, II. 7, 16; 페트로니우스, 『사튀리콘Satyricon』 XVII.

다. 첫째문제는 주술단계에서 원시인이 대상들에게 직접 말하는(주문을 읊거나 기도하는) 방식(자연신앙naturalism)이다. 둘째문제는 애니미즘 단계에서 정령들이 대상들에 부여되고 거주하는 방식이다. 여기서 우리가 주술단계를 구체적으로 이해하려면 루키우스 아풀레유스의 『변신담』에 나오는 일화를 예시적으로 살펴봐야 한다. 그 일화에서 무녀 메로에Meroe는 단검으로 소크라테스[36]의 목을 깊게 찌르고 그의 목에서 분출되는 피를 작은 가죽주머니에 받았다. 그리고 그녀는 자신의 손을 소크라테스의 가슴 깊숙이 쑤셔 넣어 그의 심장을 끄집어냈다. 이어서 그녀는 소크라테스의 목과 가슴의 상처들에 해면海綿을 눌러대고 지혈하면서 "오, 바다에서 태어난 해면이여, 흐르는 피를 놓치지 않게 조심하라"고 말했다.[37]

주술과 애니미즘의 중간단계는 팔레스[38] 기념축제(파릴리아Parilia)를 묘사한 오비디우스의 기록에서 확인된다. 그 축제에 참가한 어느 농장주는 팔레스에게 "샘들과 샘들의 정령들을 달래주소서"라고 기도한다.[39] 여기서 농장주는 먼저 샘들에게 기도(자연신앙)하고 나서 샘들에 거주하는 정령들에게 기도(애니미즘)한다.

우리가 앞에서 살펴봤듯이, 주술단계의 인간은 자신이 느끼는 것들을 아직 체험하지 않았으면 잠재적으로 위험한 것들로 생각하지만, 그것들을 체험하고 나면 몇몇 경우에는 이로운 (긍정적 마나를 지닌) 것들로 인식한다. 그리고 그는 주문이나 주력呪力에 의존하는 주술행위를 실행하여 그것들을 자신에게 이롭도록 유도한다. 그런 주술행위는 순전히 기계적인 과정이다. 주술의례를 실행하는 개인의 의지는 일정한 주술효과를 발

36 【Socrates: 이 인물은 고대 그리스 철학자 소크라테스(서기전469~399)가 아닌 허구인물이다.】
37 루키우스 아풀레유스, 앞 책 I. 13.
38 【Pales: 고대 로마에서 양치기들과 양떼와 가축을 보호한다고 믿긴 신.】
39 오비디우스, 앞 책 IV. 759-760.

<팔레스 기념축제일, 혹은 여름Festa di Pales, o L'estate>
플랑드르Flanders(벨기에) 화가 조셉-브노이트 수베Joseph-Benoît Suvée(1743~1807)의 1783년 작

휘하고자 하는데, 그런 주술효과는 주술행위와 주문이 완벽해야만 발휘될 수 있다. 여기서 의지는 개인의 의지이다. 원시인의 심정은 자신이 언급하는 사물에 정령을 부여하려는 성향을 띠도록 발달했을 것이고, 주문은 그런 심정의 성향을 얼마간 변화시켰다. 그러나 주문과 기도 중 어느 하나의 고유한 본성이 변하더라도 '주술시대의 주문'과 '애니미즘 시대의 기도'를 가르는 차이는 발생하지 않는다. 오히려 주문의 영향을 받는 대상

을 향한 심정적 태도가 변하고 그런 변화의 영향을 받은 기도음조祈禱音調가 변해야 그런 차이가 발행한다.[40]

40 나는 《클래시컬 필롤러지》(XXV, 1930, pp. 47-55)에 발표한 논문 「로마의 기도문들에 담긴 주술요소들The Magic Elements in Roman Prayers」에서 이 주제를 다루었다.

제2장

긍정적 마나와 부정적 마나(터부)

인간은 자의식을 획득하는 순간부터 '자신이 아닌 다른 것은 실제로 위험한 것이다'고 느끼지는 않지만 '자신이 아닌 다른 것은 잠재적으로 위험한 것이다'고 느끼기 시작한다. 그는 다른 것은 그에게 해로운 신비영능을 가졌다고 생각하기 때문에 다른 것을 그에게 이롭도록 강제로라도 변화시켜야 한다고 믿는다. 그가 만약 그것을 체험하여 '그것은 그에게 애오라지 해로울 따름이다'고 실감하면, 그는 그것을 피해야 하고, 도저히 피할 수 없다면, 그것의 해악들에 내재된 감염성을 제거해야 한다. 이런 신비영능은 여태껏 실재로나 잠재적으로 유익하든 유해하든 상관없이 "마나"로 지칭되었다. 그런 한편에서 유해한 것으로 간주되어온 마나는 "부정적 마나"로 지칭된다. 그런 반면에 유익한 것으로 간주되어온 마나는 일반적으로 "마나"로만 지칭된다. 우리는 이런 일반적 마나를 "긍정적 마나"로 지칭해왔다. 예컨대, 농작물을 재배하고 수확하는 과정에는 비가 필요한데, 그럴 경우에 비를 부르느라 하늘의 범람현상을 모방하는 주술행위(기우제祈雨祭)가 실시된다. 그리하여 내리는 비는 긍정적 양상 또는 이로운 양상(긍정적 마나)을 띤다. 그러나 비는 때때로 유해한 위력(부정적 마나)을 발휘하는데, 그럴 경우에 원시인은 자신의 터전에 홍수를 유발하는 폭우를 막으려고 주술행위를 이용한다.

부정적 마나는 부정적 주술의 형식으로 간주되어왔다. (우리가 이 연구서의 제4장에서 살펴볼) 유감주술이나 감염주술의 실행자는 바라는 결과들을 유발할 수 있는 유사성원리에나 접촉원리에 부합하는 행위들을 실행한다. 그러나 그는 동일한 원리들을 준행하더라도 유해한 결과를 초래할까 두려워서 특정한 행위들을 삼가거나 특정한 개인들이나 사물들을 기피할 것이다. 우리가 앞에서 시사했듯이, 터부는 부정적 마나로 간주되는 편이 더 나을 것이다. 왜냐면 단연코 모든 터부가 부정적 주술들로 분류될 수는 없기 때문이다. 그래서 긍정적 마나와 부정적 마나는 신비영능들 — 선력善力과 악력惡力 — 이고, 주술(주술행위와 주문)은 선익善益을 확보하고 해악을 피하거나 퇴치하는 데 이용되는 수단이다.

터부는 그것의 기원과 상관없이 개인의 심정에서 생겨날 수 있는 감정이다. 그런 감정을 느끼는 개인은 '특정한 사물들에나 행동들에나 타인들에는, 그가 모를 어떤 불가사의한 이유 때문에, 그것들을 위험한 것들로 만드는 신비영능이 깃들였다'고 생각한다. 그래서 그는 그것들을 피해야 한다고 생각한다. 그가 만약 어떤 이유 때문에 그것들을 불가피하게 접촉해야 한다면, 그는 그것들의 위험한 감염성을 씻어내는 — 대체로 물을 사용하는 — 정화의례들부터 거행해야겠다고 생각할 것이다. 정화의례는 반드시 주술행위를 요구하기 마련이다. 예컨대, 의사도 아니고 푸주한도 아닌 개인은 피를 보면 평상심을 유지하기가 매우 어렵다. 또한 그런 개인은 낯선 음식이나 최신치료법이나 신생종교의례를 보면 공포감에 휩싸이듯이 낯선 외지인들을 봐도 공포감에 휩싸일 수 있다. 그러나 그가 낯선 음식을 직접 먹어보고 맛있게 느꼈거나 최신치료법이나 신생종교의례를 받아들이면 그의 공포감은 사라진다.

사물들에 내재된 위험성을 무서워하는 공포감의 원인은 여러 가지가 있다. 어쩌면 인간본능이 그런 공포감의 원인일 수 있다. 또한 생존하려고 투쟁하는 자신의 주변사물들을 이해하지 못하는 원시인의 무지도 그런 공포감의 원인일 수 있다. 우리가 앞에서 시사했듯이, 원시인의 두뇌가 적확的確하게 연상聯想하여 정확正確한 결론을 내릴 수 있을 만큼 심리적으로 충분히 발달하지 못했다는 사실 때문에 원시인이 무지할 수 있다. 그런 무지와 연동하는 공포감의 원인은 몹시 과격한 상상력이다. 이런 공포감의 궁극원인들에서 터부의 몇 가지 특수한 원인이 생겨난다. 왜냐면 터부시되는 것은 낯설 수 있거나 새로울 수 있거나 이상할 수 있으므로 위험할 수도 있다고 상상되기 때문이다. 인간은 오래전부터 무서운 것을 닮은 것을 보면 불쾌한 것들을 연상했을 것이다. 그래서 성직자나 추장이 사리사욕을 충족하려고, 아니면 심지어 사회적 이유들 때문에라도, 터부를 고의로 조장했을 수 있다. 고난과 실수도 터부를 낳았을 수 있다. 하여튼 그렇게 터부가 생겨나서야 비로소 마나는 긍정적인 것으로나 부정적인 것으로 인식되기 시작했다. 아무리 그래도 터부는 인류의 여명기에 탄생했을뿐더러 복잡다단한 요소마저 많이 함유하기 때문에 우리가 터부의 모든 원인을 만족스럽게 해명하기는 어렵다.

1. 피

여기서 우리는 제1장에 소개된 토르콰투스의 일화를 상기해도 좋을 듯하다. 토르콰투스는 일대일로 싸워서 죽인 갈리아 거인의 목에서 피범벅된 목걸이를 떼어내 자신의 목에 걸었다. 고대 로마인 토르콰투스가 자신의 목에 건 목걸이에 범벅된 거인의 피를 접촉하면서 느꼈을 막연하고 모호한 감정은, 비록 심리적으로 느꼈을 감정일지라도, 자신의 개인적 완력에 거인의 완력을 보탰다고 느끼는 감정이었을 수 있다.

이 일화를 놀랍도록 흡사하게 닮은 일화가 먼 훗날에 기록되었다. 로마제국의 황제 코모두스 안토니누스[41]는 검투사복장을 착용하고 백성들 앞에 나타나곤 했다. 기록된 일화대로라면, 사망하기 얼마 전에 그는 참수당한 검투사의 몸에 생긴 상처에 집어넣었다가 뺀 자신의 손에 묻어나온 피를 자신의 이마에 발랐다. 안토니누스는 그렇게 검투사의 피를 접촉하는 행위로써 자신은 거의 확실히 결여한 '검투사의 용맹성과 검술劍術'을 획득할 수 있으리라고 분명히 느꼈을 것이다. 왜냐면 로마의 백성들은 용맹한 검투사의 검술을 시늉하는 안토니우스를 보고 킬킬거리며 웃어댔기 때문이다.[42]

우리가 여기서 '피를 향한 고대 로마인들의 태도'를 조금 더 자세히 탐구하면 안토니누스의 이런 행위들을 더욱 선연하게 해석할 수 있을 것이다. 그러나 우리는 이 주제를 연구한 현대 학자 두 명의 진술을 먼저 검토해봐야 한다. 윌리엄 워드 파울러는 고대 로마인들의 '피를 금기시하는 터부'를 다음과 같이 설명했다. "…… 내가 지닌 모든 역량을 동원하여 발견했듯이, 역사시대의 로마에는 피를 금기시하는 터부의 원초적 형태를 띠

41 【Commodus Antoninus(161~192): '코모두스' 또는 '루키우스 아우렐리우스 코모두스Lucius Aurelius Commodus' 또는 '루키우스 아엘리우스 아우렐리우스 코모두스Lucius Aelius Aurelius Commodus'로도 호칭되는 코모두스 안토니누스는 로마 제국 제17대 황제(180~192재위)였다. 특히 제16대 황제 겸 스토아철학자 마르쿠스 아우렐리우스Marcus Aurelius(121~180: 161~180재위)의 차남인 코모두스는 안토니우스는 177~180년 부친과 함께 공동황제共同皇帝에 재위했다.】

42 아엘리우스 람프리디우스Aelius Lampridius(4세기경: 고대 로마 역사학자), 『코모두스 안토니누스Commodus Antoninus』 XVI. 6.

<헤라클레스로 분장한 코모두스Commodus as Hercules>
192년에 제작된 대리석조상

는 이런 유혈열망流血熱望의 흔적이 거의 잔존하지 않는다."[43] 그리고 허버트 제닝스 로즈는 다음과 같이 썼다. "…… 최근에 파울러가 거듭 지적했듯이, 로마인들은, 어쨌거나, 피를 무서워하는 미신적 공포감을 거의 느끼지 않았다."[44]

고대 로마시민은 기본적으로 전쟁터에서 혈투를 치르며 단련된 군인이었다. 그리고 각종 신들의 제단들과 검투경기장들에서는 날마다 제물들이 피를 흘렸다. 이 두 가지 사실이 감안되면, 고대 로마인들은 피를 무서워하는 미신적 공포감을 거의 느끼지 않았다고 자연스럽게 추론될 수 있다. 이 사실들뿐 아니라 다른 중요한 기록들도 로마인들은 피를 보면 기괴한 감정을 느꼈다는 사실을 예증할 수 있다. 예컨대, 고대 로마의 스토아철학자 겸 정치인 겸 극작가 루키우스 세네카Lucius Seneca(서기전4~서기65)는 다음과 같이 썼다. "실제로 비구름을 피하거나 쫓아버릴 수 있는 어떤 잠재력이 피에 내재한다고 믿지는 못하겠다고 말하는 사람들도 있다."[45] 왜냐면 그들은 살아있는 타인의 피를 자신의 머리에 묻히면 위험하다[46]고 생각했기 때문이다. 고대 로마의 비가시인悲歌詩人 티불루스Tibullus(서기전55~서기전19)는 자신이 증오한 어떤 여자를 "그년은 피를 뚝뚝 흘리는 생고기마저 맛있게 처먹을 년이야!"라고 저주했다.[47] 의혹주의자疑惑主義者이던 오비디우스는 맹물로 핏자국을 깨끗이 지울 수 있다고 믿기를 거부했다.[48] 어떤 로마인들은 '피는 영혼의 처소이다'고 믿었다.[49] 고대 유태인들도 '생명은 피에 들어있다'고 믿었다.[50]

43 파울러, 앞 책, p. 33.
44 로즈, 『이탈리아의 원시문화』, pp. 193-194.
45 루키우스 세네카, 『자연백과Naturales Quaestiones』 IV(b). 7, 2.
46 프레이저, 『황금가지』 Vol. II, pp. 253-254 참조.
47 티불루스, 『티불루스 작품집Tibullus』 I. 5, 49.
48 오비디우스, 앞 책 II. 45-46.
49 세르비우스 호노라투스, 『"베르길리우스의 『아이네이스』" 해설』 V. 79.
50 유태교-기독교경전 「창세기」 제9장 제4절; 「레위기」 제17장 제11~14절.

피의 위험한 성질은 핏비[血雨]를 묘사한 기록들에서도 공통적으로 암시된다.[51] 살비[肉雨]를 묘사한 기록 역시 적어도 한 건은 잔존한다.[52] 한니발 전쟁[53]이 한창이던 기간에 발생한 괴현상들을 묘사한 기록에서는 다음과 같은 증언들도 발견된다. "프라이네스테에서 방패들이 피에 젖었다. …… 카이레의 하천들에 핏물이 흘렀다. …… 헤라클레스의 샘들에서 핏물이 솟았다. …… 피 묻은 밀 이삭들이 안티움에 쌓였다."[54] 또한 한니발 전쟁의 후반기에는 "로마의 신상神像들이 피에 젖었고 카리에의 하천들에 다시 핏물이 흘렀다"[55]고 기록되었다. 제6대 로마 국왕 세르비우스 툴리우스Servius Tullius(?~?: 서기전575~535재위)의 딸 툴리아Tullia가 자행한 전설적인 만행도 피의 위험성을 암시한다. [왕위를 찬탈하려던 툴리아의 남편 타르퀴니우스[56]가 암살한 세르비우스의 시체를 길거리에 내던져버리자] 툴리아는 이륜마차를 몰아 부친의 시체를 짓밟고 지나갔다. 그때 툴리아는 마차바퀴에 짓눌린 부친의 시체에서 분출된 핏방울들을 뒤집어썼다.

이 핏방울들의 일부는 공교롭게도 그녀와 남편이 신혼집에 소중히 보관하던 물건들마저 오염시켜버렸다. 그녀는 점쟁이들을 찾아가서 이런 불상사들에 관한 의견을 구했다. 그러자 점쟁이들은 "이 핏자국들 때문에

---

51 리비우스Livius(Livy, 서기전64~서기17: 고대 로마의 역사학자), 『로마 역사Ab Urbe Condita』 XXIV. 10; 플루타르코스Plutarchos(46~120: 고대 그리스에서 성장하여 로마에서 활동한 역사학자), 『로물루스Romulus』 XXIV; 베르길리우스, 『농경시農耕詩(Georgica)』 I. 485; 루키우스 아풀레유스, 앞 책 IX. 34; 마르쿠스 키케로, 앞 책 I. 98.【로물루스Romulus(?~?)는 쌍둥이형제 레무스Remus(?~?)와 함께 서기전753년경 로마를 건국하여 서기전717년경에까지 통치했다고 알려진 전설적 인물이다.】

52 리비우스, 앞 책 III. 10. 6.

53 【고대 카르타고Carthage(현재의 북아프리카 튀니지Tunisia 일대) 장군 한니발Hannibal(서기전247~183/181)이 카르타고 군대를 이끌고 로마를 공격한 제2차 포에니Poeni(Punica) 전쟁(서기전218~202).】

54 리비우스, 앞 책 XXII. 36.【프라이네스테Praeneste는 이탈리아 중서부에 위치한 도시 팔레스트리나Palestrina의 고대지명이고, 카이레Caere(카이스라Caisra/ 키스라Cisra)는 고대 에트루리아 남부에 있던 대도시의 지명이며, 헤라클레스Heracles(Hercules)의 샘들은 그리스 신화에 나오는 헤라클레스가 다녀갔다고 전설되는 이탈리아 중서부의 여러 샘이고. 안티움Antium은 이탈리아 중서부해안도시 안초Anzio의 고대지명이다.】

55 리비우스, 앞 책 XXII. 1.

56 【세르비우스 툴리루스를 암살하고 제7대 로마 국왕에 즉위한 루키우스 타르퀴니우스 수페르부스Lucius Tarquinius Superbus(서기전?~495: 서기전535~509재위).】

<이륜마차로 부친의 시체를 짓밟는 툴리아Tullie faisant passer son char sur le corps de son père>
프랑스 화가 장 바르댕Jean Bardin(1732~1809)의 1765년작

타르퀴니우스 왕조[57]도 세르비우스의 최후와 똑같은 최후를 맞이해야 할 숙명을 벗어날 수 없다"고 예언했다.[58] 또 다른 일화도 전해진다. 고대 로마 집정관 가이우스 플라미니우스 네포스Gaius Flaminius Nepos(서기전3세기)는 어느 날 제물로 사용할 송아지를 도살하다가 실수로 놓쳤고, 질겁해서 도망치던 송아지가 흘린 핏방울들이 구경꾼 몇 명에게 묻었다. 도살현장에 있던 사람들은 그런 사태를 끔찍하고 불길한 징조로 생각했다.[59] 평민들과 원로원의 분쟁이 한창이던 서기전460년에 수많은 노예와 유랑

57 【Tarquinius 王朝: 제6대 로마 국왕 세르비우스 툴리우스, 그의 부친이자 제5대 로마 국왕이던 루키우스 타르퀴니우스 프리스쿠스Lucius Tarquinius Priscus(?~?: 서기전616~579재위), 프리스쿠스의 아들이자 툴리우스의 형제인 제7대 로마 국왕이던 루키우스 타르퀴니우스 수페르부스를 포함하는 전설상의 로마 왕조.】

58 앞 책 I. 48, 7.

59 앞 책 XXI. 63.

민이 로마의 카피톨리움 언덕과 키타델[60]을 포위하고 농성했다. 진압군이 그들을 몰아내자 유피테르 신전에서는 정화의례가 거행되었다. 왜냐면 노예들과 유랑민들이 진압군의 공격을 받으며 흘린 피가 신전을 더럽혔기 때문이다.[61] 황제 칼리굴라는 제물로 쓰려고 도살하던 홍학紅鶴에서 분출된 피를 뒤집어쓰기도 했다. 그의 재위기간이 끝나갈 무렵의 어느 날 익살극에 출연한 어느 배우는 산적을 연기하다가 피를 격렬하게 토하기도 했다. 익살극의 결말에 등장한 배우들 한 무리도 산적을 연기한 배우처럼 피를 격렬하게 토해서 무대를 피로 흥건하게 적셔버리는 강렬한 장면을 연출하여 관객들을 즐겁게 했다. 익살극의 인상적 장면들 중에도 특히 배우들이 피를 토하는 경이로운 장면들은 칼리굴라의 죽음을 예시한다고 믿겼다.[62] 로마 황제 도미티아누스Domitianus(51~96: 81~96재위)는 피를 끔찍하게 싫어했다. 그래서 어느 날 그는 황소를 제물용으로 도살하는 관례를 금지하는 칙령을 반포하려고 계획하기도 했다.[63]

여기서 우리가 상기할만한 것은 카틸리나 역모사건[64]을 자세히 기록하던 고대 로마 정치인 겸 역사학자 살루스트Sallust(서기전86~서기전35)가 느꼈을 공포감이다. 카틸리나와 그의 추종자들은 함께 획책한 역모를 발설하지 않기로 맹세하면서 각자의 손바닥을 칼로 그어 짜낸 피를 한데모아서 나눠마셨다.[65]

60 【카피톨리움Capitolium은 로마의 일곱 언덕 중에 유피테르 신전과 동일시되는 언덕의 옛 지명인데, 캄피돌리오 Campidoglio 언덕, 카피톨리누스 언덕Mons Capitolinus, 카피톨리노Capitolino 언덕으로도 지칭되고 영어로는 캐피털라인 힐Capitoline Hill로 지칭된다. 키타델Citadel은 카피톨리움의 북쪽 돌출부에 있던 고대 요새(성채)로서 아륵스Arx 또는 아륵스 카피톨리나Arx Capitolina로도 지칭된다.】

61 앞 책 III. 18, 10.

62 수에토니우스, 앞 책 LVII. 4.

63 수에토니우스, 『도미티아누스Domitian』 IX. 1.

64 【Catiline conspiracy: 고대 로마의 원로원의원이던 루키우스 세르기우스 카틸리나Lucius Sergius Catilina(서기전108~서기전62)가 주동하여 로마의 공화정치를 타파하려고 일으킨 역모사건.】

65 살루스트, 『카틸리나 역모사건Bellum Catilinum』 XXII. 1-2.

<카탈리나를 탄핵하는 마르쿠스 키케로Cicero Denounces Catiline>
이탈리아 화가 겸 조각가 체사레 마카리Cesare Maccari(1840~1919)의 1888년작 프레스코(벽화).

초기 기독교인들도 카틸리나와 비슷하게 역모를 획책한 혐의로 고발당했다. 기독교를 최초로 옹호한 라틴작가 마르쿠스 미누키우스 펠릭스Marcus Minucius Felix(?~250)는 자신의 신앙변론서 『옥타비우스Octavius』[66] 제9장에 다음과 같이 썼다.

> 신입신자들의 가입의례를 중상하려는 사람들의 험담은 익히 알려진 대로 가증스럽기 짝이 없다. 그들의 험담대로라면, 신성한 가입의례를 치러야 할 신입신자 앞에는 경박한 자들을 속이는 주문에 걸린 갓난아이가 눕혀진다. 주문에 걸렸기 때문에 무해하게 보이는 갓난아이를 주먹으로 몇 차례 가격한 신입신자는 단도로 갓난아이를 은밀히 비밀스럽게 몇 번이나 찔러서 죽인다.

66 【이 '옥타비우스'는 미누키우스의 친구 겸 동문이자 지방변호사이며 기독교신자이던 옥타비우스 야누아리우스Octavius Januarius(?~?)이다.】

마크쿠스 키케로
[아우구스트 바우마이스터August Baumeister(1830~1922: 독일 고전문헌학자), 『그리스인들과 로마인들의 삶과 종교, 예술, 풍습을 예시하는 기념비적 고대문물들 Denkmaeler des klassischen Altertums zur Erlaeuterung des Lebens der Griechen und Roemer in Religion, Kunst und Sitte』 제1권(1886), p. 369쪽.]

카탈리나
(체사레 마카리의 프레스코 오른쪽하단에 앉은 인물)

그리고 — 실로 끔찍하게도 — 가입의례의 배석자들은 단도에 찔린 갓난아이의 상처들에서 흘러나오는 피를 게걸스럽게 핥아먹고 갓난아이의 사지를 힘껏 찢어발긴다. 그들은 이런 희생의례를 함께 자행하면서 맹약하고 결속한다. 그러니까 그들은 공범관계를 맺어서 범죄사실을 누설하지 않기로 맹세했다는 말이다.

피와 결부된 이토록 신비한 감정은 로마 제국 장군 게르마니쿠스

Germanicus(서기전15~서기19) 휘하의 로마 군대에서 발생한 반란미수사건을 묘사한 기록[67]에서도 진기하게 표현된다. 반란계획이 발각되자, 반란병사들은 반란주동자들의 피를 뿌리면 자신들의 반란죄를 씻어버릴 수 있으리라고 느꼈다. 반란군진영에서는 유혈학살이 자행되었다. 게르마니쿠스가 학살현장에 나타나자 반란병사들은 자신들의 죄를 뉘우치면서도, 여전히 "피를 보고파서" 그랬는지, 피살된 동료들의 반란죄를 거듭 씻어버리는 피를 뿌릴 수 있도록 라인 강을 건너 게르마니아Germania로 진격하자고 게르마니쿠스에게 제청했다. 어느 로마인은 피살자의 피를 묻힌 살인자의 검으로써 살인자를 응징하겠다고 다짐했다.[68] 아울루스 겔리우스는 군대의 기묘한 관행 하나를 기록했다.[69] 고대 로마의 군법에는 '불명예스러운 위반행위를 저지른 군인에게는 그의 정맥靜脈을 절개하여 "나쁜 피"를 배출하는 형벌을 부과한다'는 조항도 포함되어있었다. 아울루스 겔리우스는 '정맥혈액을 배출하는 형벌은 처음에는 의술이었지만 나중에는 갖가지 위반행위를 저지른 모든 군인에게 적용되었으리라'고 추정했다. 이런 혈액배출관행의 기원은 로마인들의 더욱 오래된 과거사에서 유래한다. 고대 로마에서 '피에는 인간의 생명원리가 들어있다'고 생각되었다. 그러니까 불명예스러운 군인의 불명예행위들이 그의 생명-피는 나쁘다고 증명하는 만큼 그의 몸으로 더 좋은 생명이 유입하려면 그의 나쁜 피는 뽑혀버려져야 한다고 생각되었다.

초창기 로마에서는 피를 흘리지 않는 것들이 의례용 제물들로 사용되었을 것이다.[70] 동물을 — 특히, 돼지를 — 제물로 삼는 의례를 최초로 받

67 타키투스Tacitus(56~120: 고대 로마 정치인 겸 역사학자), 『연대기Annales』 I. 44.
68 리비우스, 앞 책 I. 59, 1.
69 아울루스 겔리우스, 앞 책 X. 8.
70 오비디우스, 앞 책 I. 349-350; 베르길리우스, 『농경시』 II. 536-537; 플루타르코스, 『누마Numa』 XII. 1 참조.【누마Numa는 제2대 로마 국왕 누마 폼필리우스Numa Pompilius(서기전753~673: 서기전715~673재위)의 약칭이다.】

은 신은 케레스[71]였다고 기록되었다.[72] 고대 로마인은 자신의 생일에는 오직 피를 흘리지 않는 제물만 게니우스[73]에게 바칠 수 있었지만 아마도 다른 날들에는 동물을 제물로 삼을 수 있었을 것이다.[74] 미네르바[75] 기념축제의 첫날에는 동물들이 피를 흘리지 않아도 되었다.[76] 카피톨리움에서는 베누스에게도 테르미누스[77]에게도 동물이 제물로 바쳐지지 않았다.[78] 팔레스 기념축제(파릴리아)에서도 처음에는 동물이 제물로 사용되지 않았다. 그래서 플루타르코스가 기록했듯이, 초창기 로마의 축제는 핏자국을 전혀 남기지 않았을 것이다.[79] 파울러는 '제물들의 피는 전혀 언급되지 않았다'고 지적한다.[80] 그러나 피를 언급하지 않은 이런 묵계가 바로 '피는 터부였다'고 암시한다는 사실을 파울러는 인식하지 못한다.

유피테르의 사제(플라멘 디알리스Flamen Dialis)는 생고기를 언급할 수 없었다.[81] 플루타르코스는 '생고기의 겉모습이 불쾌하게 보였고 상처 입은 생살을 닮은 듯이 보여서 생고기가 터부시되었으리라'고 암시한다.[82] '로마인들이 생고기를 보면 느끼던 이토록 기괴한 혐오감'은 로마 황제 가이우스 율리우스 베루스 막시무스Gaius Julius Verus Maximus(217/220~238:

---

71 【Ceres : 그리스 여신 데메테르Demete와 동일시된 이 로마 여신은 농업, 곡물, 수확, 출산력(다산多産)을 주관한다고 믿겼다.】
72 오비디우스, 앞 책 I. 349.
73 【Genius: 고대 로마에서 개인, 장소, 사물을 개별적으로 수호한다고 믿긴 보편적 신성. 개인수호신, 터주신, 조왕신, 서낭신 등에 비견될 수 있다.】
74 켄소리누스Censorinus(3세기경: 고대 로마의 문법학자 겸 작가)의 유작 『크리스마스 날De Die Natali』 III에 인용된 마르쿠스 테렌티우스 바로Marcus Terentius Varro(바로 리아티누스Varro Reatinus, 서기전116~27: 고대 로마 학자 겸 작가)의 견해.
75 【Minerva: 그리스 여신 아테나Athena와 동일시된 이 로마 여신은 지혜와 전생을 주관하고 예술과 상업을 후원한다고 믿겼다.】
76 오비디우스, 앞 책 III. 811.
77 【Terminus: 고대 로마에서 경계선표시들을 수호한다고 믿긴 신.】
78 타키투스, 『역사Historiae』 II. 3; 플루타르코스, 『로마 문답서Quaestiones Romanae』 XV.
79 플루타르코스, 『로물루스』 XII. 1; 가이우스 율리우스 솔리누스Gaius Julius Solinus(3세기초엽: 고대 로마의 문법학자 겸 자료수집가), 『세계의 불가사의들De mirabilibus mundi』 I. 19.
80 파울러, 앞 책, p. 33.
81 아울루스 겔리우스, 앞 책 X. 15, 12; 프레이저, 『터부』, Vol. II, p. 239; 「레위기」제7장 제26절.
82 플루타르코스, 『로마 문답서』 CX.

236~238재위)와 관련된 일화에서도 증명된다. 막시무스가 태어나던 시간에 그의 집 위로 날아온 독수리 한 마리가 때마침 열려있던 지붕 창문을 통해 집안으로 커다란 소고기 한 덩이를 떨어뜨렸지만 집안사람들은 미신적 공포감에 사로잡혀서 그랬는지 아무도 그 소고기를 건드리지 않았다.[83] 유피테르의 사제가 '나무를 휘감은 덩굴' 아래로 지나가는 행위도 금기시되었다.[84] 프레이저는 '이런 터부의 유래도 설명될 수 있다'고 암시한다.[85] 포도즙은 붉어서 피처럼 보이기 때문에 피로 간주되었다. 그래서 포도즙은 정령을 내포한다고 믿겼다. 게다가 포도주는 특히 그것을 마신 사람을 취하게 만들었으므로 '포도덩굴의 영혼은 포도주를 마신 사람에게 실질적으로 영향을 끼친다'고 느껴질 수 있었다. 이런 금기는 '덩굴의 얽히고설킨 덩굴손들이 사제를 위험에 빠뜨릴 수 있다'고 생각되었기 때문에 생겨났으리라고 또 다르게 해석될 수도 있다.[86]

오비디우스가 기록했듯이, 누마 폼필리우스는 희생의례(=희생제犧牲祭=제사祭祀)를 집전하기 전에는 즐거운 애정생활과 육식을 자제해야 했으며 손가락에 반지를 전혀 끼지도 않았을 것이다.[87] 도살당하는 제물용 동물에서 튀어나온 피가 사제의 옷에 묻어도, 사제는 다른 옷으로 갈아입을 때까지 그 피를 닦아내지 않고 그대로 있었다.[88]

여기서 우리는 '아이네야스[89]가 자신의 두 손에 묻은 피를 깨끗한 물로

---

83 율리우스 카피톨리누스Julius Capitolinus(4세기경: 고대 로마 역사학자), 『막시무스와 발비누스Maximus et Balbinus』 V. 3-4.【발비누스Balbinus(178~238)는 238년에 단 3개월간만 재위한 로마 황제이다.】

84 페스투스Festus(2세기후반: 고대 로마 문법학자), 「음식Ederam」, 『페스투스 어휘사전Sexti Pompei Festi De Verborum Significatione』[카를 오트프리트 뮐러Karl Otfried Mueller(1797~1840: 독일 고전학자) 편찬, p. 82] ; 플루타르코스, 『로마 문답서』 CXII.

85 프레이저, 『황금가지』, Vol. II. pp. 259-264.

86 이 연구서의 제3장 "6. 매듭" 참조.

87 오비디우스, 앞 책 IV. 657-658.

88 타키투스, 『연대기』 II. 14.

89 【Aeneas(Aineias): 베르길리우스의 서사시 『아이네이스』의 주인공. 트로이Troy의 왕족이자 영웅. "아이네이스Aeneis"는 라틴어로 표기된 "아이네야스"이다.】

닦아내지 않으면 자신의 가택수호신家宅守護神들과 교신할 수 없었다'[90]는 전설을 상기해볼 만하다.

피는 종교의례들에서 실시된 주술에도 사용되었다. 이제부터 우리는 피의 이런 주술적 용도 세 가지를 살펴볼 것이다.

어느 해 10월 15일에 마르스 평야[91]에서 이륜전투마차 경주대회가 열렸다. 그 대회에서 우승한 이륜전투마차를 끌던 말 두 마리 중 오른쪽 말이 도살되었고, 그 말의 꼬리에서 흘러나온 피는 그것을 받아서 보관하는 신성한 화로 속으로 떨어졌다.[92] 도살된 말의 머리에서 흘러나온 피와 합쳐져서 보관된 이 말꼬리피는 유황, 콩대, '이듬해 4월 15일에 개최될 임신한 암소들을 도살하는 축제(포르디키디아Fordicidia)의 제물로 사용될 태중胎中 송아지들의 유골'과 함께 버물려 혼합된다. 이듬해 4월 21일에 개최된 팔레스 기념축제에서 베스타 처녀사제[93]들은 이 혼합물을 다산을 기원하는 부적으로 쓰이도록 축제장에 흩뿌렸다.[94]

이 축제에 참가한 농장주들과 가축들은 축제장에 피워진 모닥불들을 뛰어넘어 '이 혼합물의 일부가 뿌려진 지점'에 착지했다. 나는 여기서 이런 의례의 유래를 설명하지는 않을 것이다. 나는 다만 '이런 의례에서는 피가 특별한 주술의 성질 — 어쩌면 다산하는 암소들로부터 그 암소들의 태중에서 적출된 송아지들의 피를 거쳐 이 혼합물을 이용하는 인간들에게까지 생명력을 전이시켰을 공감주술의 성질 — 을 획득한다'고 강조하

---

90 베르길리우스, 『아이네이스』 II. 717.

91 【Campus Martius(캄푸스 마르티누스): 카필톨리움 언덕의 북서쪽 기슭과 테베레강의 서안西岸 사이에 펼쳐진 2제곱킬로미터 남짓한 평야. "마르티누스Martius"는 고대 로마의 전쟁신戰爭神 겸 농업수호신 "마르스Mars"의 라틴어명칭이고, "마르스"는 그리스의 전쟁신 "아레스Ares"와 동일시되었다.】

92 페스투스, 「시월말[十月馬]October equus」, 앞 책(카를 오트프리트 뮐러 편찬, p. 178).

93 【고대 로마에서 화덕(아궁이, 부엌), 가정家庭, 가족을 수호한다고 믿기던 처녀신處女神 베스타Vesta를 섬기며 베스타 신전을 관리하던 처녀사제들. 베스타는 한국의 민간종교와 무속종교에서 믿겨온 조왕신竈王神, 가택신家宅神, 삼신三神(산신產神), 성주신城主神 등에 비견될 수 있다.】

94 오비디우스, 앞 책 IV. 721-862.

베스타
(아우구스트 바우마이스터, 앞 책, p. 689.)

는 선에서 만족할 따름이다.

2월 15일에 열린 루페르칼[95] 기념축제(루페르칼리아Lupercalia)에서는 루페르키Luperci로 총칭된 사제 몇 명이 제물용 염소들의 피를 묻힌 단도를 청년 두 명의 이마에 대고 문질러 피를 묻히면 다른 사제들이 청년들의 이마에 묻은 피를 양털뭉치로 깨끗이 닦아냈다.[96] 이런 의례요소를 설명하려고 시도한 많은 기록이 전해진다. 우리는 나중에 이런 의례요소를 다시 살펴볼 것이다. 그러므로 여기서 우리는 다만 '피는 몇 가지 신기한 성질을 보유한다고 믿겼다'는 사실만 명시해두는 선에서 만족할 따름이다.

적어도 군현郡縣들만하거나 더 넓은 지역들의 경계선신境界線神 테르미누스를 기념하는 축제에서는 '제물용으로 도살된 동물의 피'가 '그 동물에서 적출되어 분소焚燒된 뼛조각들 및 잔재'와 혼합되어 향香과 갖가지 농작물과 함께 땅에 파인 구덩이에 던져졌고, 그 구덩이에 채워진 흙은 단단히 다져졌으며, 그렇게 다져진 흙에는 경계석이 박혔다.[97]

그런 경계석 같은 암석들을 숭배하는 관행은 분명히 페티시즘fetishism(물신숭배)에서 파생했을 것이다.그러나 여기서 우리는 물신物神과 신을 분별하는 규칙 한 가지를 응용해볼 수 있는데, 프랭크 바이런 제번스는 그런 규칙을 다음과 같이 정의한다.

> 숭배대상이 어느 개인의 사유재산이면 물신이다. 그러나 숭배대상이 공동체구성원 전체의 숭배대상이면, 혹은 차라리 숭배대상자체에 깃들인 정령을

---

95 【Lupercal: "암컷늑대"를 뜻하는 라틴낱말 "루파lupa"에서 파생한 이 지명은 로마의 일곱 언덕 중 하나인 팔라티움 언덕Collis Palatium(팔라티누스 언덕Mons Palatinus/팔라티노Palatino 언덕)의 남쪽기슭에 있는 동굴의 이름이다.】

96 플루타르코스, 『로물루스』 XXI; 파울러, 『공화정치시대 로마의 축제들』, p. 311.

97 로마 토지조사단Corpus agrimensorum Romanorum, 『토지조사기록Gromatici Veteres』 I. 141에 수록된 시쿨루스 플라쿠스Siculus Flaccus(?~?: 고대 로마 토지조사관)의 보고문.

<테르미누스>

독일 화가 겸 판화가 한스 홀바인Hans Holbein(1497~1543)이 1525년에 그린 스테인드글라스용 밑그림(이 그림의 중간에 표기된 콘케도 눌리CONCEDO NULLI라는 라틴문구는 "진입금지"를 의미한다).

발현하는 것이면, 공동체의 신이다.[98]

이렇게 정의되는 규칙대로라면, 역사시대에 암석은 신이 확실했고, 더 정확하게는, 농업공동체가 농업이득을 기대하여 숭배한 누멘numen(인간에게나 자연물에 깃들이는 신령, 수호신, 신격, 신성, 신력神力)이었다. 그러나 우리는 '그런 암석숭배나 카피톨리움에서 거행된 테르미누스 숭배의례가 물신숭배보다 훨씬 더 발달했다'고 믿기 어렵다.

고대 로마에서 '외지인들의 피는 위험하다'고 느껴졌으며 '특히 적들의 피는 더 위험하다'고 느껴졌다. 전쟁터에서 선전사제宣戰司祭(페치알fetial)가 적진을 겨냥하여 투척한 선전포고용 창에는 피가 덧칠되어 있었다.[99] 적군은 그 피를 터부시하여 자신들에게 해로울 수 있다고 판단했다. 창날의 재질은 주술위력 — 우리가 곧이어 살펴볼 위력 — 을 보유한 쇠였을 것이다. 개선장군의 마차를 뒤따라 귀환하는 군졸들은 인혈흔적人血痕迹을 지워주는 월계수이파리들로 장식된 화환을 걸치고 도시로 들어섰을 것이다.[100] 선전사제들을 따라다닌 베르베나림스verbenarims(풀잎운반자)로 알려진 사제는 거룩한 정화용淨化用 녹초綠草를 가지고 다녔다. 어쩌면 그 녹초는 현대에도 일반인들 사이에서 주술효험을 발휘한다고 믿기는 마편초馬鞭草였을 것이다.[101]

고대 로마에서는 매년 3월 19일에 마르스의 선무사제宣舞司祭들(살리Salii)의 신성한 방패들을 불제祓除(푸닥거리)하는 의례가 거행되었는데, 아마도 참전군인들은 모두 전쟁터로 출전하기 전에 이 의례를 치렀을 것

98 프랭크 바이런 제번스, 『신이라는 이념』, p. 5.

99 리비우스, 앞 책 I. 32, 12.

100 페스투스, 「월계나무Laureati」, 앞 책(카를 오트프리트 뮐러 편찬, p. 117).

101 세르비우스 호노라투스 , 『"베르길리우스의 『아이네이스』" 해설』 XII. 120; 자연철학자 플리니우스, 『자연역사』 XXII. 5.

이다. 이 불제의례에는 선전사제들이 각자의 방패를 두드려대고 각자의 창을 휘두르면서 의례용 춤을 추는 절차도 포함되었다. 이 춤은 원래 악령들을 퇴치하려는 주술의례의 일종이었다. 그리고 전쟁이 끝나면, 틀림없이, 참전군인들 모두가 불제의례를 다시 치렀을 테고, 방패들은 겨우내 병기창에 보관되었다.[102] '10월에는 무기들에도 참전군들에도 남아있던 이중흔적二重痕迹 — 피의 흔적과 그것에 가해진 외부영향력들의 흔적 — 을 소독하는 의례가 실행되었으리라'고 추정되어왔다.[103] 우리는 '제3대 로마 국왕 툴루스 호스틸리우스Tullus Hostilius(?~?)의 재위기간(서기전 673~642)에 치러진 피데나에[104] 전쟁이 종결되었을 때에도 비슷한 불제의례가 거행되었다'는 기록을 발견한다. 그때 호스틸리우스는 참전군인들의 '몸에 묻은 해로운 핏자국들'과 '적군을 접촉한 해로운 흔적들'을 깨끗이 제거하는 정화의례들을 주관했다.[105] 모든 시대의 모든 인간은 여태껏 '피살자들의 망령들은 살해자들을 끈질기게 따라다니며 괴롭힌다'고 믿었다.[106] 그래서 자연스럽게도 '전쟁터에서 피살된 적들의 망령들은 그들을 살해한 군인들을 끈질기게 따라다니며 괴롭힌다'고 믿겼을 것이다. 그런 믿음 때문에 참전군인들에게는 망령들을 쫓아버릴 정화의례들이 필요해졌다.

타키투스는 피를 금기시하는 터부와 관련된 듯이 보이는 진기한 일화를 기록했다.[107] 케루스키족[108]의 추장 아르미니우스Arminius(서기전18~서

102 페스투스, 「군대Armilustrium」, 앞 책(카를 오트프리트 뮐러 편찬, p. 19); 카리시우스Charisius(4세기경: 고대 로마 라틴문법학자), 『라틴문법Grammatici Latini』 I[하인리히 카일Heinrich Kei(1822~1894: 독일 고전문헌학자) 편찬, p. 81]; 마르쿠스 테렌티우스 바로, 『라틴어De Lingua Latina』 V. 153, VI. 22.

103 파울러, 『로마인들의 종교체험』, pp. 97, 217.

104 【Fidenae: 로마의 북방으로 8킬로미터쯤 떨어진 곳에 있던 고대도시.】

105 리비우스, 앞 책 I. 28, 1.

106 프레이저, 『오비디우스의 "종교축제일들"』, Vol. II, p. 235.

107 타키투스, 『연대기』 II. 17.

108 【Cherusci族(케루스크족Cherusk族): 서기전1세기~서기1세기의 게르마니아Germania(독일) 북서부 평야 및 삼림森林에 거주했던 게르만족German族의 일족.】

<약혼녀 투스넬다(서기전10~?)에게 작별하는 아르미니우스Armin verabschiedet sich von Thusnelda>
독일 화가 요한네스 게르츠Johannes Gehrts(1855~1921)의 1884년작.

기21)가 게르만족의 진영을 더 쉽게 탈출하려고 "그의 얼굴에 피를 발라서 흉측하게 변장했다"는 일화도 피를 금기시한 터부를 반영한다. 그는 "같은 것이 같은 것을 치료한다"는 동종요법원리를 응용한 이런 변장으로써 피와 죽음을 모면했을 것이다. 아마도 그는 자신의 얼굴에 피를 바르면 그한테 살해당한 인간들의 사악한 망령들은 그를 인식하지도 못해서 그를 따라다니며 괴롭히지 못하리라고 믿었을 것이다.

얼굴에나 몸에 (특히 붉은색을 띠는) 찰흙을 바르는 관행은 원시인들 사이에서 공통적으로 발견된다. 중부아프리카 콩고Congo의 어느 지역에서는 배우자를 구하는 총각들 앞에서 예비신부후보들로 자청한 소녀들이 일렬로 늘어서서 미모를 과시한다. 그 소녀들의 얼굴과 몸에는 붉은 찰흙이 발렸는데, 그녀들은 총각들의 배우자로 선택되자마자 강물로 뛰어들어 몸에 발린 붉은 찰흙을 깨끗이 씻어버렸다.[109]

그래서 로마인들은 전쟁터와 제단들에서 피를 날마다 접해서 피에 무관심했으리라고 추정될 수도 있겠지만, 실제로는 그들이 피를 무서워하는 미신적 공포심을 품었다고 평가될 수 있다. 이 평가의 타당성을 뒷받침할 만한 증거는 여태껏 충분히 발견되었다. 피는 주술행사에도 사용되었고 주술위력을 발휘하는 종교의례들에도 사용되었다. 피는 인간영혼의 처소로 간주되었다. 그래서 살아있는 개인의 피를 타인의 머리에 묻히거나 바르는 행위는 위험시되었다. 핏자국들도 위험시되었다. 피를 동반하는 불가사의현상들은 특히 불길한 징조들로 믿겼다. 그래서 피는 유혈죄[110]를 씻어주거나 공범약속共犯約束들을 엄수시키는 신비영능을 지녔다고 믿겼다. 만약 어느 군인의 행위들이 나쁘면 그의 피도 나쁘리라고 믿겼으

---

109 프레드 펄리스턴Fred Puleston(1864~1930), 『아프리카의 북[鼓]들African Drums』, p. 95.

110 【流血罪: 피를 흘리게 만드는 살상죄殺傷罪.】

므로, 그에게 좋은 피가 유입할 수 있도록 그의 나쁜 피는 뽑혔을 것이다. 초창기 로마인들이 사용한 제물들은 피를 흘리지 않는 것들이었다. 역사시대의 몇몇 의례에서는 피를 흘리는 제물이 아예 사용되지 못하도록 금기시되기도 했다. 또 다른 몇몇 의례에서는 제물의 피가 주술효험들을 함유한다고 생각되었다. 사제들 중에 적어도 한 명은 생고기를 언급할 수 없었고 아예 건드릴 수도 없었다. 외지인들의 피는 위험시되었고, 그런 피의 감염력을 제거할 수 있을 정화의례들이 거행되어야 했다. 우리는 '신생아의 몸에 묻어나온 피(출산혈)도 그 시대에 특히 경계되던 위험을 유발할 수 있다고 생각되었다'는 사실도 곧 발견할 것이다.

피를 금기시하는 터부는 어떻게 생겨났을까? 몇몇 학자는 피를 무서워하는 공포심을 본능의 소산으로 생각한다. 예컨대, 말은 피를 보면 놀라서 뒷걸음칠 것이다. 말의 이런 공포심을 예증해주는 고문서가 적어도 한 건은 잔존한다.[111] 우리는 실제로 많은 터부의 생성과정이 대략 다음과 같았으리라고 생각한다. 즉 우연히 적의 공격을 받아 상처를 입고 피를 흘리면서 괴로워하고 죽어가던 원시인을 곁에서 속수무책으로 지켜볼 수밖에 없던 그의 동료들은 그의 피를 보면서 — 익숙한 유사성원리대로 — '고통과 죽음'을 연상한 순간부터 피를 기피하기 시작했을 것이다.

2. 여자

우리가 알다시피, 원시인들은 일정한 조건들에서는 여자들을 위험시했다. 여자들을 위험시하는 터부는 '여자들이 육체적으로 약하다'는 사실에서 생겨났거나 아니면 '여자들의 심리가 남자들의 심리와 달라서 여자들

111 아엘리우스 프파르티아누스Aelius Spartianus(?~?: 고대 로마 역사학자), 『셉티미우스 세베루스Septimius Severus』 XI. 8.【셉티미우스 세베루스(145~211)는 고대 로마 황제(193~211재위)이다.】

이 잠재적으로 위험시되었다'는 사실에서 생겨났을 수 있다. 그렇지 않으면 모든 인간 사이에서 공통적으로 발견되는 '피를 — 특히 월경혈과 출산혈을 — 무서워하는 미신적 공포심'이 여자들을 위험시하는 터부를 유발했을 수도 있다.

모세[112]의 율법에 명시된 바대로라면, 아들을 출산한 여자는 6일간 더럽고[113] 딸을 출산한 여자는 2주일간 더러우므로[114] 출산한 여자는 해당기간이 지나기 전에 신성한 것을 만지지도 말아야 하고 신성한 장소에 들어가지도 말아야 한다.[115] 더구나 피를 흘린 여자는 7일간 격리되어야 하고, 그 기간에 그녀를 접촉한 모든 사람도 더러워질 뿐 아니라 그녀를 접촉한 날의 밤을 맞이하기 전까지 계속 더러운 상태에 머문다.[116]

자연철학자 플리니우스가 기록한 바대로라면, 달거리(월경)하는 여자는 새롭게 담근 포도주를 부패시키고, 곡물의 발아를 저지하며, 접붙여진 가지들을 죽이고, 채소들을 말려죽이며, 거울들을 더럽혀 흐리게 만들고, 기타 갖가지 액운을 불러들인다.[117]

그리스 출신 고전문학자 파트리크 라프카디오 헤른Patrick Lafcadio Hearn(1850~1904: 고이즈미 야쿠모小泉八雲)은 일본의 신토神道를 설명하면서 다음과 같이 기록했다. "일정기간 여자들은 미야[118]에서는 기도하지도 말아야 하고 제물을 바치지도 말아야 하며 제기祭器들을 건드리지도 말아야 하고 카미의 등불들을 켜지도 말아야 한다."[119]

여자들의 존재를 위험시하는 감정을 수반하는 더욱 흥미로운 사건은

112 【Moses(Moshe): 고대 이스라엘민족의 지도자이자 유태교, 기독교, 이슬람교에서 추앙되는 예언자.】
113 「레위기」 제12장 제2~4절.
114 앞 책.
115 앞 책 제12장 제4절.
116 앞 책 제15장 제19절.
117 자연철학자 플리니우스, 『자연역사』 VII. 63.
118 【miya(宮): 일본 신토에서 신봉되는 지역신地域神들이나 신령들인 카미Kami를 예배하는 장소.】
119 파트리크 라프카디오 헤른, 『낯선 일본의 겉모습Glimpses of Unfamiliar Japan』, p. 126.

근래에 발생했다. 대서양을 횡단하던 미국의 정기여객선 조지 워싱턴George Washington호가 거센 겨울폭풍에 강타당하면서 요동치기 시작했다. 그러자 선원들이 말했다. "밀항하려는 여자가 여객선의 석탄창고에 숨어 있어서 여객선이 요동친다. 왜냐면 오직 남자만 들어갈 수 있는 석탄창고에 여자는 절대로 들어가지 말아야 했기 때문이다." 그래서 선원들은 항해하는 도중에 발생한 모든 재난을 그 여자의 탓으로 돌렸다.[120]

여자들을 위험시한 터부는 로마에서 유행했다. 마르스 실바누스Mars Silvanus(숲의 마르스)를 섬기는 지역의 의례들에는 어떤 여자도 참가하지 말아야 했고 그런 의례들의 진행과정을 구경하지도 말아야 했다.[121] 여자들은 헤라클레스에게 맹세하지도 말아야 했고 가축시장의 최대제단最大祭壇에서 거행된 헤라클레스 숭배의례에 참가하지도 말아야 했다. 이런 터부는 다음과 같은 전설에서 유래한 것이다.

> 에스파냐에서 삼두괴물三頭怪物 게리온Geryon의 가축들을 훔쳐 그리스로 몰아가던 헤라클레스는 이탈리아를 지나다가 어느 신전 앞에서 여자들을 우연히 마주쳤다. 그들은 행복여신幸福女神을 기념하는 의례를 거행하던 여자들이었다. 그들을 마주치기 얼마 전에 불괴물[火焰怪物] 카쿠스Cacus를 무찔러서 극심한 갈증에 시달리던 헤라클레스는 신전의 거룩한 샘에서 솟는 물을 마시게 해달라고 여자들에게 부탁했다. 그런데 당시에는 여자들의 의례에 남자가 절대로 참가할 수 없었을 뿐 아니라 거룩한 샘이 남자의 입술에 닿으면 더러워져서 신성을 잃어버릴 수도 있다고 믿겼다. 그래서 여자들은 헤라클레스의 부탁을 들어주지 않았다. 부탁을 거절당해서 분노한 헤라클레스가 신전

120 《헤럴드 트리뷴The Herald Tribune》(February 4, 1930), p. 2.
121 역사학자 마르쿠스 카토Marcus Cato(대大카토Cato the Elder, 서기전234~149: 고대 로마 정치인 겸 역사학자), 『농업론De Agricultura』 LXXXIII.

의 정문을 부수듯이 열어젖히자 거룩한 샘이 바싹 말라버렸다. 그래도 분노를 삭이지 못한 헤라클레스는 카쿠스를 무찌른 자신의 승리를 기념하여 세운 최대제단에서 거행될 의례에는 여자를 일절 참가시키지 말라고 명령했다.[122]

당연하게도 이 전설은 '헤라클레스 숭배의례에서 여자들이 터부시된 사연'을 설명하려던 사람들이 꾸며낸 것이다. 파울러가 암시한 바대로라면, 더 오래전부터 거행되던 게니우스 숭배의례에나 남근숭배의례에 헤라클레스 숭배의례가 중첩하면서 이런 터부를 생성시켰을 것이다.[123] 이런 숭배의례들에서는 매우 당연하게도 여자들이 배제되었을 것이다. 그런데 이런 의례들에는 마르스의 도약사제跳躍司祭들이 참가했다. 이 사실은 훗날 숭배된 헤라클레스를 배후에서 뒷받침한 신이 게니우스가 아니라 마르스였다고 암시하는 듯이 보인다. 우리가 알다시피, 라누비움[124]에서 거행된 헤라클레스 숭배의례에서도 여자들이 배제되었다.[125] 고대 로마의 그리스 태생 군인작가 아일리아누스 탁티쿠스Aelianus Tacticus(2세기경)는 '여자들을 향한 헤라클레스의 혐오감을 매우 익살스럽게 암시하는 이야기'를 지었는데, 프레이저는 그 이야기를 다음과 같이 요약했다.

수탉들의 우리[畜舍]는 헤라클레스 신전이었고, 암탉들의 우리는 헤베[126] 신전이었으며, 모든 닭은 두 신전 사이의 방목장에 함께 방목되었지만, 그 방목장도 그곳을 가로질러 깨끗한 물이 흐르는 도랑을 경계선으로 삼는 수탉구역

122 마크로비우스Macrobius(테오도시우스Theodosius, 5세기경: 로마 제국의 지역문인), 『사투르날리아Saturnalia』 I. 12, 28; 프로페르티우스Propertius(서기전50경~서기전15경: 고대 로마의 비가시인悲歌詩人), 『비가집Elegies』 V. 9(루키안 뮐러Lucian Mueller 편찬); 프레이저, 앞 책 Vol. II, p. 215 참조.

123 파울러, 『공화정치시대 로마의 축제들』, p. 143.

124 【Lanuvium: 로마에서 남동쪽으로 32킬로미터쯤 떨어진 곳에 있던 고대도시.】

125 테르툴리아누스Tertullianus(155~240: 고대 로마의 카르타고 출신 기독교계 작가), 『로마 백성들에게Ad Nationes』 II. 7.

126 【Hebe: 고대 로마의 청춘여신青春女神 유벤타스Juventas와 동일시된 그리스 여신.】

과 암탉구역으로 엄격하게 양분되어 있었다. 암탉들은 감히 도랑을 건너 신성한 수탉구역과 헤라클레스 신전을 침범할 엄두조차 내지 않았다. 그러나 수탉들은 발정기를 맞이할 때마다 매번 도랑을 건너가서 암탉들과 교미했다. 그리고 교미를 끝내고 수탉구역으로 돌아오던 수탉들은 암탉들과 교미할 때 자신들의 몸에 묻은 오염물질들을 도랑물로 깨끗이 씻어버렸다.[127]

페스투스가 기록한 정체불명의 어떤 의례들에서는 '여자들과 소녀들은 썩 물러가라'는 명령이 공표되었다.[128] 전통적으로 누마 폼필리우스의 재위기간에 생겨났다고 알려진 관습규칙 하나가 페스투스의 시대에도 잔존했다. 그 규칙대로라면, 기혼남의 첩실은 유노[129] 신전에는 얼씬도 할 수 없었는데, 그래도 그 신전에 들어가고픈 첩실은 자신의 기다란 머리카락을 잘라서 암양 한 마리와 함께 유노에게 제물로 바쳐야만 했다.[130]

그러나 고대 로마에서는 농장주의 아내가 소소한 종교적 의무들을 실행했다. 이 사실이 증명하듯이, 로마인들은 종교의례들에 참가하는 여성들을 불편하게 느끼는 감정을 일찍이 극복했다.[131] 또한 경계석 기념축제에서 농장주의 아내는 '농장경계선에 마련된 제단에서 사용될 불씨'를 집안의 화덕에서 꺼내어 운반하는 역할을 수행했다.[132] 리베르[133] 기념축제(리베랄리아Liberalia)의 개최일(3월 17일)에는 리베르의 여사제들(사케르도테스 리베리아sacerdotes Liberia)로 호칭된 늙은 여자들이 담쟁이덩굴관冠을 쓰고 '휴대용 화로에 구워 꿀을 바른 제물용 과자'를 구매자들에게 판

127 프레이저, 앞 책 Vol. II. p. 217.
128 페스투스, 「침범Exesto」, 앞 책(카를 오트프리트 뮐러 편찬, p. 82).
129 【Juno(주노): 고대 로마에서 유피테르의 아내로 신봉된 이 여신은 그리스 여신 헤라Hera와 동일시된다.】
130 아울루스 겔리우스, 앞 책 IV. 3. 3.
131 역사학자 마르쿠스 카토, 『농업론』 CXLIII. 2.
132 오비디우스, 앞 책 II. 645-646.
133 【Liber: 고대 로마 종교에서 포도재배와 포도주, 번식, 자유를 주관한다고 믿긴 이 신은 리베르 파테르Liber Pater(자유로운 아버지)로도 호칭된다.】

<유피테르와 유노>
이탈리아 화가 안니발 카라치Annibale Carracci(1560~1609)의 1597년작

매하거나 리베르에게 제물로 바쳤다.[134]

3. 어린이

인간들의 종교적이고 미신적인 생활에서 발견되는 지극히 흥미로운 연구주제들 중 하나는 바로 그런 생활에서 어린이가 담당하는 역할이다. 기독교교회에서 가장 매력적인 축제의 중심주제는 어느 아기(예수)의 탄생이다. 그래서 교회를 장식하는 가장 세련된 예술의 주제는 어머니(성모聖母)와 아기(성자聖子)이다. 기독교의례에 매력을 부여하는 중대한 요인들은 교회의 성찬제단聖餐祭壇과 소년성가대이다. 고대 로마에서도 어린이들은 국가종교행사뿐 아니라 '종교의 범위를 벗어난 비밀의례들'까지 망라하는 다종다양한 의례들에서 중요한 역할을 수행했다.

이 단원에서 우리는 로마인들의 미신생활과 종교생활에서 어린이들이 담당한 역할을 다소 자세하게 탐구해볼 것이다. 그러면서 우리는 (1) 마법witchcraft에 걸린 어린이들과 특히 마녀들의 살인의례들에 이용된 어린이들의 처지, (2) 선사시대의 의례들에서 제물로 희생된 어린이들의 처지, (3) 승인된 종교의 안팎에서 실행된 점술占術에 이용된 어린이들의 처지, (4) 터부들과 미신들에서 어린이들이 차지하는 위치, (5) 어린이들이 (a) 출생할 때, (b) 사춘기로 접어들 때, (c) 사망할 때 실행된 종교의례들에서 차지한 위치를 간략하게 살펴보고, (6) 가족의례들이나 충분히 발달한 국가종교의례를 보조한 어린이들의 역할 몇 가지를 살펴본 다음에 마지막으로 (7) '어린이가 마법에 이용되고 종교행사에 동원된 이유들'을 설명하려고 노력하되, 기존에 제시된 설명들보다 조금이라도 더 충실한 설명을 제시하려고 노력할 것이다.

134 오비디우스, 앞 책 III. 725-726; 마르쿠스 테렌티우스 바로, 『라틴어』 VI. 14.

1) 마법에 걸린 어린이

고대 로마의 부모들은 자식들의 미래를 알려고 점술가들에게 조언을 구했다는 사실은 널리 알려져 있다. 또한 우리가 앞으로 살펴보겠듯이, 고대 로마의 여자들은 '출산을 돕고 자식의 미래를 예언하는 특수한 직분을 전담하는 신神들'을 숭배하는 의례를 정기적으로 실행했다는 사실도 널리 알려져 있다. 점사占辭나 예언을 쉽사리 믿어버릇하는 어머니들이 자식들의 미래를 알려고 마녀들에게 조언을 구하는 경우도 잦았을 것이다.

고대 로마 시인 퀸티우스 호라티우스Quintus Horatius(호러스Horace: 서기전65~서기전8)의 어머니는 아들의 미래를 확실하게 예견하려고 지역의 마녀에게 아들을 데려가서 처음으로 마법에 노출시켰을 것이다. 적어도 그랬을 가능성은 '호라티우스가 유년기에 접했던 마녀들을 회상하는 유명한 일화'에서 암시된다.

그 일화는 호라티우스가 로마 시내의 거룩한 도로Via Sacra에서 우연히 마주친 수다쟁이 한량을 상대하다가 겪은 체험을 대화체로 묘사하는 유명한 작품집에 포함된 것이다. 그 일화는 비록 호라티우스가 틀림없이 풍자효과를 증강하려고 상상을 가미하여 기록한 것일지라도 어쩌면 사실을 반영하는 것일 수도 있다. 그러므로 그 일화는 '호라티우스가 활동하던 시기에 로마의 하급행정구역들에서는 마녀들의 점술행위가 유행했다'는 사실도 증명할 것이다. 그 일화는 다음과 같이 요약될 수 있다.

> 호라티우스는 어느 날 거룩한 도로에서 수다쟁이 한량을 우연히 마주쳤다. 그때부터 한량은 호라티우스를 끈질기게 따라붙으며 수다를 늘어놓았다. 한량을 떨쳐내려고 애쓰다가 지쳐버린 호라티우스가 한량에게 물었다.

<퀸티우스 호라티우스>
독일 화가 안톤 폰 베르너Anton von Werner(1843~1915)의 1905년작

"당신의 행복에 관심을 기울여주는 친척이나 친구가 있소?"

한량이 대답했다.

"있소."

그러자 호라티우스는 한량에게 다음과 같이 권유했다.

"나는 지금 전염병에 걸려 아픈 친구를 문병하러 가는데, 당신도 함께 가지 않겠소?"

한량이 대답했다.

"나에게는 친구가 남아있지 않소. 내가 모든 친구를 저세상으로 보냈기 때문이요."

그러자 호라티우스가 응수했다.

"그들은 참 행복하겠소! 이제 내가 남았군요. 나마저 저세상으로 보내주시오. 왜냐면 아직 어린 소년이던 나에게 사벨족[135]의 늙은 마녀가 거룩한 납골 항아리를 흔들면서 예언해준 액운이 지금 임박하여 나를 위협하기 때문이오. 그 마녀의 예언은 이랬소. '그는 독살당하지도 않고 적의 칼에 베여죽지도 않으며 늑막염에도 폐렴에도 지독한 중풍에도 걸리지 않으리라. 다만 언젠가 그를 우연히 만날 수다쟁이 길동무가 그를 죽일 수도 있으리라. 만약 그때 그가 현명하고 이미 성인成人이라면 그 수다쟁이를 피해야 하리라.'"[136]

고대의 모든 로마인은 마녀들이 끔찍한 마법의례들의 제물로 사용할 인체부위人體部位들을 확보하려고 어린이들을 살해한다고 믿었다. 퀸티우스 호라티우스는 '마녀 네 명이 살해한 소년의 복부에서 적출한 창자들을

---

135 【Sabell族: 로마 건국초기에 이탈리아반도 중남부의 라티움과 접경한 삼니움Samnium(산니오Sannio)에 거주하던 부족(삼니테족Samnite族)의 별칭.】

136 퀸티우스 호라티우스, 『대화편Sermones』 1. 9.

이용하여 마법의례를 실행하는 과정'을 묘사한 시를 남겼다.[137]

시의 서두에는 자신의 집에 있다가 마녀들의 집으로 유괴당한 소년이 비명을 내지르는 장면이 묘사된다. 그때 네 마녀 중 카니디아Canidia라는 마녀가 다른 마녀들에게 다음과 같이 지시한다. "묘지에서 자라는 야생무화과나무들을 뿌리째 뽑아서 가져오고, 가면올빼미의 알들과 둥지에 두꺼비의 피를 바르며, 굶주린 암캐의 목구멍에서 뽑아낸 뼈다귀들과 함께 독풀들을 마법용 불길에 태워라." 사가나Sagana라는 마녀는 아베르누스[138] 호수의 물을 길어다가 마녀들의 집에 뿌린다. 베야Veia라는 마녀는 곡괭이로 땅을 파서 만든 구덩이에 소년을 머리만 땅위로 나오게 파묻고 하루 동안 소년의 눈앞에 음식을 번갈아 교체하면서 놓아두는데, 그래야만 소년이 극심하게 굶주리다가 죽을 수 있기 때문이다. 카니디아는 자신의 기다란 손톱들을 갉아대면서 다음과 같이 밤[野]에게 기도하고 디아나[139]에게 기도한다. "제가 예전부터 사용해온 부적들의 효험이 저의 늙은 애인 바루스Varus에게 작용할 수 있도록 도와주소서." 그러나 다른 마녀들은 더 강력한 대항부적을 제작해왔다. 그래서 카니디아는 또 다른 대항부적을 준비할 것이다. 시의 결말에서 소년은 마녀들을 저주하면서 다음과 같이 절규한다. "내가 지금 죽으면 원귀寃鬼가 되어서라도 네년들을 응징하겠다!"

고대 로마의 마녀들은 마법의례에 사용할 갓난아이를 유괴하면서 갓난아이의 빈자리에는 밀짚인형을 남겨두었을 것이다. 페트로니우스는 이런 마녀들의 행태를 예증하는 작품을 남겼다.[140] 그 작품 속에서 트리말키오

137 퀸티우스 호라티우스, 『서정시집Epodi』 V.

138 【Avernus: 이탈리아 남서해안지역의 고대도시 쿠마에Cumae(쿠마Cuma) 근방에 위치한 화산분지의 고대지명.】

139 【Diana: 고대 로마에서 달(月), 사냥, 순결을 상징한다고 믿긴 이 여신은 그리스 여신 아르테미스Artemis와 동일시된다.】

140 페트로니우스, 『사튀리콘』 LXIII.

Trimalchio는 소년시절에 겪은 체험을 이야기한다. 그의 체험은 다음과 같이 요약될 수 있다.

> 소년 트리말키오를 가르치던 선생의 애제자이던 순진한 소년이 어느 날 죽었다. 그날 집안에서 아들의 죽음을 비통하게 애도하던 죽은 소년의 어머니는 집밖에서 시끄럽게 떠들어대는 마녀들의 날카로운 목소리를 들었다. 그때 그녀의 집에서 문상하던 트리말키오의 일족이자 거친 목소리를 가진 카파도키아인Cappadocia人이 마녀들을 죽이러 집밖으로 뛰어나갔다. 그러나 마녀들한테 흠씬 얻어맞고 시퍼렇게 멍들어 집안으로 되돌아온 그는 한동안 미쳐서 날뛰다가 죽어버렸다. 이윽고 소란이 진정되자, 아들의 시체가 있던 자리로 돌아온 어머니가 목격한 것은 감쪽같이 사라진 아들의 시체를 대신하여 남겨진 밀짚인형 하나뿐이었다. 마녀들은 그렇게 훔쳐간 소년의 시체를 극악한 의례들에 사용했다.

어쩌면 마녀들이 산파역을 맡은 경우도 드물지 않아서 그랬는지 이따금 사악한 수단을 사용하여 산모의 자궁에 들어있는 태아를 빼내가서 마법제단의 제물로 삼은 마녀도 있었다.[141] 남자태아들의 창자, 오줌, 양막羊膜, 치아齒牙, 간肝, 골수, 기타 신체부위들은 마법의례의 제물들로 사용되었다. 예컨대, 산파노릇을 하던 마녀들은 태아의 양막을 빼돌려 미신을 좋아하는 변호사들에게 팔아먹기도 했다. 왜냐면 그런 변호사들은 '태아의 양막이 그들의 변론을 성공시킬 행운을 부르는 효험을 발휘한다'고 미신했기 때문이다.[142] 고대 로마 작가 겸 집정관 플리니우스[143]의 시대에 활

141 루카누스Lucanus(루칸Lucan, 39~65: 고대 로마 시인), 『로마 내전Bellum Civile』 VI. 557-558.
142 아엘리우스 람프리디우스, 『디아두메누스 안토니누스Diadumenus Antoninus』 IV. 2.
143 Pliny the Younger(가이우스 플리니우스 카이킬리우스 세쿤두스Gaius Plinius Caecilius Secundus, 61~113):

동한 변호사 레굴루스Regulus의 습관은 그런 미신을 쉽사리 예증한다. 레굴루스는 법정에서 원고를 변호해야 할 때에는 자신의 오른쪽 눈두덩에 물감을 뒤발랐고, 피고를 변호해야 할 때에는 왼쪽 눈두덩에 물감을 뒤발랐으며, 변호하는 사건의 성격별로 자신의 오른쪽 눈썹에나 왼쪽 눈썹에 접착력을 지닌 흰색회반죽덩이를 붙였다.[144]

직업적 마녀들과 마법사들도 어린이를 살해하여 마법을 부리는 데 이용했다는 혐의로 고발되었지만, 때로는 공직자들도 같은 혐의로 고발되었다. 예컨대, 마르쿠스 키케로는 어느 날 율리우스 카이사르Julius Caesar(서기전100~서기전44)의 심복이던 정치적 모험가 바티니우스Vatinius(서기전1세기중엽)를 지목하여 연설하다가 "바티니우스의 혐의는 여럿이지만, 그는 특히 소년의 생체기관들을 수상쩍은 의례들에 사용했다"고 폭로했다.[145] 그때로부터 많은 세월이 흐른 훗날에도 순교자 유스티누스Justinus,Justin Martyr(100~165)는 피살된 어린이들을 이용하여 점을 치는 로마인들의 악습을 비난했다.[146] 그런 흉측한 죄악들은 훗날 로마 제국의 황궁에서도 자행되었다. 아엘리우스 람프리디우스가 기록한 로마 황제 엘라가발루스Elagabalus(헬리오가발루스Heliogabalus, 203~222: 218~222 재위)의 끔찍한 죄악들에는 '귀족가문들에서 엄연히 살아있는 부모들의 아름다운 아이들'을 희생시킨 만행도 포함된다. 주술사들을 황궁에 불러들여 그 아이들을 제물로 삼는 의례를 거행시킨 황제는 아이들을 직접 고문하면서 아이들의 신체기관들을 검사했을 것이다.[147]

자연철학자 플리니우스의 조카 겸 양자.】

144 집정관 플리니우스, 『편지집Epistulae』 VI. 2, 2.

145 마르쿠스 키케로, 『바티니우스의 반론In Vatinium』 XIV. 【바티니우스(?~?)는 서기전63년 로마 형사재판관을 역임했다.】

146 루키우스 아풀레유스, 『주술론』 I. 18.

147 아엘리우스 람프리디우스Aelius Lampridius, 『헬리오가발루스Heliogabalus』 VIII. 1-2.

2) 제물용으로 희생된 어린이

어린이를 마법의례용으로 살해하는 악습은 '공인된 종교의례들에서 어린이들이 실제로 희생되던 시절'의 잔재였을 수 있다. 인간생명을 희생시키는 악습을 거부하는 혐오감은 점점 거세지면서, 공인된 종교의례들에서는 희생되어야 할 어린이들을 대신하는 제물들이 사용되었고, 살인악습은 금지된 마법의 어둠 속으로 숨어들었다. 아무리 그랬어도, 하여튼, 교차로들의 축제(콤피탈리아Compitalia)에서 소년들이 — 가족들의 안녕을 보장해준다고 믿겼던 제물로 쓰이도록 — 희생되어 라레스[148]의 모신母神 마니아Mania에게 봉헌되던 전통은 인간희생의례(인신공양人身供養)를 암시하는 끔찍한 요소를 함유한다. 로마 공화국왕 루키우스 타르퀴니우스 수페르부스Lucius Tarquinius Superbus(거만한 타르퀴니우스Tarquin the Proud, ?~서기전495: 서기전535~495재위)가 폐위되어 추방되었을 때 루키우스 유니우스 브루투스Lucius Junius Brutus(?~?: 서기전509년 집정관 재임)는 소년들을 의례용 제물로 희생시키는 악습을 철폐하면서 소년의 시체를 대신하여 마늘과 양귀비열매를 제물로 쓰도록 지시했다.[149]

3) 점술에 이용된 어린이

고대인들은 사사로운 주술용 점술의례들에서도 소년들을 이용했고 국가의 인가를 받은 점술의례들에서도 소년들을 이용했다. 그래서 사브라타[150] 총독으로 재임(158년)하던 로마 정치인 겸 철학자 클라우디우스 막시무스Claudius Maximus(104경~?)가 주관했던 유명한 재판에서 루키우스 아풀레유스가 받은 혐의들 중 하나도 '몇 가지 주술의례에 소년을 이용했다'는 것이었

148 【Lares: 고대 로마의 가택수호여신家宅守護女神 라르Lar의 복수형複數形.】

149 마크로비우스, 『사투르날리아』 I. 7, 34-35.

150 【Sabratha: 현재 북아프리카 리비아Libya의 북서해안지역에 있던 고대 로마의 식민도시.】

다.[151] 아풀레유스에게 씌워진 이 혐의는 다음과 같이 요약될 수 있다.

아풀레유스는 어느 날 소년 한 명을 납치하여 비밀장소로 유괴했다. 아풀레유스의 적들이 단호하게 증언한 바대로라면, 그곳에서 소년은 마법에 걸려서 정신을 잃고 바닥에 쓰러졌다. 그러나 아풀레유스의 해명대로라면, 소년은 뇌전증 발작에 휩싸여 정신을 잃고 바닥에 쓰러졌다. 하여간 그렇게 쓰러진 소년을 깜박거리는 호롱불빛 아래 마련된 제단에 올려놓은 아풀레유스는 주술의례를 실행했고, 증인 몇 명이 그의 의례를 참관했다. 그동안 소년은 의식을 되찾았지만 미치광이로 변해버렸다. 아풀레유스는 이 사건과 관련하여 다음과 같이 주장했다.

> 언젠가 마르쿠스 테렌티우스 바로는 트랄레스에서 미트라다테스 전쟁의 결과를 예측하려는 점술의례에 어느 소년이 이용된 경위를 설명했다. 나는 그의 설명을 근거로 삼아 소년들을 이용하여 점을 치고 예언하는 주술의례를 실행했다. 의례과정에서 비록 의식을 되찾았으되 미쳐버린 소년이 그릇에 담긴 물의 표면에 비친 메르쿠리우스의 영상을 뚫어지게 바라보더니 시문詩文 같은 예언을 선포했다. 그리고 어느 날 많은 돈을 분실한 파비우스는 니기디우스를 찾아가서 도와달라고 하소연했다. 니기디우스는 주문을 읊어서 소년 몇 명에게 마법을 걸었다. 그의 마법에 걸린 소년들이 계시한 위치에서 파비우스가 분실했던 돈의 일부가 발견되었다. 나머지 돈은 탕진되었지만, 그 돈에 포함되었던 동전 한 개가 철학자 마르쿠스 카토[152]의 손에 들어갔다. "그 동

151 루키우스 아풀레유스, 앞 책 XLII-XLIII.

152 【트랄레스Tralles는 오늘날 터키 중서부의 도시 아이딘Aydin의 그리스 식 지명이다. 미트라다테스Mithradates 전쟁은 터키에 있었던 폰투스Pontus 왕국(서기전281~62)의 왕 미트라다테스 4세Mithradates VI(서기전135~63: 서기전120~63재위)가 지휘한 군대와 로마 군대의 전쟁이다. 메르쿠리우스Mercurius(머큐리Mercury)는 유피테르와 마야Maia(티탄족 아틀라스Atlas와 바다요정 플레요네Pleione가 낳은 일곱 딸 플레아데스Pleiades의 하나)의 아들로서 재산취득, 상업, 웅변과 시詩, 전언傳言과 소식 및 점사占辭, 여행자, 경계선, 행운, 속임수와 도둑질을 주관하며 망령들을 지옥으로 인도한다고 믿긴 로마의 신인데, 그리스의 신 헤르메스Hermes와 동일시된다. 파비우스Quintus Fabius Maximus(?~서기전45)는 고대 로마 장군 겸 정치인이다. 니기디우스Publius Nigidius

<루키우스 아풀레유스>
『크레이브스 역사사전Crabbes Historical Dictionary』(1825)에 수록된 삽화

전을 가졌느냐?"는 질문을 받은 카토는 "그렇다"고 시인했다.

아풀레유스는 주술에나 마법에 걸린 소년들의 예언들을 확신했다. 또한 그는 음악과 감미로운 향기들이 인간영혼을, 특히 어리고 순결한 인간영혼을, 진정시켜서 잠재울 — 최면에 빠뜨릴 — 수 있다고 확신했다. 더 나아가 그는 그렇게 잠들거나 최면에 걸린 인간영혼은 미래에 일어날 사건을 예언할 수 있다고도 확신했다. 그는 특히 예언기능을 수행하는 소년들은 신체적으로 무결해서 아름다워야 하고 슬기로워야 하며 유창하게 말할 수 있어야 한다고 믿었다. 우리는 이런 소년들의 요건들을 '베스타의 처녀사제들로 알려진 소녀들의 요건들'과 비교해볼 수 있다.[153] 그런 소녀들도 특히 유창하게 말할 수 있어야 했고 우수한 청력을 소유해야 했으며, 신들에게 바쳐지는 제물용 동물들처럼, 신체적으로 무결해야 했다.

어린이가 무의식적으로 점사占辭하는 흥미로운 순간은 마르쿠스 키케로의 『점술론』에서 발견된다.[154] 마케도니아Macedonia의 왕 페르세우스Perseus(서기전212~166)를 상대한 전쟁에 참전하라는 통보를 받고 귀가한 로마 장군 루키우스 아에밀리우스 파울루스Lucius Aemilius Paullus(서기전229~160)는 슬피 우는 딸을 발견했다. 딸에게 슬퍼하는 사연을 물어본 파울루스는 '딸이 아끼던 강아지 페르사Persa가 죽었다'는 사실을 알았다. 점술관을 겸직하던 파울루스는 강아지의 죽음을 '페르세우스는 반드시 죽으리라'고 예언하는 징조로 해석했다. 이 일화가 실제로 발생했을 가능성은 어렵잖게 믿길 수 있다. 역사학자 리비우스가 기록한 또 다른 일화도

Figulus(서기전98~서기전45)는 고대 로마 학자 겸 집정관이다. 철학자 마르쿠스 카토Marcus Porcius Cato Uticensis(Cato the Younger, 서기전95~서기전46)는 고대 로마 정치인 겸 스토아철학자이고 역사학자 마르쿠스 카토의 증손자이다.】

153 아울루스 겔리우스, 앞 책 I. 12.

154 마르쿠스 키케로, 『점술론』 I. 46, 103.

흥미롭다. 제2차 포에니 전쟁(한니발 전쟁)이 개시되고 15년이 지났을 즈음 어느 산모의 자궁에 들어있던 태아가 "나는 이겼노라!"고 외쳤다.[155] 그러나 이 일화를 믿으려는 사람은 더 심화된 상상력을 발휘해야 할 것이다.

로마 황제 디디우스 율리아누스Didius Julianus(137~193: 193재위)가 주술사들의 도움을 받아 거행한 몇몇 의례에서는 안대로 눈을 가린 소년들이, 그래도 앞을 볼 수 있다는 듯이, 거울을 응시했고, 그 소년들의 머리 위에서는 주술사들이 나지막이 주문을 읊조렸다. 이런 상황에서 소년들 중 한 명은 거울 속에서 셉티미우스 세베루스가 황위에 등극하고 디디우스 율리아누스가 황궁을 떠나는 장면을 보았다고 선포했다.[156]

4) 어린이와 관련된 미신들

(1) 터부

고대 로마 문필가들의 기록들에서는 신생아들과 관련된 미신이 많이 발견된다. 그러니까 고대 로마에서는 신생아도 산모도 굉장히 위험시되었다. 그들의 신체적 허약성과 출산혈의 존재 때문에 그랬을 것이다.[157] 심지어 오늘날에도 어느 잉글랜드 집시gipsy가족의 아버지는 '신생아의 허약함은 그의 아비를 허약하게 만들 수 있으므로 두려운 것이다'고 믿기 때문에 그의 자식이 출생하고 수개월이 지나기 전까지 자식에게 손도 대지 않을 것이다.[158] 어쩌면 율리우스 카이사르의 시대에도 그렇게 믿었을 갈리아의 어느 아버지는, 자신의 아들이 군대에 입대할 만큼 성장하기 전까

155 리비우스, 『로마 역사Ab Urbe Condita』 XXIV. 10.
156 아엘리우스 스파르티아누스Aelius Spartianus, 『디디우스 율리아누스Didius Julianus』 VII. 10-11.
157 《고전문헌학》(XXIV, 1929, pp. 151-153)에 수록된 나의 졸문 참조.
158 토머스 윌리엄 톰슨Thomas William Thompson(1888~1968), 《집시민속협회지Journal of the Gypsy Folklore Society》 VIII (1929), pp. 33-39.

지, 자신의 거처로 아들을 들이지 않았을 것이다.[159] '산모와 신생아는 사악한 기운들에 감싸여있다'고 느끼는 감정은 역사시대의 로마인들 사이에서 존속했다. 그랬으므로 로마인들은 당연하게도 사악한 영향력들로부터 신생아를 지킬 방편뿐 아니라 신생아를 접촉한 사람들을 보호할 방편마저 강구했을 것이다.

산모와 신생아를 둘러싼 위험을 예시하는 미신도 있었다. 그것은 '산모와 신생아는 신기한 의례를 치르지 않으면 숲 — 훗날에 로마인들이 숲신[林神] 실바누스로 간주하여 믿은 숲 — 에서 나온 악령들한테 심하게 해코지당하기 십상이다'고 여긴 미신이었다. 기독교계의 신학자 겸 철학자 아우구스티누스Augustinus(354~430)는 다음과 같이 기록했다.

> …… 아기가 태어난 집에서는 '야간에 그 집으로 침입하여 산모와 아기에게 해코지하려는 숲신 실바누스'로부터 산모와 아기를 보호해줄 수호삼신守護三神을 집안으로 불러들이는 의례가 개시된다. 그러면 아기의 일족 남자 세 명이 집대문의 문지방에 둘러서서 수호삼신을 집안으로 영입하겠다고 알리는 신호를 표시하느라 문지방을 쇠도끼와 쇠[鐵]절굿공이로 한두 번씩 두드린다. 그리고 그들이 영입한 수호삼신을 집안에 모셔서 숭배하겠다고 알리는 신호를 표시하느라 빗자루로 문지방에 쌓인 먼지들을 비질하여 깨끗이 쓸어내면, 실바누스는 결코 집안으로 침입하지 못한다. 왜냐면 오직 쇠도끼처럼 쇠로 제작된 절단도구만이 나무들을 자를 수도 벨 수도 있고, 오직 쇠절굿공이처럼 단단하고 무거운 것만이 밀알을 분쇄할 수 있으며, 오직 빗자루만이 곡식낟알들을 쓸어서 한데 모을 수 있기 때문이다. 그래서 수호삼신은 바로 이 세 가지 도구의 기능들에서 유래한 이름들로 호칭된다. 그러니까 수호삼

159 율리우스 카이사르, 『갈리아 전쟁기Bellum Gallicum』 VI. 18.

신 중에 인테르키도나Intercidona는 쇠도끼의 절단기능을 뜻하는 인테르키시오intercisio에서 유래한 신명神名이고, 필룸누스Pilumnus는 쇠절굿공이를 닮은 투척용 창槍을 뜻하는 필룸pilum에서 유래한 신명이며, 데베라Deverra는 빗자루의 쓸어내는 청소기능을 뜻하는 베레레verrere에서 유래한 신명이다. 이런 수호삼신의 보호를 받는 신생아들에게는 실바누스의 해코지가 먹혀들지 않는다.[160]

이런 의례에 사용된 도구들은 악영향들을 막는 부적들이다. 쇠도끼와 쇠절굿공이는 액운을 막아주는 친숙한 도구들이다. 빗자루로 먼지를 쓸어내는 의례용 비질은 아기를 괴롭힐 수 있는 액운을 쫓아내버린다.

고대 로마의 어린이는 결혼적령기에 도달할 때까지 '종교적 의미를 함유하는 것으로 증명된 특별한 보라색테두리로 장식된 액막이옷'을 입어서 보호받아야 했다.[161] 그리고 소년들과 소녀들은 황금 또는 동물가죽으로 제작된 (공격)부적을 하나씩 목에 걸고 다녔다. 그런 부적들의 대부분은 남근을 상징하는 형태로 제작되었지만 이따금 녹색도마뱀모양이나 하트모양으로 제작되기도 했고 어쩌면 여타 모양으로도 제작되었을 것이다. '그런 부적들은 액운들을 막아줄 뿐더러 특히 악귀惡鬼evil eye까지 막아준다'고 믿겼다. 소년이 성장하여 액막이옷을 내버릴 때면 그동안 목에 걸고 다녔던 부적을 벗어 라레스 제단에 올려놓았다.[162]

어린이들은 소쩍새들로 변신한 흡혈귀들한테 해코지당하기 쉽다고 믿겼다. 오비디우스는 로마 건국신화에 나오는 왕 프로카스Procas(?~?: 서기전817~794재위)가 유아기에 치른 축귀의례逐鬼儀禮를 다음과 같이 묘사

160 아우구스티누스, 『신의 나라De Civitate Dei』(『신국론神國論』) VI. 9.
161 《클래시컬 리뷰Classical Review》(X, 1896, p. 317)에 피력된 파울러의 견해 참조.
162 프레이저, 앞 책 Vol. III, p. 139 참조.

했다.

> 곧바로 그녀(크라네Crane)는 문설주들에 아르부투스arbutus나뭇가지를 세 번씩 연달아 두드렸다. 그리고 그녀는 문지방에도 아르부투스나뭇가지를 세 번 두드려 흔적을 남겼다. 그녀는 현관에는 물을 (그리고 약물을 섞은 물도) 뿌렸다. 그녀는 두 달 전에 태어난 암퇘지의 피 흘리는 창자들을 두 손에 들고 다음과 같이 말했다. "밤새[野鳥]들이여, 소년의 창자들을 아껴드소서. 아이가 작아서 제물도 작나이다. 내가 기도드리나니, 부디 심장을 심장으로 여기시고 창자들을 창자들로 여기소서. 우리가 당신께 바치는 이 생명은 더 뛰어난 생명을 대신하는 것이나이다."[163]

도살한 암퇘지에서 끄집어낸 생체기관들을 집밖의 의례장소에 펼쳐놓은 마녀는 그것들을 자세하게 살펴보려는 의례참가자들의 시도를 금지했다. 그리고 집안에 빛을 공급하는 작은 창문 안으로 산사나뭇가지 한 개를 집어넣었다. 그러자 아이는 소생했고 아이의 창백하던 안색은 생기를 되찾았다.

이런 주술행위에 함유된 유사성원리는 자명하다. 초창기 로마에서는 여신 카르나Carna의 보호를 받던 아이의 생체기관들이 암퇘지의 생체기관들로 대체되면 안전해질 수 있다고 믿겼다는 사실도 이 원리를 증명한다. 돼지는 그렇듯 대용제물代用祭物로 빈번하게 사용되었다. 리비우스가 기록했듯이, 조약체결의례에서도 유사한 대용제물이 사용되었다.[164]

아이는 악귀의 해코지에도 당하기 쉽다고 믿겼다. 고대 로마 시인 페

---

163 오비디우스, 앞 책 VI. 155-162.
164 리비우스, 앞 책 I. 24, 8.

르시우스Persius(서기34~62)가 풍자했듯이, 악귀를 잘 퇴치하기로 유명한 노파가 아기를 요람에서 꺼내어 안아들고 그녀의 침을 묻힌 가운뎃손가락을 아기의 이마와 입술에 문질렀다.[165] 로마의 요람여신搖籃女神 쿠니나Cunina는, 적어도 민간에서는, 악귀퇴치능력을 지녔다고 미신되었다.[166]

자연철학자 플리니우스는 신생아들의 길운이나 액운과 관련된 여러 가지 미신을 기록했다. 예컨대, 자궁에서 역위逆位되어 머리보다 발을 먼저 세상에 내밀고 태어난 아기의 출생은 자연의 순리를 거스르기 때문에 불운한 출생이라고 믿겼다.[167]

그러나 태어나면서 산모를 죽게 만든 신생아는 길운을 타고난다고 믿겼다.[168] 자궁에서부터 치아를 달고 태어난 여아의 출생은 불길한 징조로 여겨졌다.[169] 세쌍둥이의 출생은 부모를 전혀 불안하게 만들지 않았겠지만, 네쌍둥이의 출생은 불길한 징조로 여겨졌다.[170] 로마 제국의 일인통치시대一人統治時代(원수정치시대元首政治時代: 서기전27~서기284)를 열어젖힌 황제 아우구스투스Augustus(서기전63~서기14)의 재위기간(서기전27~서기14)에 하류계층의 어느 산모가 남아쌍둥이와 여아쌍둥이로 이루어진 네쌍둥이를 출산한 사건은 조만간 발생할 기근饑饉의 징조라고 믿겼다.[171]

원시인들은 '피[血]뿐 아니라 피를 닮은 모든 것이 액운을 퇴치하는 위력을 발휘한다'고 미신한다. 이런 미신의 잔재가 로마 황제 클로디우스 알비누스Clodius Albinus(150~197: 194~197재위)의 가문에서 신생아들을 붉은색

165 앞 책 II. 31-34.
166 테르툴리아누스, 『로마 백성들에게』 II. 11; 락탄티우스Lactantius(250~325), 『신법서神法書Institutiones』 I. 20, 36.
167 자연철학자 플리니우스, 『자연역사』 VII. 6.
168 앞 책 VII. 7.
169 앞 책 VII. 15.
170 앞 책 VII. 3.
171 앞 책 VII. 3.

계통의 강보로 감싸는 관습을 형성시켰을 것이다.[172]

로마인들은, 고대와 근대의 많은 외지인과 마찬가지로, '개인의 수명'과 '그 개인의 출생일에 심긴[173] 나무의 수명'을 동일시하곤 했다. 그래서 플라비우스Flavius 황가皇家의 사유지私有地에서 자라던 오래된 상수리나무는 로마 황제 베스파시아누스Vespasianus(23~79: 69~79재위)의 모후母后 베스파시아 폴라Vespasia Polla(서기전15~?)가 세 아이[174]를 출산한 날마다 신기하게도 새로운 가지를 하나씩 뻗어냈다고 믿겼다.[175]

5) 종교의례와 어린이

(1) 태아와 신생아

테르툴리아누스는 태아와 신생아를 보살피고 돕는 신들의 전체계보를 우리에게 알려준다.[176] 그런 신들 중에 플루비오나Fluviona는 태아를 보살폈고, 칸델리페라Candelifera는 '아기가 태어난 방'에 머물면서 — 아기의 생명을 보호하는 주술효험도 똑같이 발휘하는 — 빛의 신령이었으며, 쿠니나는 마귀퇴치위력을 발휘할 뿐 아니라 고요한 분위기마저 조성했고, 레바나Levana는 '땅바닥에 뉜 아기를 친아비가 안아들어 올리는 의례'를 주관했다. 예로부터 '땅바닥에 뉜 신생아는 어머니-대지大地의 영혼을 받아들일 수 있다'고 믿겨왔다.[177] 왜냐면 심지어 현대의 원시인들 사이에도 '신생아들은 영혼을 소유하지 않는다'고 여기는 미신이 만연하기 때문이다.

오비디우스는 다음과 같이 기록했다. "출산을 주관하는 두 여신 포스

---

172 율리우스 카피톨리누스, 『클로디우스 알비누스Clodius Albinus』 V. 9.

173 【이 관형어의 기본낱말인 "심기다"는 "심다"의 피동사이다(국립국어원, 『표준국어대사전』 참조).】

174 【요절한 장녀 플라비아 베스파시아Flavia Vespasia(?~?), 장남 티투스 플라비우스 사비누스Titus Flavius Sabinus(?~69: 47년에 집정관 역임), 차남 베스파시아누스.】

175 수에토니우스, 『베스파시아누스Vespasianus』 V. 2.

176 테르툴리아누스, 『로마 백성들에게』 II. 11.

177 허버트 제닝스 로즈, 『이탈리아의 원시문화』, p. 133 참조.

트베르타Postverta와 포리마Porrima는 서로 다른 역할을 전담한다. 포스트베르타는 자궁에서 역위되어 발부터 먼저 세상에 내밀며 태어난 아기들을 보살핀다. 포리마는 머리부터 먼저 세상에 내밀며 정상적으로 태어난 아기들을 보살핀다."[178] 포리마는 프로르사Prorsa와 안테보르타Antevorta라는 두 가지 별명으로도 호칭된다. 포스트베르타와 포리마는 카르멘테스Carmentes로도 총칭된다. 우리는 사제들이 포리마와 포스트베르타라는 두 신명神名을 중얼거리듯이 호칭했다는 사실을 안다. 이 사실은 '신들의 명칭들이 불확실하게 전해진 까닭'을 설명해주면서도 그 명칭들을 '주술에서 유래한 것들'로 의심받게 만든다. 그래서 로마의 카르멘타Carmenta(카르멘티스Carmentis) 숭배의례는 실제로 주술에서 유래했을 수 있다. 왜냐면 '예언마녀들'을 뜻하는 고대 라틴어가 '카르멘테스'였고 그녀들의 예언들을 받아쓰는 '필기자들'을 뜻하는 고대 라틴어가 '카르멘타리Cramentarii'였기 때문이다. 이런 카르멘테스는, 파울러가 지적했듯이[179], '임신부妊娠婦들과 예비임신부들이 조언을 구하던 지혜로운 여자들'이었을 확률이 높다. 그러나 카르멘타가 고대 이탈리아의 신神이었을 확률은 더 높다. 카르멘타 숭배의례들에서 동물의 가죽은 터부였지만, 아마도 '제물용' 동물들의 가죽만은 터부가 아니었을 것이다. 왜냐면, 오비디우스가 정확하게 암시하듯이,[180] 산모에게나 신생아에게 죽음을 전달하여 감염시킬 수 있는 죽은 동물의 감염력이 예방되어야 했기 때문이다.

고대 로마 임산부妊産婦들의 기도를 가장 빈번하게 받은 여신들은 유노 루키나Juno Lucina, 디아나, 마테르 마투타Mater Matuta였다. 이 여신들은 역

178 오비디우스, 앞 책 I. 629-633. 유진 스톡 매커트니Eugene Stock McCartney(1883~1959: 미국 고전학자), 「고대의 섹스결정과 섹스규제Sex Determination and Sex Control in Antiquity」, 《아메리칸 저널 오브 필롤러지in American journal of Philology》, XLIII, pp. 62-70 참조.
179 파울러, 『공화정치시대 로마의 축제들』, p. 292.
180 오비디우스, 앞 책 I. 629.

사시대에 카르멘테스를 대체한 듯이 보인다.[181]

고대 로마의 모든 임산부는 샘[泉]을 숭배했다. 이탈리아 남동부의 도시 브린디시Brindisi와 로마를 잇는 아피아 가도街道Via Appia의 성문 포르타 카페나Porta Capena 근처에 있는 신성한 숲의 에게리아Egeria 샘도 로마의 임산부들이 숭배한 샘이었다.[182] 라티움의 해안도시 시누에사Sinuessa의 몇몇 샘은 여러 가지 효험을 지녔고 특히 불임不姙을 예방하는 효험을 많이 지녔다고 믿겼다.[183]

우리가 앞에서 살펴봤듯이, 고대 로마인들은 자식들을 괴롭힐 수 있는 악영향들을 예방하려는 주술의례들을 실행했다. 바로 그랬기 때문에 아기 — 생후 9일된 남아와 생후 8일된 여아 — 가 종교형식에 맞춰 정화의례(또는 세례)를 치르고 이름을 부여받았을 것이 틀림없다. 정화의례를 주관한 여신은 눈디나Nundina였을 것이다.[184]

(2) 사춘기에 접어든 아이

어린이의 일생에서 위험한 또 다른 시기는 사춘기였다. 사춘기에 접어든 소년은 — 주로 리베르 기념축제(리베랄리아)기간의 어느 날에 — 성인남자용 흰색의례복(토가 비릴리스toga virilis)을 입고 자신의 부적(불라bulla)과 소년용 주술의례복을 라레스 제단 옆에 놓아두는 의례를 실시했다.[185] 이 의례는 선사시대에 거행된 '소년을 씨족의 일원으로서 공인하는 입족의례入族儀禮'에서 유래했을 것이다.[186] 『자녀이름들De Praenominibus』이

181 프레이저, 앞 책 Vol. II, p. 181 참조.
182 페스투스, 「에게리아의 요정妖精들Egeriae nymphae」, 앞 책(카를 오트프리트 뮐러 편찬, p. 77).
183 자연철학자 플리니우스, 『자연역사』 XXXI. 9.
184 페스투스, 「정화의례들Lustrici」, 앞 책(카를 오트프리트 뮐러 편찬, p. 120).
185 오비디우스, 앞 책 III. 771-777; Persius V. 30-31; 수에토니우스, 『신성한 율리우스(카이사르)Divus Julius』 LXXXIV. 4; 수에토니우스, 『수사학자들De Rhetoribus』 I; 페스투스, 「황금Bulla aurea」, 앞 책(카를 오트프리트 뮐러 편찬, p. 36) ; 마크로비우스, 『사투르날리아』 I. 6, 16; 플루타르코스, 『로물루스』 XXV. 5, 『로마 문답서』 CI.
186 허버트 제닝스 로즈, 『이탈리아의 원시문화』, p. 135.

라는 책의 익명 저자는 "사춘기에 접어든 소년은 리베르 기념축제일에 이름을 부여받는다"고 기록했다. 만약 이 기록이 사실이라면, 아마도 사춘기 소년은 태어나서 처음 정화의례를 치르던 날(디에스 루스트리쿠스dies lustricus)에 부여받았던 첫이름을 리베르 기념축제일에 버렸을 것이다.[187] 여기서 내가 제시하고픈 견해는 다음과 같다. 만약 (고대 로마에서) 소년이 유아기에 부여받은 첫이름이 주술적으로 길운을 부른다고 증명되었다면, 사춘기에 접어든 그 소년이 부여받은 이름도 첫이름과 같았겠지만, 그 소년이 자라면서 병에 걸렸거나 사고를 당했거나 여타 불행을 겪었다면, 사춘기에 접어든 "성년남자"로서 공인받는 의례를 치르던 그 소년이 부여받은 이름은 첫이름과 달랐을 것이다.

(3) 사망한 어린이

고대 로마인들은 사망하면 매장될 수도 화장될 수도 있었다. 그러나 현대의 고고학자들이 증명했듯이, 고대 로마에서 매장된 시체들의 최다수는 어린이 시체들이었다. 이 사실의 또 다른 증거는 '고대 로마에는 사망한 어린이의 화장을 금기시하는 미신도 있었다'는 사실이다.[188] 이런 고고학적 증거를 보강할만하게도, 자연철학자 플리니우스는 "치아를 갖지 않은 채로 사망한 유아들을 화장하는 관습은 없다"[189]고 기록했다.

6) 종교의례를 보조한 어린이

모든 인간 중에도 어린이들은 정화의례 및 점술의례와 자주 결합하는

187 익명저자Incertus Auctor, 『자녀이름들De Praenominibus』 III(켐프C. Kempf가 편찬한 『발레리우스 막시무스Valerius Maximus』의 마지막에 수록된 문건).【발레리우스 막시무스(1세기경)는 라틴문인 겸 역사자료수집가이다.】

188 프레이저, 앞 책 Vol. IV, p. 186 참조.

189 자연철학자 플리니우스, 『자연역사』 VII, 72.

종교에서 규정된 역할들을 부여받는다. 예컨대, 초기 기독교신자 바르나바스Barnabas(?~61)가 기록한 고대 유태인들의 민간종교의례[190]도 이 사실을 예증한다. 그 의례가 개시되면 극악한 유태남자들이 예쁜 소녀를 살해하여 불태운다. 그러면 의례를 보조하는 소년들이 불태워진 소녀의 잔해를 수습하여 각자의 의례용 그릇에 담고, '보라색양털과 우슬초牛膝草hyssop에 감싸인 작대기'로, 소녀의 잔해를 튕겨서 의례현장에 있는 사람들 한 명 한 명에게 일일이 끼얹으면, 그 잔해를 맞은 사람은 자신의 죄가 씻겨나갔다고 믿는다. 그런데 유태교-기독교의『구약전서』에는 이 의례가 전혀 언급되지 않는다. 그래서 이 의례는 유태인들의 민간종교에서만 실행되었다고 추정되어도 무방할 것이다.

고대 로마 종교에서 어린이들을 의례보조원들로 동원한 관행은 '어린이들의 순수성을 근거로 삼아 오직 어린이들에게만 곳간의 식료품에 손댈 수 있는 권한을 부여한 원시가족의 습속'에서 유래했다.[191] 원시가족의 집안에서는 하루의 첫 식사를 마친 가족성원은 침묵해야 했고, 집안의 화덕에는 제물을 올렸다. 그러면 가족의 아들은, 습속을 준행하여, 제물에 나타난 징조들의 길흉을 가족에게 큰소리로 알렸다.[192] 집밖에서 실행된 몇몇 의례에서도 소년들뿐 아니라 소녀들마저 의례보조역할을 수행했다. 매년 2월에 개최된 테르미누스 기념축제에서는 가족성원들이 각자 맡은 역할을 수행했다. 소년은 바구니에 담은 농작물을 제단에서 타오르는 불길에 던졌다. 그 소년의 여동생은 꿀을 바른 과자들을 제단에 올려놓았다.[193]

190 집정관 플리니우스,『편지집』V. 8.
191 퀸티우스 호라티우스,『시가집詩歌集(Carmina)』III. 23, 17; 파울러,『로마인들의 종교체험』, p. 74 참조.
192 세르비우스 호노라투스,『"베르길리우스의『아이네이스』" 해설』I. 730.
193 오비디우스, 앞 책 II. 650-652.

<라레스>
폼페이Pompeii 유적지 베티Vettii 저택의 라레스 제단벽화

그러니까 어려서부터 의례를 보조해봤기 때문에 성년자가 되어도 라레스를 무척 애호하는 로마인이 드물지 않았다. 예컨대, 비가시인 티불루스는 소년시절에 '다정한 영향력을 발휘하여 가족을 보호하던 라레스'의 발치에서 뛰어놀곤 했다[194]고 기록했다.

고대 로마의 국가의례들에서 토가 프라이텍스타toga praetexta라는 의례복을 착용한 의례보조원들은 카밀리camilli로 호칭된 소년들과 카밀래camillae로 호칭된 소녀들이었다.[195] 그들의 출신계급은 자유민계급이어야

194 앞 책 I. 10. 15-16.
195 세르비우스 호노라투스, 앞 책 XI. 543; 페스투스, 「카밀루스Camillus」, 앞 책(카를 오트프리트 뮐러 편찬, p. 43).

만 했고, 그들의 부모는 모두 살아있어야만 했다. 그래서 카밀리에게는 파트리미patrimi라는 호칭이 부가되었고, 카밀래에게는 마트리미matrimi라는 호칭이 부가되었다. 결혼의례에서도 파트리미 소년 세 명이 새색시를 신혼집에까지 바래다주는 역할을 맡았다. 세 소년 중 한 명은 새색시일행의 선두에서 산사나무횃불을 운반했고 다른 두 소년은 각각 신부의 두 손을 하나씩 잡고 신부와 나란히 걸어갔다.[196] 심지어 고대세계보다 훨씬 더 다양하게 분화된 현대세계에서도 소년들과 소녀들은 주술의례와 종교의례를 보조하는 역할을 수행하는데, 그들도 역시 살아있는 부모의 자녀들이어야만 한다.[197]

퀸티우스 호라티우스는 황제 아우구스투스의 의뢰를 받아 『세속찬가Secular Hymn』를 창작했다. 서기17년 카피톨리움의 아폴로[198] 신전에서 처음 개최된 종교축제의 세 번째 날에 이 찬가를 합창한 소년 27명과 소녀 스물예닐곱 명의 부모들도 모두 살아있었다.[199] 『무녀신탁예언서Sibylline Oracles』[200]는 소년들과 소녀들에게 "로마의 신들을 찬송하라"고 요구한 듯이 보인다. 그래서 우리는 아우구스투스의 의도가 그런 신탁예언서를 낳지는 않았을지 의심한다.

지금까지 우리가 살펴본 것들을 요약정리하면 다음과 같다.

고대 로마의 점술과 미신을 쉽게 믿어버릇하던 어머니들은 안전한 출

---

196 페스투스, 「소년 파트리미와 소녀 마트리미Patrimi et matrimi pueri」, 앞 책(카를 오트프리트 뮐러 편찬, p. 245).
197 프레이저, 앞 책 Vol. II, pp. 200-201 참조.
198 【Apollo: 그리스의 태양신 아폴론Apollon과도 동일시되고 태양을 상징한 티탄Titan(거인족巨人族) 헬리오스Helios와도 동일시된 로마의 태양신.】
199 퀸티우스 호라티우스, 『세속찬가Carmen Saeculare』의 여러 대목; 유진 스톡 매커트니, 「기원의례祈願儀禮들에서 어린이가 맡은 역할The Role of the Child in Supplications」, 《클래시컬 위클리》, XXII, p. 151 참조.
200 【『Sibylline Oracles』(『Oracula Sibyllina』): 6세기나 7세기경에 편찬되었다고 추정되는 이 책은 고대 그리스 및 로마의 접신接神한 무녀Sibyl(=Sybil)들이 발설했다고 전설되는 신탁예언들의 모음집이다. 이 책은 『무녀신탁예언서첩Sibylline Books』(『Libri Sibyllini』)의 단편이나 유편遺片이 포함되었을 수 있다고 추정되기도 한다. 고대 이탈리아의 '쿠마의 무녀Cumaean Sibyl'가 태양신 아폴로와 접신하여 발설한 예언들의 모음집으로서 전설되던 『무녀신탁예언서첩』은 고대 로마의 신전들에 보관되다가 서기전1세기경에 소각되었다고 알려졌다.】

산방법과 자식들의 미래를 알려고 마녀들에게 조언을 구했을 것이다. 고대 로마인들은 대체로 마녀들이 다음과 같이 행동한다고 믿었다. 첫째, 마녀들은 마법의례에 사용할 인체부위들을 확보하려고 어린이들 — 특히 유소년들 — 을 살해한다. 둘째, 어린이들을 살해하려고 유괴한 마녀들은 어린이들의 빈자리에 밀짚인형들을 남겨놓는다. 셋째, 마녀들은 이따금 사악한 수단을 사용하여 산모의 자궁에서 태아를 빼내가기도 한다. 넷째, 마녀들은 유소년들과 신생남아들의 창자, 오줌, 양막, 치아, 간, 기타 신체부위들을 마법의례에 사용한다. 그런 한편에서 고대 로마의 산모들이나 산파들 중 몇몇은 신생아들의 양막을 미신적 변호사들에게 팔아먹기도 했다. 왜냐면 그런 변호사들은 양막이 변론을 성공시켜줄 길운을 불러온다고 믿었기 때문이다. 그래서 길운을 얻으려고 어린이를 살해했다는 혐의로 고발되는 공직자도 가끔 있었다.

마법의례에서 자행된 어린이살해는 '정기적으로 거행된 종교의례들에서 어린이들을 죽여 제물로 삼던 관행'의 잔재일 수 있다. 역사시대의 종교의례에서는 어린이들을 대신할 수 있는 것들이 제물들로 사용되었다. 그러니까 어린이살해는 실제로 마법의례를 완수하려는 의욕의 결과였던 셈이다.

고대 로마의 어린이들은 점술의례에도 동원되었고 국가종교의례와 개인의례들에도 동원되었다. 소년들은 때로는 물[水]을 응시하거나 거울들을 응시하면서 예언했고 때로는 최면술에 걸려서 예언했다. 그런 소년들은 완벽한 신체를 보유해야 했고 총명해야 했으며 유창하게 말할 수 있어야 했다. 이따금 우발사건들에 연루된 어린이들은 예언능력을 보유했다고 믿겼다.

고대 로마에서 신생아와 산모는 주술에 걸려 위험에 처할 수 있다고 생각되었다. 그래서 그들을 보호할 뿐만 아니라 그들을 접촉한 사람마저 보호할 수 있는 의례들이 실시되어야 했다. 신생아와 산모는, 예컨대, 숲에서 튀어나온 악령들한테 해코지당하기 십상이라고 미신되었으므로, 그런 악령들을 퇴치할 수 있는 일련의 의례들이 실시되도록 정해져있었다.

고대 로마의 어린이들은 흡혈귀들한테 해코지당할 수도 있다고 믿겼다. 그래서 흡혈귀들을 쫓아버리는 불제의례들이 거행되었다. 어린이는 사춘기에 도달하기 전까지 주술의복을 입고 '마귀퇴치효험을 발휘한다고 미신된 재료들로 제작된 부적'을 착용하여 보호받았다. 사춘기에 도달한 어린이는 이런 주술의복과 부적을 벗어버렸다.

고대 로마에서 신생아의 처지와 여건은 신생아가 태어나서부터 겪는 길운이나 액운과 대단히 밀접하게 관련되었다.

다른 많은 외지인과 비슷하게 고대 로마인들도 '개인의 수명은 그 개인의 출생일에 심긴 나무의 수명과 같다'고 믿었다.

고대 로마에서 어린이는 태아일 때부터 사춘기에 도달하기 직전까지 수많은 점사占辭와 예언의 지배를 받았다. 어린이의 모든 행위를 일일이 보살피는 신神도 있었다. 어머니들은 예언마녀들의 후예들인 카르멘테스에게도 조언을 구했다. 여자들은 '샘[泉]이 출산을 돕고 불임을 예방해준다'고 믿었기 때문에 샘을 숭배했다.

어린이의 이름은 주술적으로 중요하다고 미신되었다. 그래서 만약 어떤 어린이의 첫이름이 불길하다고 판명되고, 또 '사춘기를 맞이한 어린이들이 주술의복과 부적을 벗어버리는 리베르 기념축제기간'에 그 어린이가 사춘기를 맞이하면, 그 어린이는 불길한 첫이름을 대신할 다른 이름을 부여받았을 것이다.

고대 로마에서 사망한 성년자들은 대체로 화장되었지만, 사망한 유아들은 — 아직 치아를 갖지 못한 유아들은 특히 — 매장되었다고 추정된다.

정기적으로 거행된 종교의례에서 어린이들은 의례보조역할을 맡았다. 이런 풍습은 신성한 곳간들에 저장된 식료품들을 만질 수 있는 권한을 오직 어린이들에게만 부여한 원시인들의 가족의례에서 유래했다. 원시가족의 아들은 집안에서 점쳐진 길흉의 징조들을 큰소리로 가족에게 알렸다. 소년들과 소녀들은 국가의례에서 보조역할을 맡았다. 그런 의례들을 보조한 어린이들의 출신계급은 자유민계급이어야 했고 그들의 부모들은 모두 살아있어야만 했다. 소년들은 결혼의례를 보조하는 역할도 맡았다.

여기서 두 가지 사실 — 고대 로마에서는 일정한 연령대의 어린이들이 주술에 걸려 위험에 처할 수 있다고 생각되었다는 사실과, 어린이들이 종교의례에 동원되어 이용되었다는 사실 — 을 정연하게 설명하는 작업은 흥미로울 것이다. 출생혈은 태어나는 아기를 충분히 위태롭게 만들 수 있는 요인으로 믿겼다. 더구나 아기는 어차피 무기력하기 마련이라서 흡혈귀나 마귀 같이 더 강력하고 악한 세력들은 아기를 더 쉽게 조종할 수 있다고 믿겼다. 그러나 오히려 아기의 유약함이 타인들에게, 그리고 특히 아버지에게, 위험한 영향을 끼칠 수 있다고도 믿겼다. 어린이들은 경험의 영향을 거의 받지 않기 때문에 점술의례들에 이용되었다. 사춘기 소년소녀들보다 어린이들이 암시에 잘 걸리는 피암시성被暗示性을 더 많이 보유하므로, 최면술이 사용되는 의례에서는 어린이들이 최면술의 귀중한 피시술자被施術者들로 선택되었다. 종교의례보조원들로 선발된 소년소녀들은, 우리가 앞에서 살펴봤듯이, 반드시 자유민계급에 속하는 살아있는 부모들의 자녀들이어야 했다. 만약 그런 소년소녀들의 부친이든 모친이든 양친이든 이미 사망했다면, 종교의례는 죽음의 해로운 접촉효과에 감염될 수도 있을 뿐더러 그런 소년소녀들을 조종하던 주술위력마저 상실할 수도 있다고 믿겼다. '종교의례를 보조하는 소년소녀들의 신체는 완벽해야 한다'고 여긴 믿음은 '종교의례에 제물로 쓰이는 동물들은 무결해야 한다'고 여긴 믿음과 일맥상통한다. 왜냐면 소년소녀들의 신체결함들은 종교의례에 주술적으로 전이될 수 있다고 믿겼기 때문이다. 게다가 성행위도 종교의례의 효력을 약화시키기 쉽다고 믿겼다. 그리하여 아직 순결하고 천진난만한 어린이들이 이런 의례들을 실행하는 데 필요한 효력을 발휘한다고 믿겼다.

4. 죽음과 시체

모든 시대에 시체들은 기괴하게 여겨져서 정화의례를 치러야 할 것들로 간주되었다. 잉글랜드 인류학자 겸 성과학자性科學者 어니스트 크롤리 Ernest Crawley(1867~1924)는 다음과 같이 썼다. "원시적 사고력은 죽음의 본성을 정의하는 개념을 전혀 생각하지 못하지만, 사망자를 애도하는 풍습들이 암시하듯이, 평소에 죽음을 상대하는 원시적 심정은 신비한 공포심이다."[201] 그래서 현대의 교육받지 않은 일본인도 시체를 위험한 것으로 느끼며 시체의 위험성에 감염되지 않도록 예방책들을 강구해야 한다고 생각할 것이다. 라프카디오 헤른은 다음과 같이 기록했다.

> 살아있는 사람은 잠잘 때에나 심지어 누워서 휴식할 때에도 자신의 두 발을 시체가 있는 방향으로 두지 말아야 한다. 그 사람은 종교적으로 불순한 상

201 어니스트 크롤리, 『원시인들과 섹스Studies of Savages and Sex』, p. 178.

태 — 시체를 건드리거나 불교식 장례식에 참가하면서부터 지속되는 상태, 혹은 심지어 불교식 장례절차를 밟아 매장된 친지를 애도하는 기간에도 지속되는 상태 — 에서는 시체 앞에서 기도하지도 말아야 하고 아예 서있지도 말아야 한다.[202]

일본인과 마찬가지로 고대 유태인들도 죽음을 직접 목격하거나 시체들을 접촉하면 위험에 처할 수 있다고 느꼈다. 예컨대, 사망자를 접촉하여 오염된 사람은 소속공동체에 곧바로 합류할 수 없었다.[203] 시체나 인골人骨이나 무덤을 접촉한 사람은 7일간 불결한 자로 간주되었다.[204]

그러면 고대 로마를 되돌아보자. 우리가 앞에서 살펴봤듯이, 고대 로마의 마녀들은 시체의 부위들을 잘라내어 비밀스러운 목적을 달성하는 데 이용한 듯이 보인다.[205] 그래서 묘지는 마녀들이 즐겨 찾아가는 장소였다. 퀸티우스 호라티우스가 묘사한 마녀는 헤어진 늙은 애인의 애심을 되찾으려고 동료 마녀 세 명과 함께 마법의례를 강행한다.[206] 그 마녀들은 소년 한 명을 유괴한다. 마녀들 중 한 명이 집안 마당의 한복판에 구덩이를 파서 소년의 머리를 제외한 온몸을 구덩이에 파묻어두고 서서히 굶겨죽인다. 이런 살인행각의 목적은 '적출하고 말려서 미약재료媚藥材料로 사용할 골수骨髓와 간肝을 지닌 인간시체'를 확보하는 것이다. 그래서 불행하게도 고대 로마의 마녀들은 '그토록 끔찍한 범행들을 실제로 저질렀다'는 혐의를 모면하지 못할 듯이 보인다. 그러나 오늘날의 미국에서도 마법효과를 노린 비슷한 살인사건들이 언론에 보도되곤 하는데, 하물며 고대에 마녀-

202 라프카디오 헤른, 『낯선 일본의 겉모습』, p. 125.
203 유태교-기독교경전 「민수기」 제5장 제2절.
204 「민수기」 제19장 제11-16절.
205 아풀레유스, 『변신담』 II. 21-26; 루카누스, 『로마 내전』 Vi. 529-537 참조.
206 퀸티우스 호라티우스, 『서정시집』 V.

살인자들이 이따금 출현했다는 사실이 그토록 해괴하겠는가?[207]

고대 로마에서는 시체를 다루는 사람의 기력이 손실될 수 있다고 믿겼다.[208] 트리말키오의 만찬회에 초청된 손님들을 흥겹게 해주느라 높다란 사다리꼭대기에서 묘기를 부리던 소년이 발을 헛디뎌 바닥으로 추락했다. 그러자 한바탕 소동이 벌어졌다. 하지만 페트로니우스가 확언했듯이, 그런 소동은 소년이 추락했기 때문에 벌어졌기보다는 오히려 소년의 죽음이 특히 노예이던 소년의 죽음이라서 불길한 징조로 간주되었기 때문에 벌어졌다.[209]

한니발을 격퇴한 로마 장군 스키피오 아프리카누스Scipio Africanus(서기전235~183)는 어느 날 아침에 침대에서 죽은 채로 발견되었다. 그의 시체를 검시하는 절차는 생략되었다.[210] 우리는 '시체를 두려워한 미신이 검시 절차를 생략시켰다'고 기꺼이 믿을 수 있다. 언젠가 로마 군대의 병사들은 '출정하기 전에 그들의 지휘관이 연설한 언덕이 묘지였다는 사실'을 알아버렸기 때문에 위험한 전투를 거부했다.[211] 서기전509년에 로마 카피톨리움의 유피테르 신전에서 거행될 봉헌의례의 주관자를 결정하려고 집정관들끼리 실시한 제비뽑기의 당첨자는 마르쿠스 호라티우스 풀빌루스Marcus Horatius Pulvillus(서기전6세기말엽~5세기초엽)였다. 그를 질투한 다른 집정관의 친구들은 봉헌의례를 방해할 음모를 획책했다. 그들은 '죽음의 감염력을 두려워하는 마르쿠스 호라티우스의 공포심'을 자극하면 봉헌의례를 방해할 수 있으리라고 생각했다. 이윽고 마르쿠스 호라티우스

207 테다 케니언Theda Kenyon(1894~1997: 미국 작가 겸 시인), 『마녀들은 아직 살아있다Witches Still Live』, Chapter XXV 참조.
208 페트로니우스, 『사튀리콘』 CXXXIV. 1.
209 앞 책 LIV.
210 벨레유스 파테르쿨루스Velleius Paterculus(서기전19~서기31: 고대 로마 역사학자), 『역사Historiae』 II. 4, 6.
211 플루타르코스, 『플라미니누스Flamininus』 VII. 4.【'플라미니누스'는 고대 로마의 정치인 겸 장군 티투스 퀸티우스 플라미니누스Titus Quinctius Flamininus(서기전229~174)이다.】

가 신전의 문기둥을 끌어안고 신들에게 기도하기 시작했을 때 그의 적들은 "그의 아들은 죽었고, 그의 죽음이 그의 가족을 오염시켰으므로, 그는 봉헌의례를 주관할 수 없다!"고 큰소리로 공표하여 봉헌의례를 방해했다.[212] 그래도 집정관 마르쿠스 호라티우스는 봉헌의례를 끝까지 주관했다.

고대 로마에서 5년마다 거행되던 속죄용 희생의례가 서기전459년에는 거행되지 않았다. 왜냐면 그해에 카피톨리움은 피추방자[被追放者]들과 노예들의 유혈로 얼룩졌을 뿐 아니라 집정관 한 명이 카피톨리움에서 피살되기도 했기 때문이다.[213] 로마 제국의 장군 푸블리우스 퀸틸리우스 바루스 Publius Quinctilius Varus(서기전46~서기9)가 지휘한 로마군단이 라인강 건너편의 어느 지점에서 게르만족 군대를 상대로 격전을 치르다가 전멸했을 때, 격전지를 방문한 게르마니쿠스는 자신이 예전에 지휘했던 게르만족 병사들의 시체들을 매장하는 작업을 직접 도왔다. 그러나 "점성술과 기타 오래된 종교업무들을 전담하는 관직에 임명된 장군은 장례절차의 진행을 돕지 말아야 한다"고 생각한 로마 황제 티베리우스Tiberius(서기전42~서기37: 서기14~37재위)는 게르마니쿠스의 그런 행동들을 오해했다.[214] 고대 로마의 집정관은 연중[年中] 하루를 군대입영대상자들의 병적등록일로 지정했다. 그날 입영대상자는 지정된 부대로 가서 입영선서를 해야 했지만 특별한 이유들 — '가문의 장례식에 반드시 참가해야 할 필요성'이나 '사망자를 접촉한 흔적을 지우는 정화의례를 치러야 할 필요성' 등 — 을 인정받으면 입영선서를 하지 않아도 무방했다.[215] 장례식에 참가한 사람들은 "귀가하는 자들에게 뿌려지는 물[水]을 맞아야 했고 땅바닥에 피워진 불[火]

212 리비우스, 앞 책 II. 8. 6-7.
213 리비우스, 앞 책 III. 22. 1.
214 타키투스, 『연대기』 I. 62.
215 아울루스 겔리우스, 앞 책 XVI. 4. 4.

을 넘어가야 했다 …….”[216] 로마의 어느 집안에서는 사망자의 시체가 집 밖으로 운반되어나가면 집안을 깨끗이 정화하는 의례가 실행되었다. 아마도 그런 정화의례의 실행자는 사망자의 상속자였겠지만, 오비디우스의 친구들처럼[217], 유피테르의 사제를 보좌한 공직자였을 가능성도 있다.

프레이저는 이런 풍습과 유사한 풍습의 존재를 보고하면서 다음과 같이 기록했다.

> …… 튜링기아[218]에서 사망자의 집안 마루방에는 커다란 소금더미 세 무더기가 쌓인다. 그러면 마루방은 비질되어 깨끗이 청소되고, 비질된 쓰레기들은 빗자루와 함께 교회묘지나 야외묘지로 운반된다. 그리고 때로는 사망자의 침대 담요도 야외묘지에서 소각된다. 이 모든 관례의 목적은 집밖으로 퇴출된 망령의 귀가를 예방하는 것이다.[219]

장례식에서 의례적으로 실행되는 비질의 목적은 사망자의 혼령을 집밖으로 쓸어내는 것이다. 소금은 모든 인간종족의 정화의례들에서 정규적으로 사용되었다. 그리고 소금과 밀알은 망혼亡魂들에게 정규적으로 고수레되는 제물로도 쓰인다.[220]

신혼집으로 가는 신부의 행렬에서 산사나무횃불을 운반한 소년은 반드시 살아있는 부모의 아들이어야만 했다.[221] 이런 요건은 영신세기축제迎

216 페스투스, 「물(水)과 불(火)Aqua et igni」, 앞 책(카를 오트프리트 뮐러 편찬, p. 2).
217 오비디우스, 앞 책 II. 23; 페스투스, 「청소Everriator」, 앞 책(카를 오트프리트 뮐러 편찬, p. 77) 참조.
218 【Thuringia: 현대 독일 중부지역에 있는 튀링겐 자치주Freistaat Thüringen의 일반지명.】
219 프레이저, 앞 책 Vol. II, p. 279.
220 앞 책, Vol. II, pp. 279-283.
221 페스투스, 「파트리미Patrimi」, 앞 책(카를 오트프리트 뮐러 편찬, p. 245).

新世紀祝祭[222]에서 합창하는 소년들에게도 적용되었다.[223] '죽음을 금기시하는 터부'가 이런 제한요건을 생성시킨 것이 틀림없다. 왜냐면 사망한 부모들의 아들들은 의례에 악영향을 끼칠 수도 있다고 믿겼기 때문이다. 유피테르의 사제는 무덤 앞에 음식을 차려놓지 말아야 했고 시체를 건드리지 말아야 했다.[224] 로마인들은 사망자의 집 앞에는 관습대로 사이프러스 나뭇가지 하나를 갖다놓았고, 총대사제總大司祭(폰티펙스 막시무스Pontifex Maximus)는, 역시 관습대로, 그 나뭇가지를 보면 오염되지 않도록 피하거나 비켜가야 했다.[225]

고대 로마에서 시체들은 위험시되었다. 그래서 로마인들이 망자축제亡者祝祭Festival of the Dead를 거행하는 기간에 신전들은 폐문되었고 제단들의 불은 꺼졌다. 특히 이 기간에는 결혼식도 거행되지 않았다. 왜냐면 이 기간에 결혼하는 처녀들은 불행해진다고 믿겼기 때문이다.[226] 12표법十二表法Leges Duodecim Tabularum은 로마의 도시성곽 안에서 시체를 화장하거나 매장하는 장례를 금지했다.[227] 서기전260년에는 로마 시내市內에서 시체를 매장하는 장례를 금지하는 법률이 제정되었다. 그러나 개선장군들과 베스타의 처녀사제들에게는 이 금지법이 적용되지 않았다.[228]

'터부'라는 낱말의 뜻과 가장 흡사한 뜻을 가진 라틴낱말은 아마도 '렐리기오religio'일 것이다. 그래서 고대 로마인들은 '렐리기오'를 때때로 '죽음을 금기시하는 터부'를 의미하도록 사용한 듯이 보인다.[229] 예컨대, 마르쿠스

---

222 【Secular Games(루디 사이쿨라레스Ludi saeculares/루디 테렌티니Ludi Terentini): 고대 로마에서 100년마다 한 번씩 새로운 세기를 맞이하는 기념으로 거행한 종교의례, 희생의례, 연극공연의 총칭.】

223 프레이저, 앞 책, Vol. 11, p. 197.

224 아울루스 겔리우스, 앞 책 X. 15. 24.

225 세르비우스 호노라투스, 『"베르길리우스의 『아이네이스』" 해설』 III. 64.

226 오비디우스, 앞 책 II. 557-564.

227 마르쿠스 키케로, 『법률론De Legibus』 II. 23-58.

228 세르비우스 호노라투스, 앞 책 XI. 206.

229 가이우스Gaius(카이우스Caius, 110경~180경: 고대 로마 법학자), 『법률서Institutiones』 II. 4.

테렌티우스 바로가 누마 폼필리우스의 개인소지품들을 지칭하느라 사용한 라틴낱말 '렐리기오사religiosa'도 이런 터부를 함의한다. 왜냐면 고대 로마인들은 로마의 클로아카 막시마Cloaca Maxima(하수도下水道) 근처 어디쯤에 누마 폼필리우스의 시체가 매장되면서 그의 개인소지품들이 담긴 항아리들도 부장副葬되었다는 전설을 믿었기 때문이다.[230]

사망자와 관련된 감정은 인간의 자기보존본능에서 유래한 듯이 보인다. 우리는 부정적 마나의 원리들 중 하나도 이런 감정을 유발했을 것이라고 추정할 수 있다. 그 원리는 '모든 인간이 느끼는 낯선 것들을 기피하려는 감정'을 유발한다. 아득한 옛날부터 인간은 '맹수들한테 뜯겨먹히거나[231] 적의 창에 찔린 동료들을 괴롭히는 고통들'을 단연코 선연하게 인지했을 것이다. 이런 고통들은 처음부터 위험하게 느껴진 유혈현상流血現象을 동반했다. 게다가 이런 고통들은 인간의 모든 정규행동을 명백하게 중단시켰다. 그래서 원시인은 기괴하게 느껴진 시체를 고통, 유혈, 행동중단에 결부하여 위험시하고 기피했다.

그런데 거의 모든 것을 신성시하던 고대 로마인들이 죽음신[死神]만은 갖지 않았다니 참으로 기묘한 노릇이다.

5. 가죽

고대 로마인들은 제물용으로 쓰이지 않은 동물의 가죽을 대체로 위험시했다. 그래서 고대 로마의 예비어머니들이 즐겨 믿은 여신 카르멘티스 숭배의례에서 가죽은 금기시되었다. 이런 금기는, 오비디우스가 기록했

---

230 마르쿠스 테렌티우스 바로, 『라틴어』 V. 157; 『브리태니커백과사전Encyclopedia Britannica』(Vol. XXIII)에 수록된 프레이저의 설명문 「터부Taboo」에는 '터부와 동등시同等視된 종교적 사물(사케르sacer: 성물聖物)'이 언급된다.

231 【한국어복합능동사 "뜯어먹다"의 정확한 피동형은 "뜯어먹히다"가 아니라 "뜯겨먹히다"이다.】

듯이,[232] 카르멘티스의 청정淸淨한 제단들을 오염시킬까 두려워한 예비어머니들의 공포감에서 생겨났다. 그래서 고대 로마여자는 죽은 동물의 어떤 부위가 그녀의 자식이나 그녀 자신을 죽일까 두려워하는 공포감을 자연스럽게 느꼈을 것이다. 그렇게 가죽을 금기시한 터부는 다른 의례들에도 적용된 듯이 보인다.[233] 유피테르의 사제(플라멘 디알리스)의 아내(플라미니카 디알리스Flaminica Dialis)는 오직 제물용으로 희생된 동물의 가죽이나 자연사自然死하지 않은 동물의 가죽으로만 제작된 단화短靴나 샌들을 신었을 것이다. 왜냐면 자연사한 동물들은 불길하게 여겨졌기 때문이다.[234] 유태인들은 자연사한 짐승을 먹지 말아야 하는 금기에 속박되어있었다. 왜냐면 "너희가 죽은 짐승을 먹으면, 그 짐승의 시체를 접촉하여 더러워진 너희는 깨끗이 정화되기 전까지 불결할 수밖에 없다"[235]고 믿겼기 때문이다.

루페르칼 기념축제에서 젊은 사제들은 각자의 알몸에 오직 가죽채찍으로 동여맨 가죽허리가리개만 둘렀고, 그런 가죽채찍과 가죽허리가리개의 재료는 제물용 동물들의 가죽이었다.[236] 우리가 알다시피, 고대 로마의 기우제祈雨祭에 여자들은 맨발로 참가했다.[237] 오비디우스가 증언하듯이, 고대 로마여자들은 베스타 숭배의례에도 맨발로 참가했다.[238] 이런 의례들에서 작용한 터부는 '매듭들과 결박도구들을 두려워하는 공포감'과 '가죽을 두려워하는 공포감'에서 동시에 유래했을 수 있다.

가죽을 금기시하는 터부는 '시체들과 죽음을 금기시하는 터부'와 관련

232 오비디우스, 앞 책 I. 627-629.
233 마르쿠스 테렌티우스 바로, 『라틴어』 VII. 84.
234 페스투스, 「죽은 동물Mortuae pecudis」, 앞 책(카를 오트프리트 뮐러 편찬, p. 161).
235 「레위기」 제11장 제39절, 제7장 제24절 참조.
236 오비디우스, 앞 책 II. 283-284.
237 페트로니우스, 『사튀리콘』 XLIV.
238 오비디우스, 앞 책 VI. 397 참조.

된 것이 확실하다. 죽은 동물의 가죽은 신성한 의례에서는 위험시되었을 것이다. 그리고 (내가 거듭 말하건대) 자연사한 동물은 그런 의례에서 특히 더 위험시되었을 것이다. 그래서 종교의례들에서는 제물용으로 희생된 동물의 가죽이 사용되었다. 샌들은 가죽으로 제작되고 가죽끈으로 결박되기 때문에 종교의례들에서는 가죽샌들의 착용이 금지되었을 것이다. 더구나 가죽샌들은 인간의 발을 결박하듯이 의례들을 결박할 수 있다고 믿겼기 때문에 종교의례들에서 더욱 엄중하게 금기시되었을 것이다. 우리는 나중에 '매듭들을 금기시한 터부'를 다루면서 이런 금기원리禁忌原理를 다시 고찰할 것이다.

6. 날짜들

고대 로마에서 칼렌대 다음날, 노내 다음날, 이두스[239] 다음날은 흉일凶日(디에스 아트리dies atri)로 지칭되었다. 이 흉일들에는 전투도 전혀 발생하지 않았고 제물용 동물도 전혀 희생되지 않았으며 공공업무도 개인용무도 일절 수행되지 않았을 것이다.[240] 그러나 제물용 동물의 희생을 금기시한 터부가 적용되지 않은 예외흉일例外凶日도 가끔 있었다. 예컨대, 로마를 향해 진격하던 한니발 군대를 대적한 로마 군대가 트라시메노[241] 호숫가에서 패퇴한 날의 다음날도 그런 예외흉일이었다.[242]

고대 로마인들은 흉일들을 '서기전391년에 대사제들이 제정하여 반포

239 【고대 로마 달력에서 "칼렌대Kalendae(Kalends)"는 매달 제1일, "노내Nonae(Nones)"는 매달 제5일~제7일, "이두스Idus(Ides)"는 매달 제13일~15일(보름)의 날짜이름들이었다. 특히 "아홉째(제9)"를 뜻하는 라틴형용사 "노누스nonus"에서 유래한 "노내"는 원래 "이두스 이전以前 제9일"을 뜻하는 날짜이름이었다.】

240 오비디우스, 앞 책 I. 57-58; 페스투스, 「종교Religiosus」, 앞 책(카를 오트프리트 뮐러 편찬, p. 278); 마르쿠스 테렌티우스 바로, 『라틴어』 VI. 29; 리비우스, 앞 책 VI. 1, 11; 마크로비우스, 『사투르날리아』 I. 15, 22, I. 16, 21-25; 아울루스 겔리우스, 앞 책 V. 17, 1-2; 페스투스, 「제9일Nonarum」, 앞 책(카를 오트프리트 뮐러 편찬, p. 178); 플루타르코스, 『로마 문답서』 XXV.

241 【Trasimeno: 이탈리아 중부내륙의 페루자Perugia 지방에 위치한 호수.】

242 리비우스, 앞 책 XXII. 10.

한 교령敎令대로 지정된 날들'로 이해하여 수긍했다. 왜냐면 대사제들은 로마 군대의 결정적인 패전일敗戰日들을 흉일들로 지정했기 때문이다. 예컨대, 특히 (서기전477년에) 파비우스Fabius 가문의 일족 300여 명이 크레메라에서 베이의 시민군을 대적하다가 패전한 날이자 (서기전217년에) 로마 군대가 트레비아[243]에서 한니발 군대를 대적하다가 패전한 날이던 7월 18일은 대표적인 흉일이었다. 크레메라 전투에서도 트레비아 전투에서도 로마 군대의 장군들은 불길한 징조들을 감지했고, 그런 징조들은 어김없이 참담한 패전으로 귀결했다. 그리하여 훗날 로마에서 7월 18일에는 제물용 동물의 희생이 금지되었다.

이런 흉일들에 적용된 터부가 만약 역사적으로 정확하게 설명될 수 있고 존재했을 수도 있다면 인위적 터부였지 정녕 원시적 터부는 아니었다. 그러나 이런 터부의 유래는 또 다른 방향에서 설명될 수 있다.[244] 힌두교신자Hindoo들은 '달이 이지러지는 기간(보름~그믐)의 날들'을 달(월력月曆)의 "어두운 절반"으로 총칭하고 '달이 커지는 기간(그믐~보름)의 날들'을 달의 "밝은 절반"으로 총칭한다. 그렇다면 '달이 가장 크고 밝은 보름날부터 다섯째 날(이두스)'을 뜻하는 라틴낱말 '퀸콰트루스quinquatrus'는 '퀸퀘quinque'와 '아테르ater'의 합성어일 수 있으므로 '달이 이지러지는 흉일들의 다섯째 날'을 뜻한다. 이런 어원학적 사연대로라면, 투스쿨룸[245]에서 사용된 라틴낱말 '트리아트루스triatrus'는 이두스부터 셋째 흉일, '섹사트루스sexatrus'는 이두스부터 여섯째 흉일, '셉테마트루스septematrus'는 이두스부

243 【크레메라Cremera는 로마의 북쪽으로 10킬로미터쯤 떨어진 지점에서 테베레Tevere(Tiber)강에 합류하는 하천의 명칭이다. 테베레강은 이탈리아 중북부 아펜니노 산맥에서 발원하여 남행南行하다가 로마 시내를 관통하여 티레니아Tyrrhenia해로 흘러나간다. 베이Veii(베유스Veius/베요Veio)는 로마의 북북서쪽으로 16킬로미터쯤 떨어진 곳에 있던 고대 에트루리아인들의 도시였다. 트레비아Trebbia(Trebia)는 이탈리아 북서부에서 발원하여 북동쪽으로 흐르다가 이탈리아 북부지역의 최대하천 포Po(파두스Padus/에리다누스Eridanus) 강에 합류하는 강의 명칭이다.】

244 나는 이 설명을 프레이저의 『오비디우스의 "종교축제일들"』(Vol. II, pp. 79-82)에서 차용했다.

245 【Tusculum: 이탈리아 중서부 라티움에 있는 고대 로마 도시유적지.】

<알프스 산맥을 넘어가는 한니발 군대Hannibals Übergang über die Alpen>
독일 화가 하인리히 로이테만Heinrich Leutemann(1824~1905)의 1866년작

터 일곱째 흉일을 뜻하고, '팔레르눔Falernum'에서 사용된 라틴낱말 '데키마트루스decimatrus'는 이두스부터 열째 흉일을 뜻하는데, 이 흉일들은 모두 '달이 이지러지는 기간의 날들'이다. "흉일"의 원뜻 — 요컨대, 달의 어둠을 가리키는 "검은 날(흑일黑日)" — 이 망각되었을 때 로마의 대중심리는 '아테르'의 의미를 불길하거나 터부시되어야 할 것으로 해석했다.

고대 로마에서 8월 24일, 10월 5일, 11월 8일은 '디에스 렐리기오시dies religiosi'로 총칭되었다. 이 날들에는 망령들(마네스manes)이 문두스mundus를 거쳐 지상세계로 튀어나온다고 믿겼는데, 문두스는 로물루스의 도시(=로마)의 지하공간으로 들어가는 봇도랑 또는 입구의 명칭이었고, 그 봇도랑 또는 입구는 지옥문地獄門이라고 믿겼다.[246] 이 날들에는 공공업무도 일절 실행되지 않았고 전투도 전혀 발생하지 않았으며 군대신병도 전혀 징집되지 않았을 것이다. 이런 터부는 '죽음과 시체들'을 금기시한 터부에서 유래했을 수 있다. 그래서 '2월의 파렌탈리아 기간(축제일들)과 5월의 레무리아[247] 기간(축제일들)이 렐리기오시로 총칭되었다는 사실'도 죽음을 금기시한 터부에서 유래했을 수 있다. 2월의 파렌탈리아로 총칭된 기간에는 모든 신전의 대문이 닫혔고 모든 제단의 불이 꺼졌으며 결혼식은 일절 거행되지 않았을 것이다. 그 기간에는 고위공직자들도 관복을 벗어두고 일반시민들과 마찬가지로 평상복을 입었다.[248]

고대 로마에서 베스타 신전의 문을 열어둘 수 있던 6월 7일은 렐리기오수스religiosus로도 지칭되었다. 파울러는 6월 7일에 적용된 터부의 유래를

246 페스투스, 「문두스Mundus」와 「문둠Mundum」, 앞 책(카를 오트프리트 뮐러 편찬, pp. 154, 156); 마크로비우스, 『사투르날리아』 1. 16, 16-18(마르쿠스 테렌티우스 바로의 저서에서 인용).

247 【파렌탈리아Parentalia는 파렌탈레스Parentales 기념축제를 뜻하고, 파렌탈레스는 가족선조家族先祖를 뜻한다. 레무리아Lemuria(레무랄리아Lemuralia)'는 레무레스Lemures 위무축제慰撫祝祭를 뜻하고, 레무레스는 유령잡귀幽靈雜鬼를 뜻한다.】

248 요안네스 뤼두스Joannes Lydus(6세기경: 비잔티움 행정관 겸 역사기록자), 『달(月)들De Mensibus』 XIV. 29[리하르트 뷘쉬Richard Wuensch(1869~1915: 독일 고전문헌학자) 편찬]; 오비디우스, 앞 책 II. 557-558, 563-564 참조.

"...... 농작물이 수확되기 전에 실행된 어떤 신비스러운 정화의례나 소독의례消毒儀禮"에서 찾는다.[249] 고대 로마에서는 여느 달의 '칼렌대'에나 '노내'에나 '이두스'에 처녀가 결혼하면 불행해질 수 있다고 믿겼다. 대사제들은 그날들을 "흉일들"로 지정하여 포고했다. 왜냐면 그날들은 로마의 장군들이 신들에게 바치는 승전기원의례를 거행하고 전투를 지휘했는데도 참패한 날들이었기 때문이다.[250]

---

249 파울러, 앞 책, p. 40.
250 페스투스, 「제9일」, 앞 책(카를 오트프리트 뮐러 편찬, p. 178).

제3장

다양한 터부들

제2장에서 우리는 '긍정적 마나'와 '부정적 마나'를 예시했다. 그리고 우리는 '피를 금기시한 터부'를 그것과 관련된 — 여자들, 어린이들, 죽음, 가죽, 흉일들을 금기시한 — 다섯 가지 터부와 함께 살펴봤다. 제3장에서 우리는 고대 로마인들 사이에 유행했던 더욱 다양한 터부들 — 섹스, 남자들, 외지인들, 노예들, 리넨(아마포亞麻布), 매듭들, 쇠[鐵], 장소들을 금기시한 터부들 — 을 더욱 구체적으로 설명하려고 애쓸 것이다.

1. 섹스

종교직업인들의 대다수에게 요구되는 필수전제조건은 순결이다. 고대 로마의 특정한 사제들에게는 성행위를 금기시한 터부가 다년간 적용되었다. 종교축제기간에 거행된 특정한 종교의례들에서는 축제개시일의 전야前夜처럼 특별한 시일들에만 금욕이 강요되었다. 심지어 로마 국가종교의 바깥에서도 특정한 일상적 직무들의 담당자에게는 순결이 필수전제조건으로서 이따금 요구되었다. '다년간 고수固守되도록 강요된 순결'의 가장 유명한 일례는 베스타의 처녀사제들에게 강요된 순결이다. 이미 널리 알려졌듯이, 고대 로마에서 토산물들을 주관한다고 믿긴 신들인 케레스와 바쿠스[251]를 기념한 축제들의 종교의례들에도 순결이 필수전제조건으로서 요구되었다. 또한 양봉업자들은 벌통에서 꿀을 채취하기 전날에는 성행위를 자제해야만 했다는 사실도 유명하다.[252]

베스타의 처녀사제가 실행한 순결서약은 30년간 유효했다.[253] 그녀는 순결을 지키기로 서약한 해부터 첫째 10년간에는 수습처녀사제의 임무를 수행했고, 둘째 10년간에는 처녀사제단의 성무聖務들을 수행했으며, 셋째 10년간에는 신입처녀사제들을 교육했다. 그렇게 30년을 보낸 처녀사제는, 자신이 바란다면, 환속할 수 있었고 결혼할 수도 있었다. 그러나 실제로 환속한 처녀사제는 극히 드물었다.

베스타의 처녀사제들은 비록 순결서약을 실행했고 성녀들로 추정되었을지라도 그들의 지위는 천사(=수호여신)들의 지위보다는 약간 낮았다고 우리는 믿을 수밖에 없다. 사빈족의 왕 티투스 타티우스[254]에게 로마의 성문城門들을 열어주는 배반행위를 저지른 처녀 타르페야Tarpeia는 베스타의 처녀사제였다. 그녀는 뮤즈들[255]의 거룩한 샘에서 물을 긷는 자신의 성직聖職을 이용하여 적군과 내통했다.[256]

---

251 【Bacchus: 포도수확, 포도주제조과정, 포도주, 다산을 주관한다고 믿긴 그리스의 주신酒神 니오니소스Dionysos와 동일시된 로마의 신.】

252 콜루멜라Columella(4~70경: 고대 로마의 농업기록자), 『농업Res Rustica』 IX. 14, 3.

253 베스타의 처녀사제들은 다음과 같은 문헌들에서 묘사된다. 플루타르코스, 『누마 폼필리우스』 X; 아울루스 겔리우스, 앞 책 I. 12; 프레이저, 『오비디우스의 "종교축제일들"』 VI. 283.

254 【사빈족Sabin族은 이탈리아 중부의 아펜니노Apennino 산맥지역에 거주했던 고대 종족이고, 티투스 타티우스Titus Tatius는 로마 건국신화에 등장하는 왕이다.】

255 【Muses: 이 낱말은 그리스 신화에서 특히 시詩와 음악을 위시한 문학·학문·예술의 영감靈感을 관장하는 아홉 여신의 영어식 총칭이다. 실제로는 '뮤지스'로 발음되는 이 총칭의 영어식 단수형 명칭이 '뮤즈'이다. 독일어식 총칭은 '무젠Musen'이고 단수형 명칭은 '무제Muse'이다. 이 총칭들은 각각 칼리오페Calliope(칼리페Kallipe), 클리오Clio(클레요Kleio), 에우테르페Euterpe, 에라토Erato, 멜포메네Melpomene, 폴뤼힘니아Polyhymnia, 테릅시코레Terpsichore, 탈리아Thalia, 우라니아Urania로 호칭되는 아홉 여신의 그리스어식 총칭 '무사이Musai'에서 유래했다.】

256 리비우스, 앞 책 I. 11. 6-9.

<적군과 내통하는 타르페아>
브리튼 역사학자 헬런 에이들린 거버Helene Adeline Guerber(1859~1929)의 『로마인들의 이야기The Story of the Romans』(1896)에 수록된 삽화

만약 우리가 이 일화를 믿을 수 있다면 '베스타의 처녀사제들은 일상다반사로 순결서약을 위반했다'고 추정할 수 있을 것이다. 전쟁신戰爭神 마르스가 처녀신處女神 레아Vestal Rhea의 순결을 강탈했기 때문에 로마의 건국자가 태어났다고도 전설된다. 서기전483년에 신들은 몇몇 징조의 의미를 해석해달라고 점쟁이들에게 부탁했다. 점쟁이들은 '신성한 의례들이 소홀하게 거행되었기 때문에 그런 징조들이 나타났다'고 대답했다. 그리하여 베스타의 처녀사제 옵피아Oppia가 순결서약을 위반했다는 죄목으로 생매장되었다.[257]

제1차 삼니움 전쟁First Samnite War이 진행되던 기간(서기전343~341)에 베스타의 처녀사제 미누키아Minucia는 예쁜 옷들을 탐한다고 의심을 샀다.

257 앞 책 II. 42, 10-11.

그녀는 어느 노예의 증언 때문에 순결서약위반죄를 뒤집어쓰고 로마의 성문 포르타 콜리나Porta Collina 근처에 생매장되었는데, 그 성문에 맞닿은 평야는 훗날 — 아마도 이 생매장사건에서 유래했을 — '저주받은 평야'라는 지명을 얻었다.[258] 한니발 전쟁이 진행되던 기간에 오피미아Opimia와 플로로니아Floronia라는 베스타의 처녀사제들은 순결서약을 위반했고 끝내 발각되었다. 둘 중 한 명은 자살했고, 다른 한 명은 포르타 콜리나 근처에 생매장되었다. 대사제의 비서관 루키우스 칸틸리우스Lucius Cantilius(?~?: 서기전216재직)는 플로로니아와 사통했다는 죄목으로 죽을 때까지 채찍질당하는 극형에 처해졌다.[259] 카틸리나는 마르쿠스 키케로의 아내 테렌티아Terentia(서기전98~서기6)의 이복자매이던 베스타의 처녀사제 파비아Fabia(서기전97~?)와 밀통했다는 혐의로 고발당했다. 그러나 어쩌면 유력한 친구들의 도움을 받아서 그랬는지 카틸리나는 (서기전73년에) 무죄판결을 받았다.[260] 모든 신성한 것을 무시한 황제 네로Nero(37~68)가 베스타의 처녀사제의 순결을 유린했어도 놀랍지 않다.[261] 고대 로마 시인 유베날리스Iuvenalis(주버널Juvenal: 서기1~2세기)는 근위대장관 루프리우스 크리스피누스Rufrius Crispinus(?~66)를 베스타의 처녀사제와 사통한 혐의로 고발하면서 모욕적으로 비웃었다.[262] 그러나 크리스피누스는 황제 도미티아누스의 관심을 받아서 그랬는지 사통혐의자에게 부과되던 전통적인 형벌을 모면할 수 있었다. 황제 베스파시아누스와 그의 아들 황제 티투스Titus(39~81: 79~81재위)는 베스타의 처녀사제들의 순결서약위반죄를 너

258 앞 책 VIII. 15, 7-8.

259 앞 책 XXII. 57.

260 살루스트, 『카틸리나 역모사건』 XV. 1; 파울루스 오로시우스Paulus Orosius(375~418이후: 기독교성직자, 신학자, 역사학자), 『오로시우스Orosius』 VI. 3; 마르쿠스 키케로, 『집정관선거후보연설문Oratio in Toga Candida』.

261 수에토니우스, 『네로Nero』 XXVIII. 1.

262 유베날리스, 『풍자시집Satires』 IV. 8-10; 존 이튼 비커스테스 메이어John Eyton Bickersteth Mayor(1825~1910: 잉글랜드 고전학자)가 이 시구들에 붙인 주석註釋 참조.

그렇게 용서해준 듯이 보인다.[263] 그러나 수에토니우스가 기록했듯이, 도미티아누스는 순결서약을 위반한 처녀사제를 처음에는 중형으로 다스렸고 나중에는 생매장하는 극형으로 다스렸다. 그래도 그는 순결서약위반혐의로 고발된 오쿨라타Oculata와 바로닐라Varronilla라는 처녀사제들에게 사형선고를 내리면서 그녀들 각자가 바라는 죽음방식을 직접 선택할 수 있도록 허락했다. 두 처녀사제의 애인들은 추방형에 처해졌다. 언젠가 순결서약위반혐의로 고발당한 베스타의 주임처녀사제 코르넬리아Cornelia는 무죄판결을 받고 방면되었다. 그러나 다시 고발당한 그녀는 결국 유죄판결을 받고 생매장되었으며, 그녀의 애인들은 죽을 때까지 매질당하는 극형에 처해졌다. 그런데 그녀의 애인이던 전직 집정관은 이례적으로 추방형을 선택할 기회를 부여받았다. 순결서약위반혐의로 고발되었다가 무죄판결을 받은 베스타의 처녀사제가 적어도 한 명은 있었는데, 포스투르니아Posturnia가 그런 처녀사제였다. 그러나 리비우스가 기록했듯이, 그녀는 자유롭고 헤프게 처신한다는 혐의로 고발되었다.[264] 그래도 우리는 베스타의 처녀사제들이 검소한 흰색사제복을 입고 시선視線을 언제나 다소곳하게 하향하면서 거룩한 것들만 생각했으리라고 추정한다.

순결서약위반혐의로 고발당한 베스타의 처녀사제들은 다음과 같은 처벌들을 받았다.[265] 혐의자로 지목된 처녀사제는 알몸으로 캄캄한 장소에 세워졌다. 대사제는 자신 앞에 쳐진 커튼의 반대편에 서있는 타락한 처녀사제를 처벌하는 동시에 그녀를 타락시킨 악귀를 퇴치하느라고 가죽채찍으로 그녀의 알몸을 세차게 갈겼다. 혐의자로 지목되어 자신의 순결을 증명하지 못하거나 자신의 결백을 지지해줄 유력한 친구를 한 명도 갖지 못

263 수에토니우스, 『도미티아누스』 VIII. 3-4; 집정관 플리니우스, 『편지집』 IV. 11, 6 참조.
264 리비우스, 앞 책 IV. 44, 11-12.
265 플루타르코스, 『누마 폼필리우스』 X.

한 처녀사제는 끔찍한 운명을 맞이할 수밖에 없었다. 그녀는 로마의 관문들 중 어느 한 곳과 가까운 도시성곽 안쪽에 조성된 비좁은 지하묘실에 생매장되었다. 그녀의 사제용 허리띠는 벗겨졌고, 들것에 실려 거적에 덮인 그녀는 아무 말도 못하도록 밧줄로 단단히 결박되어 로마 중앙광장Great Roman Forum으로 운반되었다. 그녀를 운반하는 행렬은 모여드는 구경꾼들 사이를 통과했다. 운반행렬이 지하묘지에 도착하면, 대사제는 그녀를 결박했던 밧줄을 느슨하게 풀었고, 자신의 두 손을 하늘로 치켜들어 속삭이듯이 기도했다. 그리고 대사제는 들것에서 그녀를 끌어내어 지하묘실로 내려가는 입구에 설치된 발판사다리로 옮겨놓았다. 그러면 그녀는 발판사다리에 실려 지하묘실로 질질 끌리듯이 내려져 죽도록 방치되었다. 그래도 지하묘실에는 그녀를 미미하게나마 위로해주었을 침대 하나, 등잔 하나, 작은 빵 한 덩이, 우유와 물이 준비되어 있었다. 왜냐면 고대 로마에서는 어쨌거나 그동안 종교에 헌신했던 그녀를 굶겨죽이는 처분은 불경스러울 수도 있다고 생각되었을 것이기 때문이다.

많은 사람은 여자들의 번식력과 대지의 번식력(다산성) 사이에는 친연관계 같은 것이 존재하리라고 추정한다. 원시적으로 생활하는 남자들은 사냥, 낚시, 전투에 종사하고 여자들은 농경에 종사하는데, 이 사실을 우리가 상기하면 두 가지 번식력의 친연관계를 쉽게 이해할 수 있을 것이다. 게다가, 예컨대, 결혼식장에서나 아기를 출산한 산모의 집안에서 사람들이 쌀 같은 대지의 산물들을 뿌리는[266] 공통관행도 그런 친연관계를 암시한다. 고대 로마에서 다산多產을 바라던 여자는 "비옥한 땅에서, 무르익은 농작물들 사이에서, 그러니까 어머니대지의 품에 안겨서" 결혼해야

---

266 파울러, 『공화정치시대 로마의 축제들』, p. 94 참조.

한다고 미신했다.[267] 왜냐면 그래야만 대지의 다산성과 농작물들의 번식력이 새색시에게 전달될 수 있다고 미신되었기 때문이다.

고대 로마에서 농작물들을 잘 여물게 돕는다고 미신된 몇몇 축제에서는 성행위를 자제하는 금욕이 참가자들에게 강요되었다. 그래서 케레스 기념축제(암바르발리아Ambarvalia: 풍년농사기원희생의례)가 거행되는 9일간의 밤에는 기혼녀들이 남자를 접촉하지 말아야 했다.[268] 암바르발리아 전야에 성행위한 사람은 축제기간에는 케레스 제단에 접근하지 말아야 했을 것이다.[269] 원시인들이 여자들의 번식력과 땅의 다산성을 그토록 밀접하게 관련시켰다면, 루페르칼 기념축제에서 여자들을 채찍질한 편달의례鞭撻儀禮도 농작물들의 번식력을 증진하려는 의지의 발로였을 가능성이 농후하다. 또한 농작물들과 밀접하게 관련된 아르게이[270] 숭배의례들과 팔레스 기념축제에서는 베스타의 처녀사제들이 중요한 역할들을 맡았다.[271] 베스타 기념축제에서 처녀사제들은 신성한 과자들을 제물로 사용했고, 그런 과자들은 최고령 처녀사제 3명이 5월에 처음 수확한 곡물로 원시적인 방법을 사용하여 만든 것들이었다.[272] 그래서 순결서약을 위반한 베스타의 처녀사제들을 생매장하던 관행은 '그녀들의 부도덕성 때문에 훼손당할 수 있다고 믿긴 농작물들을 키워줄 대지에 바쳐진 희생의례의 일환'이라고 생각되었을 가능성도 있다. 이런 생각과 흡사한 견해를 품은 오비디우스는 다음과 같이 기록했다. "그렇게 타락한 베스타의 처녀사제는 자신이 더럽힌 대지에 매장되었으므로 썩으면서 죽어갔다. 왜냐면

267 루키우스 아풀레유스, 『주술론』 LXXXVIII.
268 오비디우스, 『변신담』 X. 431-435.
269 티불루스, 앞 책 II. 1. 11-12.
270 【Argei: 신상神像들과 성소聖所들이나 신당神堂들의 총칭.】
271 파울러, 앞 책, pp. 114-115 참조.
272 세르비우스 호노라투스, 『"베르길리우스의 『전원시집』Vergil's Bucolica" 해설』 VIII. 82.

대지신大地神과 베스타는 똑같은 신이기 때문이다."[273]

비가시인 프로페르티우스는 성적性的 순결과 건강한 농작물들 사이에 친연관계가 존재한다고 보는 견해를 뒷받침하는 기록을 남겼다.[274] 라누비움에는 구세주 유노Juno the Savior(유노 세이스페스Juno Seispes)의 숲이 있는데, 그 숲의 어느 구덩이에 도사린 굶주린 뱀 한 마리는 매년 한 번씩 보리과자들을 대접받는 잔치를 기다렸다. 눈가리개를 쓴 처녀들은 보리과자들을 바구니에 담아들고 숲으로 들어가서 뱀 구덩이에 내려놓았다. 처녀들이 순결하면 뱀은 바구니의 보리과자들을 낚아채갔다. 그렇게 자신들의 순결을 확인받은 처녀들은 귀가하여 부모들에게 사실을 알렸고, 귀가하는 처녀들을 목격한 양치기들은 기뻐서 "올해는 대풍년일 것이다!"고 외치며 환호했다. 그러나 만약 그 처녀들이 순결하지 않으면, 뱀은 보리과자들을 거부했고, 처녀들은 규정된 법률대로 처벌받았는데, 어쩌면 그녀들도 순결서약을 위반한 베스타의 처녀사제들처럼 생매장되었을 수도 있다. 이런 과자운반의례는 처녀들의 순결을 검증해준다고 믿겼으며, 그녀들의 순결은 농작물들의 대풍작을 보장하는 신비한 효력을 발휘한다고 믿겼다. 이런 미신이 바로 순결서약을 위반한 베스타의 처녀사제들을 희생시킨 미신이기도 했다.

오늘날 아프리카의 나이지리아Nigeria 남부지역에 거주하는 이비뵤족Ibibio族도 이런 미신을 믿는다. 그들은 불륜을 범한 자의 더러움을 씻어내려고 대지신大地神에게나 조상신들에게 제사를 지낸다.[275]

고대 로마에서 개최된 어떤 의례들의 참가자들에게는 성행위를 자제하

---

273 오비디우스, 『종교축제일들』 VI. 459-460.

274 프로페르티우스, 앞 책 V. 8, 1-14; 프레이저, 앞 책 Vol. II, pp. 296-297 참조.

275 퍼시 애모리 탈보트Percy Amaury Talbot(1877~1945: 브리튼 식물학자 겸 인류학자), 『나이지리아 남부지역에서 지낸 날들Life in Southern Nigeria』, p. 220.

는 금욕이 요구되었고 특히 종교축제의 전야에는 더 엄격한 금욕이 요구되었다. 유피테르의 사제의 아내는 베스타 신전에서 정화의례를 받기 전까지 남편을 접촉하지 말아야 했다.[276] 우리가 앞에서 살펴봤듯이, 케레스 기념축제기간의 밤에 여자들은 홀로 잠자야 했다.[277] 대지의 산물들 중 한 종류(포도)를 주관한 신 바쿠스를 기념하는 축제기간에 바쿠스 신전을 참배하는 자들의 성행위도 역시 금기시되었다.[278] 또한 농업의 성격을 띠는 의례들에서도 성적 순결이 농작물들의 풍작에 반드시 필요하다고 믿겼다. 로마 황제 세베루스 알렉산데르Severus Alexander(208~235: 222~235재위)는 아내와 밤에 동침하지 않은 날의 아침에는 반드시 자신의 라레스를 참배했을 것이다.[279]

고대 로마에서는 요리사들, 제빵사들, 집사들도 순결해야 했다.[280] 성적으로 불순한 사람은 곳간에 저장된 것들을 만지기 전에 자신의 두 손을 흐르는 물로 깨끗이 씻어야 했다. 우리가 앞에서 살펴봤듯이, 양봉업자들은 벌통에서 꿀을 채취하기 전에 성행위를 자제해야 했다. 프레이저도 이것과 비슷한 흥미로운 금기를 우리에게 알려준다.

> 마사이족Masai族은 다음과 같이 생각한다. 포도주를 담는 부부가 금욕해야 하는 규칙을 어기면 포도주가 부패해서 마실 수 없어지고, 양봉하는 부부가 금욕해야 하는 규칙을 어기면 꿀벌들이 벌통을 떠나버린다.[281]

276 오비디우스, 앞 책 VI. 227-232.
277 오비디우스, 『변신담』 X. 431-435.
278 리비우스, 앞 책XXXIX. 9. 4, XXXIX. 10. 1, XXXIX. 11. 2; 오비디우스, 『종교축제일들』 II. 327-330.
279 아엘리우스 람프리디우스, 『세베루스 알렉산데르Severus Alexander』 XXIX. 2.
280 콜루멜라, 『농업』 XII. 4, 2ff.
281 프레이저, 『토테미즘과 족외결혼Tolemism and Exogamy』, Vol. II, p. 411.

이런 터부를 지키는 개인은 자신이 터부를 지켜야 하는 까닭을 모른다. 그래도 하여간 성행위를 금기시하는 터부는 원시공동체의 개인들뿐 아니라 문명공동체의 개인들에게도 공익을 증진하는 데 필수적인 직업들에 종사하라고 요구한다.[282]

동방의 의례들에서 금욕은 의례집행인들에게 익숙한 요건이다. 이시스[283] 숭배의례의 집행인들에게는 열흘간 금욕이 요구된다. 프로페르티우스는 이런 요구를 몹시 불만스러워하며 불평했다.

> 오늘 이시스 숭배의례가 재개된다는데, 나는 심란하기 그지없구나. 왜냐면 킨티아Cynthia가 오늘부터 열흘간 밤마다 숭배의례를 집전할 동안에 나는 독수공방하는 가련한 신세를 면치 못할 테니까 말이야.[284]

프로페르티우스와 비슷하게 티불루스도 애인 델리아Delia가 이시스 숭배의례를 집전할 동안 독수공방해야 할 자신의 불쌍한 신세를 한탄했다.[285] 갈리아인들도 순결한 인간이야말로 종교의례집행인으로서 가장 적합하다고 생각했다.[286] 어린이들은 성적性的으로 순결했으므로 종교의례에 동원될 수 있었을 것이다. 그래서 어린이들은 신성한 곳간에 저장된 것들을 반출하는 작업에도 동원되었다.[287]

섹스를 금기시하는 터부는 완전히 해명되기는 어렵다. 그러나 일반적인 관점에서 우리가 추정해보건대, 아마도 성행위에 수반되는 체력저하

---

282 프레이저, 『오비디우스의 "종교축제일들"』, Vol. IV. pp. 205-206.

283 【Isis: 고대 이집트에서 대모신大母神, 아내신(婦人神), 자연신, 주술신으로서 신봉되었고 로마 제국에서도 널리 신봉된 여신.】

284 프로페르티우스, 앞 책 III. 31, 1-2, III. 26, 15-16(루키안 뮐러 편찬) 참조.

285 앞 책 I. 3. 23-26.

286 아엘리우스 스파르티아누스, 『페스켄니우스 니게르Pescennius Niger』 VI. 7.【페스켄니우스 니게르(135경~194)는 로마 황제(193~194재위)이다.】

287 콜루멜라, 『농업』 XII. 4. 2ff.

<티볼리의 프로페르티우스와 퀸티아Properce et Cynthia à Tibur(Propertius and Cynthia at Tivoli)>

프랑스 화가 오귀스트 장 밥티스트 뱅숑Auguste Jean Baptiste Vinchon(1789~1855)의 1815년작

[티볼리Tivoli(티부르Tibur)는 로마에서 동북쪽으로 30킬로미터쯤 떨어진 곳에 위치한 도시이다.]

상태가 종교의례에나 계획된 활동에까지 전이될 것이라고 여기는 미신에서 그런 터부가 생겨났을 것이다. 특히 베스타의 처녀사제들에게 부과된 금기는 공감주술원리들과 관련되었을 수 있다. '순결'과 '농작물들의 풍작'의 친연관계를 추정하여 믿는 심정도 그런 금기를 충분히 유발할 수 있다. 또한 '원래 발정기를 지나면 자연스럽게 순결해지던 원시인의 생물학적 요인'도 몇 가지 비슷한 금기들을 낳았을 것이다. 그래서 몇몇 종교의례에 요구된 순결은 풍년농사기원축제기간에 표현되어야 할 정력을 축제전날에까지 무의적으로 — 아니면 본능적으로 — 보존하는 순결이었을 수 있다.

2. 남자

고대 로마의 남자들은 특히 여자들의 권익과 맞물린 의례들에서는 자연스럽게 배제되었다. 남자는 생리적으로 여자와 달라서 잠재적으로 위험한 이질적인 피조물이라고 믿겼는데, 바로 이런 사실 때문에 그런 의례들에서 남자를 금기시한 터부가 생겨났을 것이다. 그래서 남자가 여자들의 의례장소에 나타나면 의례효험을 감소시킨다고 믿겼다. 행복여신(보나 데아Bona Dea) 기념축제에 남자가 참가하면 의례효험을 특히 더 심하게 감소시킨다고 믿겼다. 보나 데아 신전에서는 클라우디아누스Claudianus 가문의 여성상속자들 중에도 '남자와 한 번도 성행위하지 않은 여성상속자'가 봉헌의례를 집전했다.[288] 이 대목에서 우리는 바람둥이로 악명을 떨친 로마 정치인 푸블리우스 클로디우스Publius Clodiusr(서기전93~52)의 일화를 상기할 수 있다. 어느 날 소녀합창단원으로 변장한 그는 여자들의 의례가 거행되던 율리우스 카이사르의 집에 잠입하여 카이사르의 둘째아내

288 오비디우스, 앞 책 V. 153-156; 티불루스, 앞 책, III. 5, 7-8 참조.

<폼페야>
[기욤 루예Guillaume Rouillé(1518경~1589: 프랑스 인문주의 서적상 겸 인쇄업자),
『목판초상화집Promptuarii Iconum Insigniorum』(1553).]

폼페야Pompeia와 밀통했다.

이런 신성모독행위는 그 당시의 로마를 뒤흔든 굉장한 파문을 일으켰기 때문에 카이사르는 결국 아내와 이혼할 수밖에 없었다.[289] 또한 고대 로마에서 대사제가 아닌 모든 남자는 베스타 숭배의례에서 금기시되어 배제되었다.[290] 이런 터부를 예시하는 진기한 일화가 집정관 플리니우스의

289 플루타르코스, 『율리우스 카이사르Caesar』 IX-X; 디오 카시우스Dio Cassius(155~235: 그리스 출신 로마 정치인 겸 역사학자), 『로마 역사Historia Romana』 XXXVII. 35, 45 참조.

290 오비디우스, 앞 책 VI. 437-454; 락탄티우스, 『신법서』 III. 20; 아엘리우스 람프리디우스, 『헬리오가발루스』 VI. 7.

편지에 기록되었다.[291] 순결서약위반혐의로 고발되어 생매장형을 선고받고 지하묘실로 끌려내려가던 베스타의 처녀사제 코르넬리아의 옷자락이 발판사다리의 틈새에 끼었다. 형벌집행관이 그녀의 옷자락을 틈새에서 빼내려고 그녀에게 몸을 돌리자 그녀는 진저리치며 "불결한 전염병으로부터 자신의 순결과 청정한 몸을 지키려는 듯이" 화들짝 뒤로 물러섰다. 남자들은 모든 디아나 신전을 참배할 수 있었지만 오직 로마 파트리키우스Patricius 광장의 디아나 신전만은 참배할 수 없었다. 왜냐면, 플루타르코스가 기록했듯이, 파트리키우스 광장의 디아나 신전에서 어느 여자를 겁탈하려던 어느 남자가 개들에게 물려서 갈가리 찢겨죽은 사건이 발생했기 때문이다.[292] 그때부터 남자들은 그 신전을 기피했다.

3. 외지인

마르쿠스 키케로는 "로마인들은 외지인들을 혐오한다"고 솔직하게 기록했다.[293] 세르비우스 호노라투스가 기록했듯이, 옛날의 로마인들은 "환대받을 권리(유스 호스피티ius hospitii)"를 보유하지 않은 외지인들을 거의 환대하지 않았다.[294] 고대 로마인들은 이웃 이탈리아인들과 함께 있는 자리에서 기이한 불쾌감을 느꼈다. 고대 로마인들이 마르시인Marsi人들 — 로마시민권을 쟁취하려는 전쟁에 참전한 이탈리아동맹의 주도자들 — 을 마법에 결부했다는 사실도 그토록 기이한 불쾌감을 증명한다.

마르시인들은 그리스의 여신 키르케[295]의 후예들로서 키르케의 마법능

291 집정관 플리니우스, 『편지집』 IV. 11, 9.
292 플루타르코스, 『로마 문답서』 III.
293 마르쿠스 키케로, 『투스쿨룸 토론』 IV. 11. 27.
294 세르비우스 호노라투스, 『"베르길리우스의 『아이네이스』" 해설』 VIII. 269.
295 【Circe(Kirke): 주술, 마술, 마법을 주관한다고 믿긴 그리스의 여신 또는 요정, 마녀, 무녀. 고대 그리스의 시인 호메로스Homeros(서기전8세기후반~7세기초반)의 서사시『오디세이아Odysseia』에서 키르케는 주술(마법)을 써서 오디세우스Odysseus(율리시스Ulysses)의 부하들을 돼지들로 둔갑시켜 1년간 농락했다고 묘사된다.】

<키르케>
브리튼 화가 라이트 바커Wright Barker(1864~1941)의 1889년작

력들을 물려받았다고 믿겼다.[296] 그리고 제4대 로마 국왕 안쿠스 마르키우스Ancus Marcius(서기전677~617: 서기전642~617재위)의 아들들은 '로마 국가國家가 외지인의 수중에 떨어지는 사태'를 치욕스러운 사태로 간주했다.[297]

한니발 전쟁기간에 로마의 어느 집정관이 "한니발의 군사들은 인육을 먹었다"고 고발하면서 했던 말은 '적들을 향한 로마인의 감정'을 잘 예시한다. 그 집정관은 한니발의 휘하군인들을 접촉하는 행위마저 불경스럽게 느꼈을 것이다.[298] 한니발에게 투항했던 도시 카푸아Capua를 서기전211년에 탈환한 로마군대는 그 도시에서 훔친 조각상들을 로마의 사제단司祭團에 맡겼다. 그러면서 로마군대는 아마도 '사제단이 그 조각상들에 묻은

296 자연철학자 플리니우스, 『자연역사』 VII. 2, 15.
297 리비우스, 앞 책 I. 40, 2.
298 앞 책 XXIII. 5.

적군의 흔적을 정화해주리라'고 기대했을 것이다.[299] 서기전491년 로마의 신성한 체전體典에서 외지인들인 볼스키인Volsci人들이 배제된 사태의 이면에도 어떤 터부관념이 도사릴 것이다. 적어도 볼스키인들만은 그런 관념 때문에 자신들이 배제되었다고 해석했을 것이다.[300] 스키피오 아프리카누스의 남동생이 어떤 혐의로 고발되어 유죄판결을 받았고 벌금을 내든지 감옥에 투옥되든지 양자택일해야 하는 궁지에 처했다. 그때 유명한 티베리우스 그라쿠스Tiberius Gracchus(서기전169/164~133)와 가이우스 그라쿠스Gaius Sempronius Gracchus(서기전154~121) 형제의 부친이던 어느 호민관이 "감옥에 수감된 적군들이 감옥을 오염시켰다"고 주장하며 거부권을 행사한 덕분에 아프리카누스의 남동생은 투옥되지 않고 벌금형만 받을 수 있었다. 외지인들로부터 오염될 가능성을 위험시하는 이런 감정은 아프리카누스의 남동생을 구제하는 핑계로 이용될 정도로 충분히 강력한 작용원인이었다.[301]

그런데 우리에게는 전혀 알려지지 않은 취지로 거행된 어느 종교행사의 희생의례현장에서는 외지인에게 퇴장해달라고 노골적으로 공지되었다.[302] 고대 로마인들은 '베스타의 처녀사제가 되려고 열망하는 소녀는 다양한 요건을 충족해야 한다'고 생각했다. 그런 요건들 중 하나는 '소녀의 부친이 이탈리아에 거주해야 한다'는 것이었다.[303] 이탈리아 중부의 도시 이구비움Iguvium(굽비오Gubbio)에서 거행된 몇몇 의례에는 아티에디 형제단Fratres Attiedii 소속 사제들의 도시순회행진의례도 포함되었다. 이런 의례들에서 외지인들은 배제되었다. "(예컨대) 타디나테족Tadinate族, 타디나테

299 앞 책 XXVI. 34, 12; 마크로비우스, 『사투르날리아』 III. 3, 1 참조.
300 앞 책 II. 37. 9.
301 아울루스 겔리우스, 앞 책 VI. 19, 7.
302 페스투스, 「열熱(aesto)」, 앞 책(카를 오트프리트 뮐러 편찬, p. 82).
303 아울루스 겔리우스, 앞 책 I. 12. 8.

부족Tadinate部族, 토스카나인Toscana人과 나르칸족Narcan族, 야푸딕족Iapudic族 (같은 외지인들)은 도시경계선 밖으로 나가야 하는데도 나가지 않고 도시에 계속 남아있으면 강제로 연행되어 추방되어도 당연하다." [304]

우리가 앞에서 살펴봤듯이, 외지로 출전하는 로마 군대와 동행한 베르베나리verbebarii('베르베나림스'의 복수형複數形)로 호칭된 사제들은 '병사들에게 감염된 피[血]와 외부영향들을 소독하는 데 사용할 신성한 녹초綠草들'을 가지고 다녔다.[305] 조약체결의례를 집전하는 선전사제들 중 한 명은 키타델에서 채취하여 가져온 신성한 녹초들을 선전사제대장의 머리에 대고 문질렀는데, 그래야만 선전사제대장이 해악들에 감염되지 않는다고 믿겼기 때문이다.[306]

초창기 로마를 다룬 리비우스의 기록에서는 외지인들을 금기시한 터부와 밀접하게 관련된 듯이 보이는 기묘한 터부가 발견된다. 서기전445년에 어느 호민관이 평민과 귀족의 결혼을 허용하는 법안을 내놓았다. 집정관들은 그 법안을 반대하면서 '만약 평민과 귀족의 결혼이 합법화되면 종교는 혼란해지고 모든 것은 오염되어 혼탁해질 것이다'고 주장했다. 귀족들은 단지 '그 법안이 평민들을 훈도訓導해야 할 필요성을 지적한다'고만 해석했을 따름이다. 이런 해석은 다음과 같은 사실들에서 연원했을 것이다. 귀족들은 평민들을 터부시했고, 종교계도 평민들을 위험시했다. 그리고 귀족들은 아주 오래전부터 귀족사회에서 거행되어온 의례들이 어떤 식으로든 평민들한테 침탈당하지 않기를 바랐다. 게다가 귀족들은 어느 평민을 집정관으로 선출한 집정관들의 표결을 불경스러운 처사로 간주했

304 허버트 제닝스 로즈, 『이탈리아의 원시문화』, p. 67에서 영역된 문장.
305 자연철학자 플리니우스, 『자연역사』 XXII. 1, 5.
306 리비우스, 앞 책 I. 24, 4-6.

다.[307] 마르쿠스 발레리우스Marcus Valerius(서기전370~270)와 퀸투스 아풀레유스Quintus Apuleius(서기전4세기후반~3세기전반)가 집정관을 역임한 기간에는 '점술관들과 대사제들의 회의에 평민대리인들의 참석을 보장하는 법안'도 발의되었다. 귀족들은 '신들도 그런 오염을 반대하리라'고 주장하면서 그 법안을 반대했다.[308]

고대 로마인들뿐 아니라 다른 지역들의 고대인들도 평소에는 터부시하던 외지인들을 이따금 매우 정중하게 대접해야 한다고 생각했으며 오늘날의 원시인들도 그리해야 한다고 생각한다는 사실은 기묘하게 보일 수 있다.[309]

그러나 이토록 기묘한 당위관념은 아주 쉽게 설명될 수 있다. 외지인은 적어도 잠재적으로는 위험할 수 있는 마나를 소유한다. 그래서 '외지인이 마나를 발휘할 만한 상황'은 예방되어야 한다. 그런 외지인을 먹이고 재우는 과정은 그런 상황을 예방한다.[310] 말레이인들은 '자쿤족Jakun族이 주술을 능란하게 부릴 뿐 아니라 저마다 양손에 나무막대를 하나씩 쥐고 맞부딪으면 적을 죽일 수도 있다'고 믿기 때문에 자쿤족을 두려워한다[311]고 알려졌다. 그러나 말레이인들은 자쿤족이 좋은 일도 할 수 있다고 믿는다. 그래서 말레이인들은 자쿤족을 존중하기도 한다.

율리우스 카이사르는 게르만족을 다음과 같이 묘사했다.

> 그들은 손님을 모독하는 언행은 옳지 않다고 생각한다. 그들은 손님들에

307 앞 책 IV. 3, 9, & 2. 5-7.
308 앞 책 X. 6.
309 앞 책 I. 34. 11.
310 에드바르트 베스테르마르크Edvard Westermarck(1862~1939: 핀란드 철학자 겸 사회학자), 『도덕관념들의 기원과 발달The Origin and Development of Moral Ideas』, I. 570ff., 590ff.
311 에드워드 버닛 타일러, 『원시문화』, Vol. I, p. 114.

게는 이유여하를 막론하고 해코지하지 않을 뿐더러 손님들을 존중한다. 그들이 거주하는 모든 집의 문은 언제든지 손님을 맞이할 수 있도록 열려있다. 그들은 손님들과 함께 음식을 나눠먹는다.[312]

게르만족은 외래객을 자신들의 동족을 대접하듯이 재우고 먹였다. 그러면 외래객은 사실상 게르만족의 일원이 되므로 그때부터 게르만족에게는 해코지할 수 없다고 믿겼다. 그래서 신성한 포메리움[313] 바깥의 외지에서 숭상되다가 로마의 관문들을 거쳐 포메리움 안쪽으로 유입한 신들도 로마인들에게 기꺼이 영접되었다.[314]

4. 노예

고대 그리스와 로마에서 거행된 다양한 종교의례의 현장에 노예가 있으면 의례효험이 감소한다고 믿겼다.[315] 이런 믿음을 예증하는 일화들도 있다. 서기전491년에는 로마에서 체전이 개최된 날 아침에 체전경기장에서 어느 시민이 반항적인 노예 한 명을 끌고 다니며 징치懲治했기 때문에, 로마인들은 이튿날 체전을 다시 개최할 수밖에 없었다.[316] 젊은 난봉꾼 푸블리우스 클로디우스는 어느 날 대모신大母神 기념공연이 개최되던 극장으로 노예들을 몰아넣은 만행을 저질렀고, 그의 대적大敵 마르쿠스 키케로는 그런 만행은 신성모독행위라고 비난하며 격분했다.[317] 고대 로마의 어느 막강한 두 가문은 로마 가축시장의 최대제단最大祭壇에서 거행되던

312 율리우스 카이사르, 『갈리아 전쟁기』 VI. 23.
313 【pomerium: 로마의 종교적이고 법률적인 도심지都心地를 둘러싸는 경계선 또는 성벽城壁.】
314 파울러, 『로마인들의 종교체험』, pp. 223-247 참조.
315 프레이저, 앞 책 Vol. IV, pp. 290-291 참조.
316 리비우스, 앞 책 II. 36. 1.
317 마르쿠스 키케로, 『점쟁이들의 점사占辭De Haruspicum Responso』 XI-XII.

헤라클레스 숭배의례를 다년간 번갈아 집전했다. 그러던 어느 해에 두 가문 중 하나가 그 숭배의례를 주관할 수 있는 전권全權을 획득했지만 자신들의 의례집전권한을 하필이면 몇몇 공공노예에게 위임하는 부주의한 실수를 범했다. 그렇게 노예들을 접촉한 가문은 신성모독혐의로 처벌받았고 끝내 멸문했다.[318] 베스타의 처녀사제를 지망한 소녀에게 필수적으로 요구된 자격들 중 하나는 '소녀의 부모 중 어느 누구도 노예가 아니어야 한다'는 것이었다.[319]

고대 로마의 마테르 마투타Mater Matuta(아침여신) 신전에는 여자노예들의 출입이 금지되었다. 고대 로마인들은 아침여신 마테르 마투타를 그리스의 여신 이노-레우코테아[320]와 동일시했다. 왜냐면 두 여신을 기념하는 의례와 신화는 많은 유사점을 공유했기 때문이다. 그런데 로마의 자유민계층의 여자들은 저마다 소녀노예 한 명을 데리고 신전 같은 성소聖所들에 들어갈 수는 있었지만 들어가기 전에 반드시 소녀노예의 뺨을 세차게 한 대 때려야만 했다.[321] 그런 뺨때리기는 여주인의 자유를, 오직 성소들에 들어갈 때에만, 소녀노예에게 주술적으로 전이시킨 타격행위로 간주될 수 있다. 이런 타격행위와 유사하게 노예를 일시적으로 해방해준 행위는 사투르누스[322] 기념축제에서도 실행되었을 뿐 아니라 교차로交叉路들의 수호여신들로도 믿긴 라레스를 기념한 축제(콤피탈리아Compitalia)에서도 실행되었다. 라레스 기념축제에서 감독관은 겉보기로는 가내노예家內奴隸

318 리비우스, 앞 책 I. 7, 12-14.

319 아울루스 겔리우스, 앞 책 I. 12. 5.

320 【Ino-Leucothea: 고대 그리스 테베Thebes의 여왕이던 이노는 죽은 후에 흰색여신(白色女神)을 뜻하는 레우코테아Leucothea(Leukothea)라는 신명神名을 얻어서 숭배되었다.】

321 오비디우스, 앞 책 VI. 481; 플루타르코스, 『로마 문답서』 XVI.

322 【Saturnus(Saturn): 고대 로마에서 생성, 소멸, 풍요, 재산, 농업, 주기적 갱신更新과 해방을 주관한다고 믿긴 이 남신은 그리스의 크로노스Kronos(Chronos)와 동일시되었다. 크로노스의 유일한 아들이 바로 제우스이다.】

<세르비우스 툴리우스>
(기욤 루예, 앞 책.)

들에게 희생되는 제물처럼 보였다.[323] 노예들은 포르스 포르투나[324] 기념 의례에도 주인들을 따라 참가할 수 있었다. 왜냐면, 오비디우스가 기록했듯이, 포르스 포르투나 신전을 건립한 제6대 로마 국왕 세르비우스 툴리우스가 바로 노예출신이었기 때문이다.[325] 고대 로마의 노예들은 비록 종

323 역사학자 마르쿠스 카토, 『농업론』 V. 1-4.

324 【Fors Fortuna: 포르투나Fortuna로도 약칭되는 로마의 행운여신幸運女神.】

325 디오니시오스 알리카르나세우스Dionysios Alikarnasseus(할리카르나수스의 디오니시우스Dionysius of Halicarnassus, 서기전60경~서기전7이후: 고대 그리스 역사학자 겸 수사학자), 『로마의 고대문물Antiquitates Romanae』 IV. 14, 3-4.

교의례에서는 터부시되었어도 저마다 의존하는 신상神像에서 위안을 구할 권리를 보유할 수 있었던 듯이 보인다.[326] 노예들은 망자를 추념하는 의례들에도 참가할 수 있었다.[327]

로마 황제 티베리우스 클라우디우스Tiberius Claudius(서기전10~서기54: 서기41~54재위)는 카피톨리움의 상공에 불길한 새가 나타날 때마다 공개기도의례公開祈禱儀禮를 거행했다. 그는 이 의례를 집전하면서 모든 노예와 숙련공에게 의례장소를 떠나라고 명령했다.[328] 서기60년에 황제 네로는 올림픽경기를 모방한 체전을 제정했다. 그리하여 체전에 참가할 수 있는 신분의 범위는 상당히 확대되었지만, 노예들이던 무언극배우들은 체전의 종교적 성격 때문에 체전에서 배제되었다.[329]

노예들을 금기시한 터부의 일부분은 인위적으로 형성된 듯이 보인다. 그러니까 종교적 질료들을 철저하게 독점하려는 자유민들이 그런 터부를 조장했을 수 있다. 게다가 노예들의 대다수가 외지인들이었다는 사실도 그런 터부의 또 다른 인위적 형성원인일 수 있다.

5. 아마포와 모직물

고대 로마인들이 아마포를 괴이하게 느끼는 감정을 품었다는 사실은 그들의 문학작품들에서 이따금 암시된다. 예컨대, 그들은 시체들을 거의 언제나 아마포로 감쌌다.[330] 이런 사실만 감안되어도 아마포는 유해한 마나를 보유한다고 충분히 믿길 수 있었을 것이다. 로마인들은 화장한 시체의 유골을 처리하면서도 아마포를 사용했다. 먼저 유골에 포도주를 뿌리

326 오비디우스, 앞 책 VI. 783-784; 루키우스 세네카, 『인덕론仁德論De Clementia』 1. 18, 2.
327 디오니시오스 알리카르나세우스, 앞 책 IV. 14, 3-4.
328 수에토니우스, 『클라우디우스Claudius』 XXII.
329 타키투스, 『연대기』 XIV. 21.
330 루키우스 아풀레유스, 『변신담』 IV. 11.

고 그 유골을 우유에 담갔다가 꺼냈다. 그리고 유골에 남은 습기(포도주와 우유)를 아마포로 닦아서 제거했다.[331] 로마 군인의 상체갑옷에 덧대진 아마포는 어쩌면 전사한 적병들의 망령을 물리치는 주술적 의미를 지녔다고 믿겼을 것이다.[332] 로마 황제 갈바Galba(서기전3~서기69: 68~69재위)는 암살당하기 직전에 아마포갑옷을 입었지만 "그래도 그 갑옷이 막을 수 있는 검劍은 필시 거의 없을 것이라고 공공연하게 단언했다."[333] 그는 어쩌면 오직 그 갑옷의 주술효험만이 자신을 도울 수 있으리라고 느꼈을 것이다. 로마 군대의 깃발들도 아마포로 제작되었을 것이다.[334]

종교의례들에서 아마포는 대체로 터부시되었다. 세르비우스 호노라투스가 기록했듯이, 아마포는 "로마의 의례에서는 이질적인 것"이었다.[335] 적군을 향한 선전포고와 조약체결의례를 집전하는 임무를 위임받고 참전한 선전사제들은 아마포의복을 입지 말아야 했다.[336] 그리고 만약 유피테르의 사제의 아내가 착용할 모직의복을 아마실로 봉제했다면 반드시 속죄희생의례를 거행해야 했다.

비록 이렇게 세르비우스 호노라투스가 기록했어도, 고대 로마에서 아마포가 종교의례들에도 가끔 사용되었다. 로마 황제 마르쿠스 아우렐리우스가 옛 스승 마르쿠스 코르넬리우스 프론토Marcus Cornelius Fronto(100~160경)에게 보낸 편지에서 특히 어느 도시를 언급한 다음과 같은 대목은 '아마포가 종교의례들에도 가끔 사용되었다'는 사실을 분명히 방증한다.

331 티불루스, 앞 책 III. 2. 15-22.
332 리비우스, 앞 책 IV. 20. 7.
333 수에토니우스, 『갈바Galba』 XIX.1.
334 프로페르티우스, 앞 책 V. 3. 64.
335 세르비우스 호노라투스, 『"베르길리우스의 『아이네이스』" 해설』 XII. 120.
336 앞 책.

> 도시의 구석구석마다 신당神堂, 성소聖所, 신전이 있었습니다. 게다가 신전들에는 아마포로 제작된 책이 많아서 아마포가 종교적으로 중요시되는 듯이 보였습니다.[337]

아우렐리우스는 그런 책들을 '렐리기오사religiosa'로 묘사하지 않고 '사크라sacra'로 묘사했다. '렐리기오사'라는 형용사는, 우리가 앞에서 살펴봤듯이, 언제나 터부의 의미로, 특히 죽음을 금기시한 터부의 의미로 사용되었다. '사크라'도 물론 대체로 터부를 함의한다.

그러나 위에 인용된 대목의 맥락에서 요구된 사크라의 의미는 "신성한"이라는 일반적 의미였다고 추정된다. 이렇게 추정되는 까닭은 '아마포를 금기시한 터부가 아우렐리우스 재위기간에 차츰 사라지기 시작했다'는 사실로 설명될 수 있을 것이다. 왜냐면 그 기간에 거행된 동방의 의례들에서 아마포의 사용빈도가 점점 높아졌기 때문이다. 그러나 제책용 아마포의 종교적 중요성을 언급한 아우렐리우스의 기록은 '어떤 이유 때문에 그가 프론토에게 아마포의 종교적 중요성을 굳이 언급할 수밖에 없었을 것이라'고 자연스럽게 암시한다. 여기서 어떤 이유란 '프론토가 평소에 아마포를 터부시하는 감정을 품었다'는 사실이었을 것이라고 추정된다. 유노 모네타[338] 신전에 보관되던, 집정관들의 명단을 포함한 두루마리문서들은 "아마포 책들"로 지칭되었다.[339] 그리고 삼니움 전쟁에서 로마 군단을 지휘하여 승리한 어느 집정관은 생포한 삼니움족 전사戰士들을 전향轉向시킨 기발한 종교의례를 거행하여 로마 군단에 강제로 편입시키는 수

337 마르쿠스 코르넬리우스 프론토, 『황제 마르쿠스께 드리는 편지Ad Marcum Caesarem』 IV. 4.

338 【Juno Moneta: 이것은 로마 여신 유노의 별명이다. 모네타Moneta는 '재정財政이나 경제상태의 불안정을 상기시키거나 경고하거나 알리다'를 뜻하는 라틴어 모네레monēre에서 유래했거나 아니면 '유일한'이나 '단일한'을 뜻하는 그리스어 모네레스moneres에서 유래했다고 추정된다.】

339 리비우스, 앞 책 IV. 7. 12.

<마르쿠스 아우렐리우스 상반신상>
미국 뉴욕 메트로폴리탄 미술관Metropolitan Museum of Art에 소장된 이 상반신상은 1776년 로마에서 발견되었다고 알려졌다.

완을 발휘했다. 그렇게 전향한 삼니움족 전사들은 그 집정관의 "아마포 군단"으로 칭해졌다. 왜냐면 이른바 전향용 희생의례가 아마포울타리 안에서 거행되었기 때문이고, 더구나 그 의례의 절차도 집정관을 보좌한 늙은 사제가 어느 아마포 두루마리 문서에서 읽은 것이었기 때문이다.[340] 그런 전향의례가 거행된 까닭은 로마 군인의 상체갑옷에 아마포가 덧대진 까닭과 비슷했다. 삼니움족 전사들은 외지인들이었기 때문에 로마인들은 그들을 터부시했다. 그래서 전향의례는 '외지인들에 따라붙는 것들로 느껴진 악귀들'을 퇴치하려던 주술의례였다.

양털로 제작된 모직물에는 때때로 기괴한 감정을 유발한 연상관념聯想觀念이 따라붙었다. 그래서 '로마의 어느 유명인이 사망하자 하늘에서 양털비[羊毛雨]가 내렸다'고 기록되기도 했다.[341] 남녀사제용 허리띠들의 공통 재료도 양털이었다.[342] 베스타의 처녀사제들이 착용한 모직허리띠는 순결의 징표였다. 오비디우스가 기록했듯이, 정화의례도구들에 포함된 양털은 페브루아februa로 지칭되었다.[343] 유피테르의 사제의 아내가 희생의례에 참가할 때 머리에 썼던 베일에는 석류나무의 수액樹液이 뿌려졌고, 그 베일의 양끝은 양털실로 동여졌다.[344] 고대 로마인들에게 피해를 입힌 외국에 배상을 요구하러 국경선으로 가던 로마 외교특사는 모직두건을 착용했다.[345]

모직물은 로마의 종교의례들에서 정규적으로 사용되었다. 교차로들을 수호한 라레스 기념축제기간의 야간에는 '모든 남녀자유민을 상징한 양

340 앞 책 X. 38.
341 자연철학자 플리니우스, 『자연역사』 11. 56, 147.
342 오비디우스, 앞 책 III. 30.
343 앞 책 II. 21.
344 세르비우스 호노라투스, 『"베르길리우스의 『아이네이스』" 해설』 IV. 137.
345 리비우스, 앞 책 I. 32. 6.

털실남녀인형들'과 '모든 노예를 상징한 양털실꾸리들'이 교차로들의 가로수들에 내걸렸고 어쩌면 집들의 출입문들에도 내걸렸을 것이다. 그런 인형들과 실꾸리들은 '생자들을 해코지할 수 있는 지하망령들에게 바쳐진 원시인의 인신제물人身祭物을 대신하던 대용제물들'이었다. 페스투스가 기록했듯이 "…… 집안에 있는 노예의 인원수만큼 양털실꾸리를 만들고 남녀자유민의 인원수만큼 양털실남녀인형을 만들어서 출입문에 내걸어두면, 이 대용제물들을 받고 만족한 망령들이 생자들의 목숨을 빼앗아가지 않을 것이다."[346] 서기전97년 로마 원로원이 포고한 법령에 명기된 "어떤 인간도 신에게 바쳐지는 제물로 희생되지 않아야 한다……"[347]는 조항은 그해에까지도 로마에서 인신공양人身供養이 널리 자행되었다는 사실을 증명한다. 오비디우스가 기록했듯이, 임신암소희생의례(포르디키디아Fordicidia)는 '누마 폼필리우스가 도살한 암양 두 마리에서 잘라내어 땅바닥에 펼쳐놓은 양털들 위에 드러누워 집전한 파우누스[348] 숭배의례'를 재현한 것이었다.[349]

동방의 숭배의례들에서는 아마포가 사제복司祭服들의 공통재료이자 성물聖物들을 덮는 베일들의 공통재료였다. 그러나 로마의 종교의례들에서는 모직물이 정규적으로 사용되었다. 그래서 동방의 숭배의례들에서 공용되던 아마포가 로마에서는 부정적 마나를 추가로 부여받을 수밖에 없었을 것이다. 예컨대, 이 연구서의 제1장에 예시된 텔리프론의 일화에서 시체에 생기를 불어넣던 이집트 예언자는 아마포의복을 입었다.[350] 우리

346 페스투스, 「양털실인형들Pilae effigies」, 앞 책(카를 오트프리트 뮐러 편찬, p. 239); 「양털실Laneae」, 앞 책(p. 121). 마크로비우스, 『사투르날리아』 I. 7, 35

347 자연철학자 플리니우스, 『자연역사』 XXX. 1, 12.

348 【Faunus: 숲, 초지草地, 농경지, 가축을 다스린다고 믿긴 로마의 농신農神으로서 그리스의 목축신牧畜神 판Pan과 동일시된다.】

349 오비디우스, 앞 책 IV, 652-660.

350 이 연구서 제1장 "1. 원시인의 심성" 참조.

<날개를 펼친 이시스>
서기전1360년경에 그려진 것으로 추정되는 이집트 벽화

는 이시스 숭배의례집전자들이 아마포의복을 입었다는 사실도 안다.[351]

이시스와 오시리스[352]를 숭배하던 비밀교단에 입회한 루키우스 아풀레유스는 아마포를 "성물들의 가장 수순한 덮개"로 칭했다.[353] 그가 기록했듯이, 오르페우스[354] 추종자들과 피타고라스Pythagoras(서기전570경~495) 추종자들은 모직물을 불결한 것으로 간주했다. 유태예언자들은 아마포의복을 입었다.[355] 유태교-기독교경전 『레위기』에는 고위사제가 입어야 할 의복의 세부요건이 다음과 같이 기록되어있다.

그는 오직 아마포로 만든 사제복만 입어야 하고, 아마포로 만든 속옷들을

351 티불루스, 앞 책 I. 3. 30.
352 【Osiris: 사후세계, 지하세계, 망자, 변이變移, 재생, 부활을 주관한다고 믿긴 이집트의 신.】
353 루키우스 아풀레유스, 『주술론』 LVI.
354 【Orpheus: 고대 그리스의 종교와 신화에서 칠현금연주자, 시인, 예언자로 묘사된 전설적 인물.】
355 『레위기』 제6장 제10절.

입어야 하며, 아마포로 만든 허리띠를 둘러야 하고, 아마포로 만든 사제관司祭冠을 써야 한다. 왜냐면 이것들은 거룩한 의복들이기 때문이다…….[356]

그렇지만 우리가 이미 살펴봤듯이, 고대 로마인들은 아마포를 시체들과 주술 — 특히 전사한 적군의 망령들을 혐오되게 만드는 주술 — 에 결부하여 생각했으므로 종교의례용 아마포를 이상하게 느끼는 감정을 품었다. 그런 반면에 동방의 숭배의례집전자들은 정규적으로 아마포의복을 입었다. 이런 사실은 고대 로마에서 다른 이유들 때문에 부정적 마나를 타고난 재료의 위험성을 증대시키는 경향을 보였다. 그러므로 고대 로마에서 아마포를 금기시한 터부는 죽음을 금기시한 터부 및 외지인을 금기시한 터부와 밀접하게 관련되었을 수 있다. 더구나 고대 로마에서 모직물은 종교의례들에 공용되었을 뿐 아니라 아마포보다 더 오래전부터 사용되었지만 아마포는 비록 새로운 재료였으되 죽음, 주술, 이질적인 의례들에 결부되었으므로, 로마의 신들이 아마포를 거부했어도 당연했을 것이다.

6. 매듭들

고대 로마의 주술의례들은 끈이나 실로 갖가지 매듭을 만드는 절차와 그렇게 만든 매듭들을 사용하는 절차를 공통적으로 겸비했다. 예컨대, 티불루스는 사랑하는 델리아가 병석에 누워있을 때 그녀의 쾌유를 기원하는 주술의례를 집전하면서 "모직두건을 머리에 쓰고 튜니카[357]를 풀어헤쳐 입은 채로" 로마의 주술여신 트리비아Trivia에게 아홉 가지 맹세를 했다.[358] 무녀들은 주술의례에 사용하려고 제작한 두 애인의 인형들을 주술

356 앞 책 제16장 제4절.
357 【tunic(tunica): 고대 그리스인과 로마인이 입던 '무릎까지 내려닿고 짧은 소매를 갖춘 속옷.'】
358 티불루스, 앞 책 I. 5, 15-17.

용 끈들로 동였다.[359] 종교의례들에 사용되는 종류를 막론한 모든 매듭의 위험성을 믿는 미신은 거의 모든 인간종족에서 발견된다. 예컨대, 프레이저는 다음과 같이 기록했다.

> …… 트란실바니아[360]의 집시들은 산모가 산통을 느끼기 시작하자마자 산모의 모든 의복에 있는 매듭들뿐 아니라 그녀의 이웃들의 모든 의복에 있는 매듭들마저 모조리 풀어버린다…….[361]

우리가 알다시피, 고대 로마인들은 모든 종교의례에 사용된 매듭들뿐 아니라 '매이거나 묶인 것들'마저 유해하다고 생각했다. 이런 생각은 '결박원리結縛原理가 의례들에 작용하여 의례효험을 감소시킬까 두려워한 공포감'의 발로였을 것이다. 세르비우스 호노라투스는 베르길리우스의 『아이네이스』를 해설하면서 "…… 신성한 의례들에서는 관습상 아무것도 결박되지 않는다"[362]고 기록했다. 고대 로마의 모든 종교의례에서 여자들에게 머리카락을 풀도록 요구하고 의복들을 여민 옷고름과 허리띠마저 풀도록 요구했던 관습은 매듭들을 금기시한 터부의 발로였을 것이다. 유피테르의 사제의 아내가 자신의 머리카락에 빗질조차 하지 말고 의례에 참가해야 했던 경우도 최소한 세 번이나 있었다. '아르게이'로 총칭되던 신당들을 순회하는 행진의례가 거행된 기간,[363] 베스타 신전에서 테베레강에 버려진 쓰레기들이 바다에 도착할 때까지 거행되는 베스타 축제기간,[364] 3월

359 베르길리우스, 「제8전원시Bucolica VIII」.
360 【Transylvania: 오늘날의 루마니아 중부지역에 해당하는 지역의 옛 지명.】
361 프레이저, 앞 책 Vol. III, p. 61.
362 앞 책 IV, 518.
363 아울루스 겔리우스, 앞 책 X. 15, 30.
364 오비디우스, 앞 책 VI. 227-232.

에 방패들을 "이송移送하는" 의례가 진행되는 기간[365]이 그런 경우들이었다. 장례식에 참가한 여자들도 각자의 머리카락을 풀어야 했고 의복들을 여민 옷고름과 허리띠마저 풀어야 했다.[366]

로마의 출산여신出産女神 유노 루키나에게 기도하는 산모는 자신의 머리카락을 먼저 풀어야 했다. 왜냐면 그래야만 "여신이 산모의 태아를 순산順産시킬 수 있으리라"고 믿겼기 때문이다.[367] 유노 루키나 숭배의례에서는 형태를 막론한 모든 매듭이 금기시되었다[368]. 다리를 꼬거나 손깍지를 끼는 행위는 산모들에게 해롭다고 믿겼다.[369] 그래서 개인이 자신을 가해하려는 타인의 의도를 감지하면 자신의 다리를 꼬거나 손깍지를 껴서 타인의 의도를 미리 제압할 수 있었다.[370] 디도[371]는 실제로 자살할 준비를 하면서도 여동생 안나Anna의 눈에는 마치 자신의 떠나간 애인을 파멸시킬 주술의례를 집전하는 듯이 보이도록 행동한다. "디도는 자신의 결백을 증명해달라고 신들에게 기도하기 전에 먼저 자신의 한쪽 샌들을 벗고 옷고름과 허리띠마저 풀었다."[372] 그녀가 한쪽 샌들을 벗고 옷고름과 허리띠를 푼 까닭은, 세르비우스 호노라티우스가 생각했듯이, 그리하면 "그녀는 자유로워지고 아이네야스는 속박당할 수 있다"[373]는 것이었다.

---

365 앞 책 III. 397-398.

366 앞 책 IV. 854; 플루타르코스, 『로마 문답서』 XIV; 티불루스, 앞 책 III. 2. 11.

367 오비디우스, 앞 책 III. 257-258.

368 세르비우스 호노라투스, 『"베르길리우스의 『아이네이스』" 해설』 IV. 518.

369 오비디우스, 『변신담』 IV. 297-300.

370 루키우스 아풀레유스, 『변신담』 III. 1.

371 【Dido[=엘리사(Elissa)]: 그리스 신화에서 디도는 자신의 남편을 자신의 오빠 피그말리온Pygmalion이 살해하자 아프리카 해안으로 달아난다. 그곳에서 디도가 추장 아케르바스Acerbas로부터 매입한 땅에 건설한 카르타고는 빠르게 번영했다. 그러자 아케르바스가 디도에게 청혼하면서 집요하게 지분거렸다. 그의 청혼을 거부하려던 그녀는 공터에 장작더미를 쌓고 그 위에 올라서서 자신의 복부를 검劍으로 찔러 자살했다. 그런데 베르길리우스의 『아이네이스』에서 디도는 트로이 영웅 아이네야스와 동시대인으로 묘사되었다. 디도는 아프리카를 방문한 아이네야스와 사랑에 빠졌다. 그러나 어느 날 제우스(유피테르)의 명령을 받은 아이네야스는 자신의 검을 정표로 그녀에게 남겨두고 떠나가버렸다. 절망한 디도는 여동생을 시켜서 준비한 장작더미 위에 올라서서 아이네야스의 검을 거꾸로 세워놓고 자신의 상체를 그 검을 향해 날려서 자살했다.】

372 베르길리우스, 『아이네이스』 IV. 518.

373 세르비우스 호노라투스, 앞 책 IV. 518.

<디도의 죽음La morte di Didone(Death of Dido)>
이탈리아 화가 궤르치노Guercino(1591~1666)의 1631년작

유피테르의 사제가 착용하는 삼각제모三角祭帽에도 허리띠에도 의복의 여느 부분에도 매듭을 달지 말아야 했다.[374] 그는 담쟁이덩굴을 건드리지 말아야 했고 포도덩굴 아래로 지나가지 말아야 했다. 왜냐면 그는 아마도 '덩굴손들은 뭐든지 움켜쥐는 매듭 같은 특성을 지녔다'고 믿었을 것이기 때문이다.[375] 리비우스는 '전형적인 로마 사제의 취임식을 재현하던 예식이 확실한 누마 폼필리우스의 대관식'을 해설하면서 '점술관占術官의 흰

374 아울루스 겔리우스, 앞 책 X. 15, 9.
375 플루타르코스, 『로마 문답서』 CXII; 아울루스 겔리우스, 앞 책 X. 15, 13; 페스투스, 「음식Ederam」, 앞 책(카를 오트프리트 뮐러 편찬, p. 82).

지팡이에는 어떤 매듭도 부착되지 않아야 했다'[376]고 특기했다. 레무리아 위무축제의 희생의례집전자들은 각자의 발에 아무것도 묶지 말아야 했다.[377] 제물용 동물은 일절 매듭지지 않은 밧줄에 묶여서 제단으로 운반되어야 했다.[378] 지역축제들이 거행되는 기간에는 가축동물들의 멍에가 벗겨졌고, 오직 멍에를 한 번도 접촉하지 않았거나 한 번도 교미하지 않은 동물만 제물로 희생되어야 했다.[379]

자연철학자 플리니우스는 기묘한 터부를 기록했다.[380] 고대 이탈리아의 지방행정구역들 대부분에서 준수된 규칙대로라면, 여자들은 물레를 돌리지 말아야 했고 큰길에서는 물렛가락들을 남의 눈에 띄게 들고 다니지 말아야 했다. 왜냐면 여자들의 그런 행위들은 농작물에 해로울 수 있다고 믿겼기 때문이다. 이런 터부는 '물레에서 자아진 실들이 물렛가락에 얽히면, 공감원리의 작용을 받는 농작물들이 잡초들에 얽혀서 자라지 못할 수 있다'고 여기던 미신의 발로였을 것이다. 더구나 이런 미신 때문에 여자들은 케레스 기념축제기간에도 물레를 돌리지 말아야 했다.[381]

매듭들처럼 주술의례들에서 공용되던 반지斑指들도 터부시되었다. 유피테르의 사제는 '균열되지도 부러지지도 않고 보석류寶石類도 박히지 않은 완벽한 순수금속반지'를 착용하지 말아야 했다.[382] 오비디우스가 기록했듯이, 누마 폼필리우스가 파우누스의 신성한 무덤에서 종교의례들을 집전할 때에도 반지를 착용하지 말아야 했다.[383]

앞에서 예시된 터부들 — 반지들, 손질된 머리카락, 꼬인 다리, 손깍지,

376 리비우스, 앞 책I. 18, 7.
377 오비디우스,『종교축제일들』V. 432.
378 유베날리스,『풍자시집』XII. 3-6.
379 티불루스, 앞 책 II. 1, 7; 오비디우스, 앞 책 I. 83, III. 375-376, IV. 335-336.
380 자연철학자 플리니우스,『자연역사』XXVIII. 28.
381 티불루스, 앞 책 II. 1, 10.
382 아울루스 겔리우스, 앞 책 X. 15, 6.
383 오비디우스, 앞 책 IV. 657-658.

오랏줄에나 족쇄에 묶인 피의자, 농민의 물렛가락, 현실의 의복매듭들과 밧줄매듭들 따위를 금기시한 터부들 — 은 모두 동일한 원리를 공유한다. 이것은 '반지, 꼬인 다리, 오랏줄이나 족쇄, 물렛가락, 매듭은 신체나 물질을 결박하므로 신神을 결박할 뿐 아니라 신에게 봉헌되는 의례들마저 결박한다'고 여기는 미신의 원리이다. 이런 미신은 태초의 원시인이 품었던 미신의 잔재이다. 그런 원시인은 '(현실의 혹은 상상된) 사물이나 행위와 그것을 닮은 사물이나 행위는 단일하고 동일한 사물이나 행위이다'고 믿었다.

세르비우스 호노라투스는 베르길리우스의 서사시에 나오는 '사제 헬레누스Helenus가 아폴로 신전에 접근하기 전에 자신의 사제복허리띠를 푸는 행위를 묘사하는 대목'을 해설하다가 이런 터부의 원리를 다음과 같이 넌지시 암시했다.

> 신성한 의례의 절차들 중에도 이 절차(예컨대, 사제복허리띠를 푸는 절차)는 영혼과 육체 모두에 부합한다. 왜냐면 대체로 영혼에 영향을 끼칠 수 없는 것들은 육체 — 육체자체를 인지할 수는 없으되 그것을 닮은 것을 인지할 수 있는 영혼이 인지할 수 있는 육체 — 를 풀어주거나 묶는 식으로 육체에 영향을 끼칠 수 있기 때문이다.[384]

사제 헬레누스는 자신의 사제복허리띠를 푸는 행위로써 결박원리를 제거하고 자유로워졌기 때문에 신의 감화력을 받아들일 수 있었다.

우리가 알다시피, 매듭들과 반지들은 주술의례에서 자주 사용되었고 연인들을 결합시키려는 의례들에서는 특히 더 자주 사용되었다. 그래서

384 세르비우스 호노라투스, 앞 책 III. 370.

로마 국가종교의 사제들이 민간의 주술의례들에 이바지한 물건들과 행위들을 의도적으로 권장했을 가능성은 거의 없을 것이다. 그랬을 가능성의 진위여부와 무관하게 고대 로마인들은 매듭들에는 종교의례를 방해할 만한 어떤 악영향이 들어있다고 느꼈다. 그들은 그렇게 느끼면서부터 매듭들을 기피했다. 유사성원리는 이런 터부를 가장 자연스럽게 설명해준다.

7. 쇠[鐵]와 청동

쇠를 금기시한 터부는 철기시대에 생겨났다. 그 시대의 종교적 보수주의는 통용되던 청동을 대신하는 낯설고 새로운 금속재료의 사용을 금지했다.[385] 미신적인 고대 로마인들은 대체로 마법이 자력磁力을 유발한다고 믿었다. 쇠의 주술적 의미는 그런 자력에 민감하게 반응하는 쇠의 성질에서 생겨났을 것이라고 추정된다.[386] 고대 로마인들은 천연자석이 쇠로부터 자력을 흡인한다고 믿었다. 고대 로마의 사제들은 '철제鐵製 — 아마도 자그맣게 제작되었을 — 마르스 신상神像'과 '천연자석으로 제작된 베누스 신상'을 상접相接시킬 신비한 인력引力을 유발하려고 천연자석의 자력을 적어도 한 번은 사용했다.[387] 그렇다면 사제들은 자신들의 목적을 달성하려고 부주의하게 과학을 이용했던 셈이다.

쇠는 일찍이 많은 주술의례에서 사용되면서 유해한 위력을 잃어버렸다. 예컨대, 역사학자 마르쿠스 카토가 『농업론』에 기록했듯이, 쇠가 부적符籍으로 쓰이면 이로운 효험을 발휘한다고 믿겼다. 카토는 다음과 같이 접골接骨하거나 정골整骨하는 순서를 지시하면서 부적용 쇠의 이로운 효험

385 프레이저, 『황금가지』, Vol. II, p. 230.
386 엠 캐리M. Cary & 에이 디 녹A. D. Nock, 「주술용 창槍들Magic Spears」, 《클레시컬 쿼털리The Classical Quarterly》, XXI (1927), pp. 125-127; 프로페르티우스, 앞 책 V. 5, 9-10 참조.
387 클라우디우스 클라우디아누스Claudius Claudianus(370~404: 고대 이탈리아 시인), 『단가집短歌集(Carminum Minorum Corpusculum)』 XXIX. 25-27.

을 암시했다.

> 이 부적은 탈구된 관절을 완벽하게 정골해줄 것이다. 먼저 싱싱한 네댓 척(120~150센티미터)짜리 갈대 한 줄기를 세로로 정확히 양분하듯이 쪼개라. 두 남자에게 쪼개진 갈대조각을 하나씩 손에 쥐고 탈구환자의 고관절 양편에 각각 서게 하라. 그리고 두 갈대조각이 맞붙을 때까지 "모타스 바에타 다리에스 다르다레스 아스타타리에스 디수나피테르Motas vaeta daries dardares astataries dissunapiter"라는 주문을 영송詠誦하라. 그동안 쇠붙이 하나를 탈구된 관절 위쪽으로 던졌다가 받는 동작을 반복하라. 이윽고 두 갈대조각이 맞붙으면 양손으로 그것들을 모아 쥐었다가 오른쪽과 왼쪽으로 다시 양분하라. 그리고 그것들로 탈골부위나 골절부위를 묶으면 온전하게 정골되거나 접골될 것이다. 그러나 완치하려면 (이미 영송한) 주문이나 "후아트 후아트 후아트 이스타시스 타르시스 아르단나보우 단나우스트라Huat haut huat istasis tarsis ardannabou dannaustra"라는 주문을 날마다 영송해야 한다.[388]

이 인용문은 극히 단순한 주술의례를 예시한다. 이 의례에서 양분된 갈대조각들이 맞붙으면 탈구된 관절도 정골될 것이라고 믿긴다. 그렇지만 여기서 쇠붙이를 탈구된 관절 위로 던져 올렸다가 받는 행위는 우리의 각별한 관심을 끄는 의례적 요소이다. 이 의례에서 쇠[鐵]는 '접골을 방해한다고 믿겼을 어떤 악영향들'을 물리치려는 부적으로 사용된 것이 틀림없다. 유피테르의 사제는 밤에 악영향들을 물리치려고 쇠붙이 한 개를 자신의 베개 밑에 숨겨두었는데,[389] 이런 행위도 부적처럼 쓰인 쇠의 용도를 예

388 역사학자 마르쿠스 카토, 『농업론』 CLX.
389 프랭크 그랜저Frank Granger(1864~1936: 브리튼 고전철학자), 『로마인들의 숭배의례The Worship of the Romans』, p. 164 참조.

증한다. 고대 로마에서 암탉의 둥지 밑에 놓인 쇠붙이는 둥지 속 달걀들의 부패를 예방할 수 있다고 미신되었다는 사실도 부적용 쇠의 용도를 예증한다.[390]

쇠의 자력뿐 아니라 쇠의 또 다른 성질도 특정한 의례들에서 쇠를 터부시되게 만드는 데 일조했다. 태초의 원시인은 '쇠와 돌이 충돌하면 불꽃을 튀긴다'는 사실을 분명히 알았을 것이다.

아르발 형제단Arval Brethren의 사제들이 신성시하던 숲에 세울 묘비들의 명문名文을 철제도구로 새기는 행위는 처음부터 금기시되었다. 그래서 그들은 철제도구를 들고 숲으로 들어가기 전에 어린양과 돼지를 한 마리씩 잡아서 신들에게 바치는 속죄희생의례를 거행했다. 왜냐면 그래야만 그들이 철제도구들을 사용하면 자극할 수 있을 신들의 불쾌감을 피할 수 있으리라고 믿었기 때문이다. 그들은 철제도구를 가지고 거룩한 숲을 나올 때에도 속죄희생의례를 거행했다.[391] 이 경우와 비슷하게, 오직 목재와 나무못으로만 건설된 수블리키우스 다리[392]의 보수공사에도 철제도구는 일절 사용될 수 없었다.[393]

이런 금기는 종교적인 것이었으리라고 추정된다. 그러나 자연철학자 플리니우스가 기록했듯이, 로마로 진격하는 적군의 진로를 차단할 수 있도록 다리를 신속하게 끊어버리기 쉽도록 건설할 필요성 때문에 이런 금기가 생겨났을 가능성도 있다.[394] 솔로몬 신전[395]의 건축자들에게도 쇠를

390 자연철학자 플리니우스, 『자연역사』 X. 54, 152.

391 빌헬름 헨첸Wilhelm Henzen(1816~1887: 독일 문헌학자), 『아르발 형제단 의례집Acta Fratrum Arvalium』, pp. 128-135 참조.

392 【Pons Sublicius: 로마 도시를 관통하는 테베레강에 최초로 건설되었다고 알려진 목제교량木製橋梁.】

393 자연철학자 플리니우스, 앞 책 XXXVI. 15, 100; 디오 카시우스, 앞 책 III. 45.

394 자연철학자 플리니우스, 앞 책 XXXVI. 100.

395 【고대 이스라엘왕국의 왕으로서 유다Judah왕국을 병합한 솔로몬Solomon(?~?: 서기전970~931경)이 예루살렘에 건립했다고 전설되는 이른바 제1신전.】

이탈리아 고고학자 겸 건축가 루이기 카니나Luigi Canina(1795~1856)가 재건한 수블리키우스 다리
[윌리엄 스미스William Smith(1813~1893: 잉글랜드 사전편찬자), 『요약된 로마 역사A Smaller History of Rome』(1881).]

금기시하는 비슷한 터부가 적용되었다.[396] 이탈리아 중동부의 고대도시 푸르포Furfo에 있던 유피테르 리베르Jupiter Liber 신전의 내규內規에는 철제도구를 오직 신전보수작업에만 사용하도록 규정한 특별조항이 포함되었는데, 그 조항은 '철제도구사용의 타당성을 염려하는 불안감 같은 감정들이 분명히 존재했다'는 사실을 증명한다.[397]

세르비우스 호노라투스기 기록했듯이, 쇠사슬에 묶인 사람이 사제의 집으로 들어가려면, 그의 몸을 묶은 쇠사슬이 풀려야만 했고, 그렇게 풀린 쇠사슬은 집의 채광창採光窓을 통해 길거리로 투척되어야만 했다.[398] 여기서 그 사람이 묶였고 더구나 쇠사슬에 묶였을뿐더러 범죄자였다는 사실도 그 사람을 위험시되게 만들었다. 왜냐면 고대 로마에서는 범죄자들도 정규적으로 터부시되었기 때문이다.[399]

역사시대에 청동은 종교의례들에서도 주술의례들에서도 통용되었다. 예컨대, 베르길리우스가 묘사한 '달빛 아래에서 청동낫으로 약초들을 베

396 유태교-기독교경전 『열왕기1』 제6장 제7절.
397 헤르만 데사우Hermann Dessau(1856~1931: 독일 고대역사학자 겸 금석학자金石學者), 『라틴금석문 선집Inscriptiones Latinae Selectae』 4906.
398 세르비우스 호노라투스, 『"베르길리우스의 『아이네이스』" 해설』 II. 57; 아울루스 겔리우스, 앞 책 X. 15, 8 참조.
399 파울러, 앞 책, p. 32.

는 마녀에게 디도가 조언을 구하는 장면'[400]도 청동의 용례를 보여준다. (내가 제4장에서 살펴볼) 로마의 침묵여신沈黙女神 타키타Tacita에 호소하는 주술의례를 거행하는 늙은 마녀는 험담을 일삼는 어떤 사람의 입술을 공감주술로써 결박하려고 작은 물고기의 대가리를 청동바늘로 꿰맨다.[401] 갈리아 출신 이탈리아 약제기록자藥劑記錄者 마르켈루스 엠피리쿠스Marcellus Empiricus(4세기후반~5세기초반)는 자신의 부적들을 제작하는 도구들에 갈대, 구리, 유리로 만들어진 도구들을 포함시키면서도 철제도구는 포함시키지 않는다.[402] 우리가 알다시피, 에트루리아인들도 로마인들도 그들의 도시들을 건설하던 시절에는 오직 청동보습들만 사용하여 밭이랑들을 팠다.[403] 또한 그들의 사제들뿐 아니라 사빈족의 사제들도 청동면도칼을 사용했다.[404] 유피테르의 사제의 머리카락과 손톱을 깎는 도구도 쇠칼이 아닌 청동칼이어야만 했다.[405] 제단에 제물을 바치는 사제들의 예복을 동여매는 허리띠도 청동죔쇠로만 고정되어야 했다.[406] 마르스의 도약사제들은 허리를 감싸는 청동갑옷을 착용했다.[407] 고트족Goth族이 이탈리아를 위협하던 시절의 어느 날에는 개기일식이 발생했고, 그날 밤에는 통곡소리와 세차게 타격당하는 청동기들의 굉음이 사방에서 끊이지 않았다.[408] 판노니아[409]에서 로마 군단의 내부반란이 한창이던 어느 날에

400 베르길리우스, 『아이네이스』 IV. 513; 마크로비우스, 『사투르날리아』 V. 19, 7-14 참조; 오비디우스, 『변신담』 VII. 227.
401 오비디우스, 『종교축제일들』 11. 575-578.
402 마르켈루스 엠피리쿠스, 『약제서De medicamentis』I. 85; 앞 책 VIII. 49, 50; 유진 터베너, 『라틴문헌에 기록된 주술을 고찰하는 연구들』, p. 121, note 294.
403 플루타르코스, 『로물루스』 XI. 2; 『졸라라스Zollaras』 VII. 3.
404 마크로비우스, 『사투르날리아』 V. 19, 13.
405 세르비우스 호노라투스, 앞 책 I. 448.
406 페스투스, 「죔쇠Infibulati」, 앞 책(카를 오트프리트 뮐러 편찬, p. 113).
407 리비우스, 앞 책 I. 20, 4.
408 클라우디우스 클라우디아누스, 『고트족 전쟁De Bello Gothico』, 233-234.
409 【Pannonia: 현대의 헝가리Hungary 서부지역, 오스트리아Austria 동부지역, 크로아티아Croatia 북부지역, 세르비아Serbia 북서부지역, 슬로베니아Slovenia 북부지역, 슬로바키아Slovakia 서부지역, 보스니아-헤르체고비나Bosnia-Herzegovina 북부지역에 해당하는 로마 제국의 속령.】

발생한 월식은 반란군을 공황상태에 빠뜨렸다. 반란군진영에는 격렬하게 맞부딪히는 황동나팔들과 청동도구들의 굉음들이 난무했다. 타키투스가 기록했듯이, 이런 굉음들은 '본모습을 되찾으려는 달[月]의 노력'을 도울 수 있으리라고 믿겼다.[410] 그러나 현대의 어느 학자가 최근에 제시한 의견대로라면, 그런 굉음들은 달을 삼키던 악귀를 퇴치할 수 있으리라고 믿겼을 수도 있다.[411]

8. 장소들

앞에서 우리가 예증했듯이, 터부감정은 특정한 장소들에도 영향을 끼친다. 그런 장소들 각각은 터부의 특수한 형식과 결합되었기 때문에 기이한 감정을 유발했다. 예컨대, 매장지들에서는 시체를 금기시하는 터부가 영향력을 발휘했다.

천둥과 번개는 야만인과 문명인을 막론한 인간들의 불안감과 불쾌감을 언제나 자극했다. 그래서 예컨대, 유베날리스는 다음과 같이 기록했다.

> 번개가 번쩍일 때마다 무서워서 전율하고 창백해지는 사람들이 있다. 그래서 그들은 벼락을 내리치려는 하늘의 우르릉거리는 예고음豫告音만 들어도 바싹 얼어붙어버린다.[412]

그래서 벼락이 떨어진 장소를 고대 로마인들이 터부시할 수밖에 없었어도 이상하지 않다. 그런 장소에는 나지막하고 근사한 담장이 둘러쳐졌고 "천수를 다한 벼락이 여기에 묻히다"라는 문구가 새겨진 비석이 세워

---

410 타키투스, 『연대기』 1. 28.
411 프레이저, 『오비디우스의 "종교축제일들"』 Vol. IV, p. 48.
412 유베날리스, 앞 책 XIII. 223-224.

졌다.[413] 그런 장소에서는 어린양 한 마리가 속죄용으로 희생되었다.[414] "벼락을 매장하는" 의례를 전담한 사제단도 있었던 듯이 보인다.[415] 언젠가 유피테르 신전과 미네르바 신전도 벼락을 맞았는데, 그때 황제 네로는 점쟁이들의 점사를 받아들여 로마 도시 전체를 정화하는 의례를 거행했다.[416] 황제 갈바의 조부祖父도 언젠가 벼락이 떨어진 장소에서 속죄용 희생의례를 집전했다.[417] 누마 폼필리우스의 법률대로라면, 벼락을 맞아 죽은 사람의 시체는 운반자들의 무릎높이보다 더 높게 들려서 운반되지 말아야 했고, 그 시체를 매장하는 의례도 일절 거행되지 말아야 했다.[418] 그런 사람의 시체는 화장될 수 없었을 것이라서 매장되어야 했겠지만, 매장지는 아마도 그가 벼락을 맞았던 지점이었을 것이다.[419]

장소들을 금기시한 많은 터부는 '불길했다고 증명된 특수한 사건들'에서 생겨났다. 예컨대, 파비우스 일족 306명이 로마의 카르멘탈Carmental 관문을 통과하여 베이 시민군을 상대로 격전하다가 전멸했기 때문에 카르멘탈 관문의 우측통행을 금기시하는 터부가 생겨났다.[420] 잉글랜드 정치인 겸 작가 틸버리의 저베이스Gervase of Tilbury(1150~1228)는 이탈리아 남서부의 항구도시 나폴리Napoli에도 비슷한 (좌측통행을 금기시한) 터부가 있다고 기록했다.[421] 그는 친구 한 명과 함께 여행하다가 나폴리 성문을 좌측통행하여 도시로 들어가려고 했다. 그때 장작더미를 짊어진 당나귀 한

413 페스투스, 「벼락 맞은 것들Fulguritum」, 앞 책(카를 오트프리트 뮐러 편찬, p. 92); 「비덴탈(벼락이 떨어진 신성한 지점)Bidental」, 앞 책(p. 33). 파울러, 앞 책, p. 37; 비소바, 『로마의 종교와 문화』, p. 122 and note 3.
414 페스투스, 「비덴탈」(p. 33); 퀸티우스 호라티우스, 『시창작법Ars Poetica』 470-472.
415 비소바, 앞 책, p. 131 참조.
416 타키투스, 『연대기』 XIII. 24.
417 수에토니우스, 앞 책 IV. 2.
418 페스투스, 「시체Occisum」, 앞 책(카를 오트프리트 뮐러 편찬, p. 178).
419 자연철학자 플리니우스, 『자연역사』 II. 145.
420 오비디우스, 앞 책 II. 201-202; 리비우스, 앞 책 II. 49, 8.
421 도메니코 캄파레티Domenico Comparetti(1835~1927), 『중세의 베르길리우스Vergil in the Middle Ages』, p. 261의 번역문 참조.

독일 출신 이탈리아 사진사 조르조 좀머Giorgio Sommer(1834~1914)가 1865년경 촬영한
나폴리의 성문 포르타 카푸아나Porta Capuana

마리가 두 사람의 앞길을 막는 바람에 두 사람은 하는 수 없이 우측통행해야만 했다. 두 사람이 묵어갈 집에 당도할 즈음 저베이스는 친구에게 물었다.

"우리가 나폴리 성문의 어느 측을 통행하여 도시로 들어와야 했지?"

그러자 친구가 대답했다.

"우측통행했어야지. 우측통행하여 도시로 진입한 모든 사람은 손대는 사업마다 성공한다더군. 그런 반면에 좌측통행하여 도시로 진입한 모든 사람은 무슨 일을 해도 실망하고 좌절할 수밖에 없을 거야."

그래도 아리송해진 저베이스는 미신에 사로잡히기 시작했다. 그러나 곧바로 정신을 챙긴 저베이스는 다음과 같이 경건하게 중얼거렸다.

“오, 주여, 모든 것은 당신의 손 안에 있사오니 아무것도 당신의 권능에 저항하지 못하나이다.”

지금까지 우리는 (이 연구서의 제2장과 제3장에서) 고대 로마인들의 생활에 영향을 끼친 터부들을 살펴봤다. 그런 터부들은 피, 여자들, 어린이들, 죽음과 시체들, 섹스, 남자들, 외지인들, 노예들, 아마포, 매듭들, 쇠, 장소들을 금기시했다.

피를 금기시한 터부는 인간본능에서 생겨났거나 아니면 ‘죽음에 결부되는 연상’과 ‘죽음현상에 고통을 결부하는 연상’에서 생겨났다고 알려졌다.

여자들과 어린이들을 금기시한 터부들은 두 가지 사실에서 유래했을 것이다. 첫째 사실은 그들이 신체적으로 연약하다는 것이고, 둘째 사실은 유사성을 근거로 삼는 익숙한 연상법칙聯想法則이 그런 연약성을 종교의례로 전이시킬 수 있지만 종교의례도 그런 연약성을 그런 연상법칙에 전이시킬 수 있다는 것이다. 게다가 월경혈과 출산혈의 존재는 여자들과 어린이들의 기이한 신비성에 피의 기괴한 신비성을 덧보탠다.

시체를 금기시한 터부는 인간의 자기보존본능에서 파생했을 수 있다. 시체의 이질성은 시체의 불가사의한 특성에 추가되었을 것이다. 인간은 죽음을 무엇보다도 중환자의 단말마斷末魔들에 결부하여 연상하면서부터 죽음을 두려워하기 시작했다.

성행위를 금기시한 터부는 ‘성행위를 마친 사람의 일시적 육체허약상태가 종교의례에나 일상생활행위들에 주술적으로 전이될 것이다’고 여긴 미신에서 파생했을 확률이 아마도 가장 높을 것이다.

남자들을 금기시한 터부는 ‘여자들과 다른 남자들의 신체적 차이’ 때문에 생겨났을 것이다.

외지인들을 금기시한 터부는 '새롭거나 익숙잖은 것은 위험시되었다는 사실'에서도 유래했을 수 있겠지만 '죽음과 피와 고통을 외지인에 결부한 연상들'에서도 유래했을 수 있다.

노예들을 금기시한 터부는 완전히 인위적으로 형성된 듯이 보인다. 그러나 노예들이 외지인들이었다고 가정된다면, 외지인들을 금기시한 터부의 유래는 노예들을 금기시한 터부에도 적용될 수 있을 것이다.

아마포를 금기시한 터부는 '아마포를 시체에 결부한 연상,' '(아마포보다 더 오래전부터 사용된 직물인) 모직물과 비교되는 아마포의 이질성,' '동방의 의례들에서 아마포가 사용되었다는 사실, 즉, 외지인과 외지의 것들을 금기시한 터부'에서 유래했을 수 있다.

매듭을 금기시한 터부의 유래는 명백하다. 왜냐면 공감주술원리가 이 터부를 지배하기 때문이다. 매듭은 무언가를 결박하는 것이므로, 매듭을 묶는 행위는 결박당하는 행위이다.

쇠를 금기시한 터부는 '철기시대의 초엽에는 낯설게 여겨졌을 쇠의 이질성,' '자력에 민감하게 반응하는 쇠의 성질,' '다른 쇠와 부딪히거나 암석과 부딪히면 불꽃을 튀기는 쇠의 위력'에서 유래했을 것이다.

장소들을 금기시한 터부의 기원은 단일하지 않다. 터부시되는 모든 장소에서 기괴한 신비감을 유발하는 것들은, 예컨대, '죽음을 접촉할 수밖에 없도록 조성된 여건'이나 '불길한 재난을 연상시키는 징조'처럼, 특수한 원인들이다.

제4장

주술행위들: 일반원리들

우리가 제1장에서 논의했다시피, 주술행위들은 원시인의 무능력에서 생겨난다. 원시인의 무능력이란 원인과 결과를 분간하지 못하고, 전체와 부분을 분간하지 못하며, '자신을 닮았거나 접촉한 사람이나 사물'과 '사람자체나 사물자체'를 분간하지 못하고, '자신이 상상한 사실들'과 '사실자체들'을 분간하지 못하는 무능력이다. 이렇게 무능한 생각습관은 우리에게는 기묘하게 보인다. 이런 생각습관은 자신이 살아가는 세계를 모르는 인간의 무지無知에서 유래했을 뿐 아니라 인간으로 하여금 진실과 오류를 분간할 수 없게 만드는 모든 것에서도 유래한 듯이 보인다. 원시인의 두뇌가 생리적으로 충분히 발달하지 못했다는 사실은 정확하게 연상하지도 논리정연하게 추리하지도 못하는 이런 무능력의 원인을 다소나마 설명해 줄 수 있을 것이다. 그러나 원시인의 불안한 생활과 그를 포위하여 괴롭히는 위험들은 정확하게 생각할 줄 모르는 이런 무능력을 오히려 더 악화시키는 경향을 보인다.

예컨대, 현대에도 그렇게 부정확한 생각습관의 잔재가 발견된다. 이것을 우리에게 알려준 스코틀랜드 작가 겸 인류학자 앤드루 랭Andrew Lang(1844~1912)은 다음과 같이 기록했다.

> …… 프랑스 선교사들이 북아메리카 휴런족Huron族(와연도트Wyandot족/웬다트Wendat족)의 영토에 들어섰을 즈음에 공교롭게도 불행한 사태들이 발생했다. 그리하여 휴런족은 선교사들이 나타났기 때문에 불행한 사태들이 발생했다고 주장했다.[422]

부정확한 생각습관을 예시하는 고대의 일화도 전해진다. 고대 로마 작가 겸 문법학자 아울루스 겔리우스는 어느 날 시인 친구의 집에서 개최된 만찬회에 참석했다. 그런데 겔리우스 앞에 놓인 굴요리의 굴들은 말라서 오그라들어 쪼글쪼글했다. 그러자 시인 친구는 겔리우스에게 다음과 같이 변명했다.

> 자네도 알다시피, 지금 달이 점점 작아지잖나. 그러니까 다른 것들과 마찬가지로 굴들도 오그라들어 바싹 말랐다네.

그리고 겔리우스가 기록했듯이, 고대인들은 달이 커지면 고양이의 눈동자도 커지고 달이 작아지면 고양이의 눈동자도 작아진다고 생각했다.[423]

인류학자들은 해악을 물리치려고 해악을 모방하는 개인의 행위 — 다른 늑대들을 물리치려고 늑대처럼 이빨을 드러내는 개인의 행위, 피와 죽

422 앤드루 랭, 『신화, 의례, 종교Myth, Ritual and Religion』, Vol. 1, pp. 94-95.
423 아울루스 겔리우스, 앞 책 XX. 8; 자연철학자 플리니우스, 『자연역사』 II. 41, 109 참조.

음을 물리치려고 자신의 얼굴에 피를 바르는 개인의 행위, 천둥벼락을 동반한 폭풍우를 물리치려고 천둥벼락처럼 강력한 굉음을 발생시키는 개인의 행위 — 에 유감주술이라는 명칭을 부여한다. 자신이 소유하거나 접촉해온 머리카락이나 손톱 같은 신체부위들이나 물건들을 이용하여 해악을 물리치려는 개인의 행위에는 감염주술이라는 명칭이 부여된다. 공감주술이라는 일반명칭은 유감주술에도 감염주술에도 부여될 수 있다. 왜냐면 '주술행위의 영향을 받을 대상'과 '주술행위의 영향을 받을 대상을 닮았거나 접촉한 대상' 사이에는 신비한 공감대가 존재한다고 추측되기 때문이다. 주술의례는 대체로 감염주술의례인 동시에 유감주술의례이다.

우리는 이 연구서의 서론에서 원시주술의례 한 건을 증례로 삼아서 이런 유감, 공감, 감염 같은 주술원리들을 논의했다. 그 논의에 더하여 이제부터 우리가 예시적으로 설명할 두 가지 주술의례는 고대 로마 국가종교와 유기적 관계를 전혀 맺지 않으면서도 국가의례들과 관련되면 현저하게 부각된다.

고대 로마에서 6월 1일 — '콩들의 칼렌대(콩들의 제1일)'로 알려진 날 — 에는 대사제들이 테베레강 인근의 오래된 숲에서 "살여신肉女神 Flesh Goddess" 카르나Carna라는 다소 모호한 아주 오래된 여신을 모시는 제사를 지냈다.[424] 그 여신은 인류의 신체기관들, 심장, 간, 위장을 돌보는 신으로서 믿긴 듯이 보인다. 카르나 신당은 로마의 카엘리우스Caelius(첼리오 Celio) 언덕에 있었다. 로마 공화국왕 루키우스 타르퀴니우스 수페르부스가 폐위되어 추방된 후에 마르쿠스 유니우스 브루투스[425]는 자신의 옛 맹세를 지키려고 그 신당에서 카르나에게 제사를 지냈다. 카르나에게 바쳐

424 오비디우스, 앞 책 VI. 101-106.

425 【Marcus Junius Brutus(서기전7세기경): 루키우스 타르퀴니우스 수페르부스의 여동생 타르퀴니아Tarquinia의 남편. 집정관을 역임(서기전509)한 루키우스 유니우스 브루투스Lucius Junius Brutus의 부친.】

진 제물은 밀알들과 콩알들의 혼합물이었다. 왜냐면, 마크로비우스가 기록했듯이, "특히 이 식품들을 많이 먹은 인간의 체력은 강해진다"고 믿겼기 때문이다. 고대 로마인들은 이런 밀알들과 콩알들의 혼합물과 기름진 돼지고기를 함께 먹으면 위장장애를 예방할 수 있다고 믿었다.[426]

파울러처럼 우리도 '오비디우스가 카르나를 관절여신關節女神(돌쩌귀여신/경첩여신) 카르데아Cardea와 동일시했다는 사실'[427]을 무시해도 좋을 것이다. 왜냐면 오비디우스가 자신의 작품에 기발한 이야기를 첨가하려고 카르나와 카르데아를 동일시했을 가능성이 매우 높기 때문이다.

카르나는 숭배되지 않기 시작한 이후 많은 세월이 지나서도 민간에서 계속 신봉되었기 때문에 우리의 관심을 각별하게 사로잡는다. 카르나는 마녀의 능력들을 소유했으므로 '소쩍새들로 변신한 흡혈귀들'을 쫓아버리는 축귀의례들에 호출될 수 있다고 믿겼다. 이탈리아 라티움의 고대도시 알발롱가Albalonga의 왕 프로카스가 유아기에 치른 축귀의례들을 오비디우스는 다음과 같이 묘사했다.

> 곧바로 그녀(크라네)는 문설주들에 아르부투스나뭇가지를 세 번씩 연달아 두드렸다. 그리고 그녀는 문지방에도 아르부투스나뭇가지를 세 번 두드려 흔적을 남겼다. 그녀는 현관에는 물을 (그리고 약물을 섞은 물도) 뿌렸다. 그녀는 두 달 전에 태어난 암퇘지의 피 흘리는 창자들을 두 손에 들고 다음과 같이 말했다. "밤새[野鳥]들이여, 소년의 창자들을 아껴드소서. 아이가 작아서 제물도 작나이다. 내가 기도드리나니, 부디 심장을 심장으로 여기시고 창자들을 창자들로 여기소서. 우리가 당신께 바치는 이 생명은 더 뛰어난 생명을 대

426 마크로비우스, 『사투르날리아』 I. 12. 31-33.
427 파울러, 『공화정치시대 로마의 축제들』, p. 131.

신하는 것이나이다."[428]

도살한 암퇘지에서 끄집어낸 생체기관들을 집밖의 의례장소에 펼쳐놓은 마녀는 그것들을 자세하게 살펴보려는 의례참관자들의 시도를 금지했다. 그리고 마녀는 집안에 빛을 공급하는 작은 창문 안으로 산사나뭇가지 한 개를 집어넣었다. 그러자 아이는 소생했고 아이의 창백하던 안색은 생기를 되찾았다.

이런 주술행위에 함유된 유사성원리는 자명하다. 초창기 로마에서는 여신 카르나의 보호를 받던 아이의 생체기관들이 암퇘지의 생체기관들로 대체되면 안전해질 수 있다고 믿겼다는 사실도 이 원리를 증명한다. 돼지는 그렇듯 대용제물로서 빈번하게 사용되었다. 리비우스가 기록했듯이, 조약체결의례에서도 유사한 대용제물이 사용되었다. 이 의례에서 로마 군대의 대변인은 도살된 제물용 돼지를 두들겨 패면서 다음과 같이 큰소리로 기도했다.

> 만약 (로마인들이) 먼저 (조약에 명기된 조항들을) 위반한다면 …… 디에스피테르Diespiter(유피테르)여, 제가 오늘 여기에서 이 돼지를 두들겨 패듯이 로마인들을 두들겨 패소서.[429]

마녀 크라네의 축귀의례에서는 어떤 신神도 언급되지 않는다. 우리는 이 중요한 사실을 이 연구서의 제5장에서 고찰해볼 것이다. 여기서 우리

428 오비디우스, 앞 책 VI. 155-162. 나는 이 연구서의 제2장에서 이 발췌문을 다른 맥락에서 이미 한 번 인용했다. 그러나 여기서 우리가 전개하는 논의의 목적에도 이 발췌문이 부합하는 만큼 나는 이 발췌문을 다시 인용할 수밖에 없었다.

429 리비우스, 앞 책 I. 24, 8.

의 관심을 끄는 위의 인용문에 묘사된 주술의례의 중요한 요소들은 정화수淨化水를 뿌리는 행위, 아르부투스나뭇가지로 문설주와 문지방을 두드리는 행위, 산사나뭇가지를 창문 안으로 집어넣는 행위이다. 고대에는 산사나무가 악령들을 물리칠 수 있다고 일반적으로 믿겼다. 위의 인용문에 묘사된 주술의례에서는, 오비디우스가 기록했듯이, "그녀(마녀)는 문으로 들어오려는 비통한 액운을 산사나무로써 내쫓을 수 있을 것이다"[430]고 믿겼다. 고대 그리스인들도 그렇게 믿었다.[431] 그래서 오늘날에도 많은 시골사람은 액운들을 막으려고 산사나무를 이용한다.[432] 타격(두들기기)과 청소(쓸어내기)는 악영향들을 퇴치하는 보편적인 방법들이다. 그래서 마녀는 집안으로 진입하려는 흡혈귀들이 자연스럽게 통과해야 하는 문지방과 창턱을 비질하여 쓸었다.

또 다른 주술의례도 흥미롭다. 고대 로마의 가족들은 망자추도의례를 마무리하는 페랄리아Feralia(2월 21일)에 적들을 침묵시키려는 짤막하고 기묘한 주술의례를 거행했다. 이 주술의례는 페랄리아의 망자추도의례와 공식적으로는 전혀 무관했지만, 프레이저가 장난스럽게 비유했듯이, "망자는 …… 언제나 침묵을 고수하기로 악명 높기"[433] 때문에, 어쩌면 페랄리아에 걸맞은 의례였을 것이다. 오비디우스는 일단의 소녀들에 둘러싸인 늙은 마녀가 침묵여신 타키타에게 호소하는 주술의례를 진행하는 장면을 묘사했다.[434] 늙은 마녀는 자신의 세 손가락으로 향香 세 개를 집어서 문지방 밑의 쥐구멍에 들여놓았다. 아마도 그 향들은 문지방들에서 출몰한다

430 오비디우스, 앞 책 VI. 129-130.
431 프레이저, 앞 책 Vol. IV, p. 142 참조.
432 앞 책.
433 앞 책 Vol. II, p. 446.
434 오비디우스, 앞 책 II. 571-582.

고 일반적으로 믿기던 망령들에게 바쳐진 제물이었을 것이다.[435] 그리고 그녀는 칙칙한 납제인형鉮製人形에 양털실을 둘둘 휘감으며 주문을 읊었다. 그 인형은 그녀가 애써 봉인하려는 험담을 일삼는 혀를 가진 사람을 본떠서 만든 것이었다. 그러면서 그녀는 검은콩을 집어먹었다. 그리고 물고기 한 마리를 한 손에 든 그녀는 다른 손으로 물고기대가리에 역청瀝靑을 바르고 청동바늘로 물고기대가리를 찌르면서 물고기주둥이를 꿰맸다. 그녀는 바느질을 마치자 물고기를 내던져버리고 다음과 같이 말했다. "적의敵意를 머금은 혀들과 적대적인 입술들이 여태껏 우리를 속박했네."

이 주술의례에서 우리는 주술의 일반적 세부사항 몇 가지를 확인할 수 있다. 숫자 3, 향, 콩, 양털실, 검은색, 납제인형, 청동, 방적紡績(실잣기) 같은 것들이 그런 사항들이다. 이 주술의례의 목적은 대화에서 험담꾼을 배제하는 것이다. 이 의례는 늙은 마녀가 험담꾼을 본뜬 납제인형에 양털실을 휘감으면 일차적으로 완수된다. 늙은 마녀는 양털실로 납제인형을 휘감아서 험담꾼을 결박한다. 주문 읊기는 주술행위를 보조한다. 물고기주둥이를 꿰매는 행위는 험담꾼의 입을 봉인할 것이다. 이 의례에서 물고기가 사용된 까닭은 명백하다. 주술의 영향을 받아야 할 사람은 침묵해야 할 사람이다. 그래서 그 사람을 재현할 수 있는 침묵하는 동물이 선택되어야 했다. 더구나 문지방들은 망령들이 애착하는 장소들이다. 그러므로 문지방에 제향祭香을 놓아두는 행위는 적절하다.

이런 맥락에서 다음과 같은 그리스의 전설도 흥미롭다. 살아서 크레타 Creta의 왕이었다가 죽어서 하데스Hades(지옥)의 판관이 된 미노스Minos는 하데스로 추락한 수다스러운 비밀누설자들에게 '혀를 가볍게 놀린 죄를 속죄할 수 있도록 물고기들로 변하여 영원히 침묵해야 하는 벌'을 내렸

435 프레이저, 앞 책 Vol. II, pp. 447-448 참조.

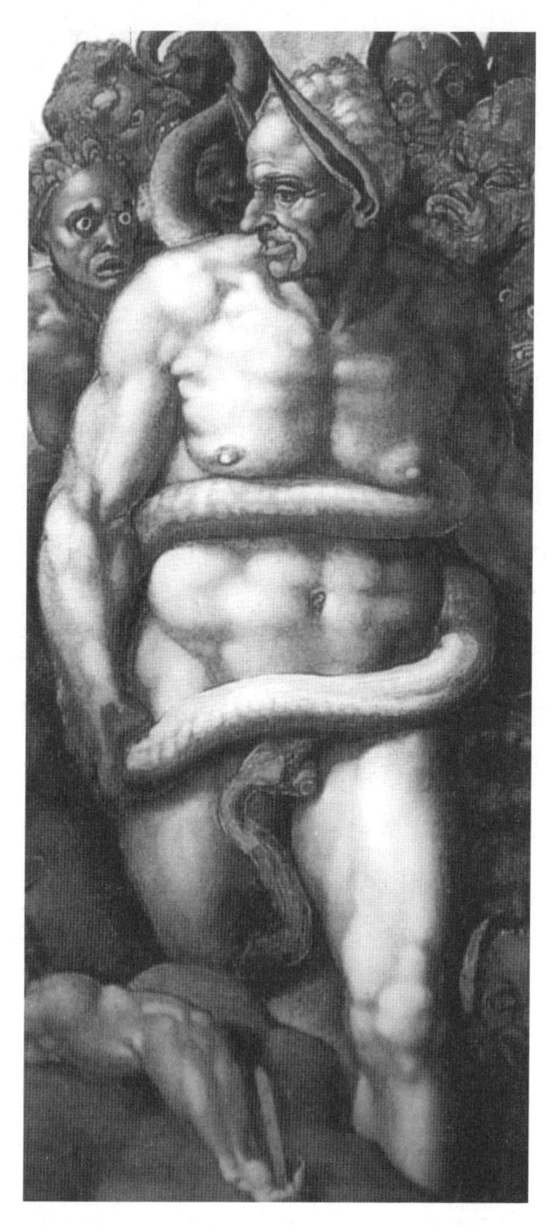

이탈리아 화가 겸 조각가 미켈란젤로Michelangelo(1475~1564)가 바티칸Vatican의 시스티나 성당Cappella Sistina 제단후벽에 그린 프레스코 <최후심판Last Judgment>에 묘사된 판관 미노스

다.[436]

침묵여신 타키타가 실존했는지 아닌지 여부는 불확실하다. 플루타르코스는 타키타를 뮤즈로 칭하면서 '피타고라스가 추종자들에게 명령한 침묵'을 기념하여 누마 폼필리우스가 타키타 숭배의례를 거행했다고 기록했다.[437]

이 대목에서 우리가 살펴볼 만한 것은 기우제로도 널리 알려진 '강우降雨 기원 주술'이다. 우리는 기독교계에서도 발견되는 고대와 현대의 증례 두 건과 현대의 중국에서 발견되는 증례 한 건을 차례로 살펴보고 고대 로마에서 거행된 기우제를 예시적으로 논의해볼 것이다.

황제 마르쿠스 아우렐리우스가 로마 군단을 이끌고 콰디족[438]을 대적하던 174년에 가뭄이 전투지역을 엄습했다. 그때 마침 로마 군단에 소속된 기독교신자 몇 명이 비를 내려달라고 하늘에 기도하자마자 하늘에서 폭우가 내렸다.[439] 이 일화를 기록한 페이건은 어느 이집트 주술사가 헤르메스에게 기원하여 이 폭우를 내리게 만들었다고 설명했다.[440] 그러나 우리가 초자연적 강우현상降雨現象의 증거를 굳이 고대의 기록들에서 찾아야 할 필요는 없다. 프레이저는 어느 기독교 성자석상聖者石像을 물에 담가서 비를 기원하는 경우도 있다고 보고하면서 다음과 같이 기록했다.

> 프랑스 중부지역의 물랭-앙질베르Moulins-Engilbert에서 남서쪽으로 1.5~3 킬로미터쯤 떨어진 오래된 코마뉘Commagny 수도원 곁에는 생 제르베[441] 샘이

436 클라우디우스 클라우디아누스, 『루피누스를 반대하며In Rufinum』 II. 488-490.【루피누스는 동로마제국의 갈리아 출신 정치인 플라비우스 루피누스Flavius Rufinus(?~395)이다.】

437 플루타르코스, 『누마 폼필리우스』 VIII. 6.

438 【Quadi族: 현대의 체코 공화국 동반부에 해당하는 모라비아Moravia에 거주했던 게르만족의 일파.】

439 테르툴리아누스, 『기독교인들을 옹호하는 변론Apologeticus adversus Gentes pro Christianis』 V; 율리우스 카피톨리누스, 『마르쿠스 안토니우스Marcus Antoninus』 XXIV. 4.

440 디오 카시우스, 앞 책 LXXI. 8-10.

441 【Saint Gervais(산 게르바시우스San Gervasius, 서기2세기경): 기독교순교성자.】

있다. 그곳 주민들은 농작물을 재배하는 데 필요한 기우제나 기청제祈晴祭를 그 샘에서 거행한다. 가뭄이 심하게 들면 그곳 주민들은 샘물을 분출하는 벽감壁龕 같은 공간에 세워져있던 고대의 성자석상을 그 샘에 고인 샘물에 담가 둔다.[442]

프랑스 파리에서 발행된 《뉴욕헤럴드New York Herald》(1929년 8월 18일자)에는 중국의 어느 성省을 엄습하여 농작물들을 위태롭게 만든 가뭄을 보도하는 기사도 실렸다. 비가 거의 내리지 않은 그 성의 벼들이 말라죽어가면서 기근이 시작되었다. 그러자 쌀을 거래하는 자신들의 사업마저 위태로워질 수 있다고 판단한 미곡거래업자들의 후원을 받은 농민들은 운우신雲雨神과 수확신收穫神에게 비를 기원하는 대규모 기우제를 지내기로 계획했다. 그 성의 당국자들은 기우제를 현대 중국의 계몽정책에 어긋나는 미신적 관례로 치부하여 허가하지 않았다. 그러나 달포가 지나도록 기우제를 불허하던 당국자들도 점점 더 심각해지는 기근 때문에 허가할 수밖에 없었고, 마침내 기우제가 대규모로 거행되었다. 그렇게 기우제가 거행된 다음날에 신기하게도 비가 내렸고, 농민들은 당연하게도 운우신이 그들의 기우제를 받아들였기 때문에 비를 내려주었다고 생각했다. 성내省內 주민들은 운우신에게 고마워하는 심정을 표현하느라 운우신상雲雨神像을 떠받들고 성내의 길거리들을 누비고 다녔다.

현대의 반쯤 문명화된 인간들뿐 아니라 고대인들도 특정한 암석이나 석상을 물에 접촉시키면 비를 내리게 할 수 있다고 믿었다.[443]

---

442 프레이저, 『주술기법The Magic Art』, p. 307.

443 암석과 관련된 기우제는 다음과 같은 고대문헌들에서도 언급된다. 페스투스,「기우제Aquaelicium」, 앞 책(카를 오트프리트 뮐러 편찬, p. 2); 「영험한 돌Manalem lapidem」, 앞 책(p. 128); 테르툴리아누스, 앞 책 XL; 『단식론斷食論(De leiunio)』 XVI; 세르비우스 호노라투스, 『"베르길리우스의 『아이네이스』" 해설』 III. 175; 마르쿠스 테렌티우스 바로, 『라틴어』 VI. 94; 리비우스, 앞 책 I. 20, 7; 오비디우스, 앞 책 III. 327-328; 아르노비우스Arnobius(?~330

로마의 성벽 바깥 마스르 신전의 부근에 놓여있던, 내부공동內部空洞을 가진 운석隕石으로 추정되는, 암석은 "물 흘리는 돌(라피스 마날리스lapis manalis)"로 지칭되었다. 부족한 강우량 때문에 농작물들이 피해를 입기 시작하면, 대사제들은 집정관들 및 릭토르lictor(집정관부하)들과 협력하여 그 암석을 끌고 로마 시내로 들어가서 아벤티누스Aventinus(아벤티노Aventino) 언덕의 유피테르 엘리키우스Jupiter Elicius(강우신降雨神 유피테르) 제단 앞에 갖다놓았다.

그곳에서 그들은 그 암석에 물을 부어 흠뻑 적시든지, 아니면, 일반적으로 믿기듯이, 그 암석의 내부가 텅 빈 공동이었다면, 그 공동에 물을 넘치도록 부어넣는 의례를 거행했다. 이것은 공감주술로써 하늘에 호소하여 폭우를 내리게 하려는 주술의례의 일종이었다. 오비디우스는 천신天神 유피테르의 지상강림地上降臨을 기원하는 주문을 영송하는 피쿠스[444]와 파우누스를 묘사하면서 기우제의 주술적 본성을 암시했다.[445] 페트로니우스는 머리카락을 늘어뜨린 여자들이 맨발로 카피톨리움에 올라가서 유피테르에게 비를 내려달라고 기원하는 장면을 묘사했다. 유피테르는 그녀들의 기원에 응답했고, 그녀들은 빗물에 흠뻑 젖어서 귀가했다.[446] 페트로니우스의 풍자소설 『사튀리콘』의 대부분은 이탈리아 남부지역을 배경으로 삼아 전개되기 때문에 이 소설 속에서 그리스 식 기우제가 감행될 수 있었을 것이다. 이 기우제에 사용된 "물 흘리는 돌"은 똑같은 명칭을 가진 암석 — 페스투스가 기록했듯이, 지하세계의 입구[447]로 믿기던 암석 — 과 혼동되

경: 기독교옹호론자), 『페이건들을 반대하여Adversus nationes』 V. I; 플루타르코스, 『누마 폼필리우스』 XV; 자연철학자 플리니우스, 『자연역사』 II. 140, XXVIII. 14.

444 【Picus: 로마 신화에 나오는 사투르누스의 아들이자 제1대 라티움 왕.】

445 오비디우스, 앞 책 III. 324-325. "아주 단순한 주술도 하늘에서 유피테르를, 즉, 비를 내리게 할 수 있다"는 문장도 주목될 만하다.

446 『사튀리콘』 XLIV.

447 페스투스, 「영험한 돌」, 앞 책.

지 말아야 할 것이다. 테르툴리아누스는 틀림없이 이런 기우제와 똑같거나 비슷한 의례를 염두에 두고 다음과 같이 기록했을 것이다.

> 하늘이 마비되어 비를 내리지 못하는 해에는 맨발보행을 지시하는 명령이 포고된다. 집정관들은 관복을 벗어두고 평상복을 입으며, 속간束桿을 거꾸로 휴대하고, 비를 내려달라고 하늘에 기도하며, 제물을 바치는 희생의례를 거행한다.[448]

이렇듯 가물 때 로마의 집정관들이 관복을 벗어두고 릭토르들이 속간을 거꾸로 휴대했다는 사실에서 '기우제의 영역은 공인된 종교의 영역 바깥에 — 주술의 영역 안쪽에 — 있다고 믿겼다'는 결론이 도출된다.

이런 기우제(아콰엘리키움aquaelicium)에서는 강우를 기원하는 언행뿐 아니라 여자들의 맨발보행과 머리카락을 늘어뜨리는 행위도 주술의 영역에 속한다. 우리는 이 연구서의 제2장과 제3장에서 터부를 다루며 여자들의 이런 행위들을 이미 살펴봤다. 고대 로마에서 최초로 주목받은 암석은 유피테르 엘리키우스를 재현한 것이 아니라 하늘을 재현한 것이 틀림없다. 고대 그리스에도 하늘을 재현하는 데 사용된 암석이 드물지 않았다. 고대 그리스 천문학자들은 돌멩이를 — 돌기둥머리에 얹어서 보이는 식으로 천체를 비유하는 데 — 사용했다. 대체로 직사각형 초석礎石에 타원형 상석上石이 얹힌 형태를 띠던 에트루리아의 경계석도 하늘을 재현했을 것이라고 추정된다. 게다가 원시적 생각습관에 얽매인 고대인들은 하늘에서 낙하한 운석들도 하늘의 뜻을 알리는 징조들이라고 생각했을 것이다. 연상법칙을 사실들에 부정확하게 적용했을 원시적 생각습관 때문에

448 테르툴리아누스, 『단식론』 XVI.

그런 운석들은 기우제에서도 아주 쉽게 이용될 수 있었을 것이다.

매년 3월 16일과 17일에는 종교인들이 로마 시내의 '아르게이'로 총칭된 신당 27군데를 순회하는 엄숙한 행진의례를 거행했다.[449] 그동안 신당들에서는 결박된 남자들을 닮은 꼭두각시인형들이 골풀(등심초燈心草)로써 제작되었다. 신당들과 똑같이 아르게이로 총칭된 그 골풀인형들은 대사제들과 장군(집정관)들이 그것들을 테베레강의 수블리키우스 다리로 운반하는 의례를 거행한 5월 14일 또는 15일까지 신당들에 보관되었다. 그 다리 위에서 대기하던 베스타의 처녀사제들은 골풀인형들을 인계받아 테베레강에 던졌다. 그러면 장군들과 유피테르의 사제의 아내가 강에 떠 있는 골풀인형들을 애도했다. 오비디우스는 자신의 생존기간에 아르게이 투강의례投江儀禮가 유행한 몇 가지 이유를 다음과 같이 설명한다.

> 상고시대에는 남자 두 명이 희생되어 파종신播種神 사투르누스에게 바쳐질 인간제물로서 테베레강에 던져졌다. 그러던 어느 날 이탈리아를 지나가던 헤라클레스가 인간제물들을 골풀꼭두각시인형들로 대체시켰고, 그때부터 꼭두각시인형들을 강에 던지는 의례가 시작되었다.

한편 고대 로마의 60세 미만 남자들이 투표권을 독점하려고 60세 이상 모든 노령남자를 특정한 다리들로 끌고가서 하천에 던져버렸다는 일화도 아르게이 투강의례의 유래를 암시한다. 이 특정한 다리들은 — 페스투스가 기록한 똑같은 일화[450]에서도 우리가 확인하듯이 — 로마인들이 투

449 신당순회행진의례가 언급된 고대문헌들은 다음과 같다. 디오니시오스 알리카르나세우스, 앞 책 I. 37, 3; 오비디우스, 앞 책 III. 791-792, V. 621-622; 마르쿠스 테렌티우스 바로, 『라틴어』 V. 45-54, VII. 44; 플루타르코스, 『로마문답서』 XXXII; 페스투스, 「60번 째Sexagenarios」, 앞 책(카를 오트프리트 뮐러 편찬, p. 334). 현대 학자들의 견해들을 가장 탁월하게 종합한 의견은 프레이저, 『오비디우스의 "종교축제일들"』 V. 621-622에서 발견된다.

450 페스투스, 앞 책.

표하러 가면서 건넜다고 알려진 마르스 평야의 하천 교량들이었으리라고 추정된다. 물론 우리는 이 일화를 아무리 면밀히 검토하더라도 마르스 평야의 하천 교량들이 아닌 테베레강의 다리에서 거행된 아르게이 투강의례의 유래를 설명하지는 못할 것이다. 이 의례의 유래를 암시하는 다음과 같은 전설도 전해진다.

> 이탈리아에 정착한 헤라클레스 추종자들(아르기비Argivi)은 자신들의 지도자와 함께 더욱 멀리 가는 여행을 거부했다. 그런데 그들 중 한 명은 죽기 전에 고향으로 돌아가고픈 열망에 사로잡혀 자신의 시체를 고향해변으로 운반해줄 테베레강에 던져달라고 유언했다. 그의 유산을 상속받은 노예는 주인의 유언을 집행하지 않고 주인의 시체를 대신할 밀짚꼭두각시인형을 테베레강에 던졌다.

고대 로마에서도 아르게이 투강의례의 유래가 설명되었는데, 현대에는 그런 설명을 되살리려는 노력이 시도되었다.[451] 그리하여 제시된 설명은 다음과 같다.

> 수블리키우스 다리가 완공될 때까지 어떻게든 위무되어야 하던 강신江神에게 바쳐질 제물로서 희생된 노령남자들이 테베레강에 내던져지던 시대의 잔재가 바로 인간제물을 대신하여 테베레강에 내던져진 꼭두각시인형들이었다.

파울러는 아르게이 투강의례가 강우와 농작물의 대풍을 기원하던 공감

451 비소바, 『로마의 종교와 문화』, p. 421.

주술의례의 일종이었다고 확신한다.[452] 우리는 파울러의 이런 확신을 결론으로 삼을 수 있다. 왜냐면 아르게이 투강의례를 다양한 인간종족들의 다른 주술의례들과 비교한 연구도 이런 결론을 보강해주기 때문이다.

아르게이 투강의례는 주술요소들을 선연하게 드러냈다. 왜냐면 남자들을 닮도록 제작된 밀짚꼭두각시인형들을 사용한 주술의례에서 그 인형들은 그것들로 재현된 남자들과 똑같다고 믿겼기 때문이다. 특히 그런 주술의례가 인간희생의례에서 유래했든 아니든 상관없이 그렇다고 믿겼다. 또한 만약 밀짚이 "곡물정령穀物精靈"으로 지칭될 만큼[453] 대지의 산물들을 대표한다고 믿겼다면, 강물에 흠뻑 젖은 밀짚꼭두각시인형들은, 마치 물에 흠뻑 젖으면 하늘에서 폭우를 내리게 하는 효험을 발휘한다고 믿긴 "물 흘리는 돌"처럼, 강우효력을 충분히 발휘할 수 있다고 믿겼을 것이다. 이렇게 추정하는 견해를 보강해주는 것은 베스타의 처녀사제들이 아르게이 투강의례에서 맡았던 두드러진 역할이다. 왜냐면 이 의례에서 그녀들은 농작물들이나 가축들의 다산을 기원하는 의례들과 관련된 모든 공무를 담당했을 뿐만 아니라, 우리가 알다시피, 주술위력들의 보유자들로도 인지되었기 때문이다.

고대 로마에서는 매년 4월 25일에 곰팡이정령精靈 로비구스Robigus 위무축제(로비갈리아Robigalia)가 개최되었다.[454] 그날 아침에는 젖먹이강아지 한 마리와 어린양 한 마리가 로마 시내에서 도살되었다. 오후에는 마르스의 사제가, 흰옷을 입은 마르스 숭배자들의 시중을 받으며, 로마에서 시작

---

452 파울러, 앞 책, pp. 116-121.

453 허버트 제닝스 로즈, 『이탈리아의 원시문화』, pp. 103-104 참조.

454 이 축제에서 거행된 의례는 다음과 같은 문헌들에서 다뤄졌다. 마르쿠스 테렌티우스 바로, 『농업Res Rusticae』 I. 1, 6; 『라틴어』 VI. 16; 오비디우스, 앞 책 IV. 901-942; 세르비우스 호노라투스, 『"베르길리우스의 『농경시』" 해설』 I. 151; 콜루멜라, 『농업』 X. 342; 테르툴리아누스, 『구경꺼리들De Spectaculis』 XV; 락탄티우스, 앞 책 I. 20, 17; 페스투스, 「꼭두각시들Catularia」, 앞 책(카를 오트프리트 뮐러 편찬, p. 45), 「로비갈리아Robigalia」, 앞 책(p. 267) ; 자연철학자 플리니우스, 『자연역사』 XVIII. 14; 헤르만 데사우, 『라틴금석문집』 I, pp. 231, 316.

하는 클라우디아 아우구스타 가도Via Claudia Augusta의 다섯째 이정표 부근에 위치한 로비구스 숲으로 강아지와 어린양의 내장과 피를 운반했다. 그곳에서 마르스의 사제와 숭배자들은 두 동물의 내장과 피를 순수한 포도주와 제향祭香과 함께 제단에 올려놓고 불태워 신에게 바치는 번제燔祭를 거행하면서 로비구스에게는 농작물을 어여삐 여겨 병충해를 막아달라고 기도했다.

그날 로마의 소년들과 성년남자들은 경보대회에 참가했다. 이 대목에서 우리는 이른바 '강아지들의 관문' 부근에서 거행된 붉은색계통의 강아지들을 희생시킨 의례에 관한 기록을 상기할 수 있다. 만약 그 희생의례가 거행되지 않았다면 강아지들의 관문은 전혀 알려지지 않았을 것이다. 강아지들의 내장을 사용한 점술의례의 일종이던 그 의례의 기원은 로비갈리아의 기원과 전혀 달랐을 수 있다. 그러나 역사시대에는 강아지내장점술의례가 로비갈리아와 동일시되었다. 유감주술을 예증하는 그 점술의례에서 희생된 붉은 강아지들은 붉은 곰팡이들을 퇴치하든지 아니면 차라리 농작물들을 건강하게 여물게 한다고 믿겼을 것이다.

어느 날 라티움의 도시 노멘툼Nomentum(멘타나Mentana)에 들렀다가 로마로 돌아가던 오비디우스는 로비갈리아의 일환으로 거행되던 희생의례를 목격하고 의례집전사제에게 의례의 목적을 물어봤다. 그 사제는 개의 별Dog Star(큰개자리Canis Major의 항성 시리우스Sirius)의 파괴적 열기를 물리치려고 의례를 거행한다고 대답했다. 그래서 오비디우스는 다음과 같이 기록했다. "이 개는 하늘의 별개[星犬]를 대신하여 희생된 제물로서 제단에 봉헌되는데, 그러면 별은 단순히 개로 호칭되기만 해도 충분히 죽을 수 있다."[455] 이 진술의 의미는 분명하다. 왜냐면 이 진술은 '붉은 개를 희

455 오비디우스, 앞 책 IV. 941-942.

생시킨 의례를 집전한 사제의 심리'와 '우리가 아는 원시적 주술의례에서 제물을 바친 사제의 심리'가 동일하다는 사실을 뚜렷이 증명하기 때문이다. 요컨대, 별이 "개"로 호칭되므로, 희생된 개는 '별과 그것의 열기'를 퇴치할 것이라고 믿겼을 텐데, 이런 믿음은 바로 유감주술이 실행되는 과정에서 생겨난다.

곰팡이정령 로비구스는 변모한 마르스로 믿긴 듯이 보인다. 테르툴리아누스는 로비구스와 마르스의 친연관계를 설명하면서 누마 폼필리우스가 마르스와 로비구스를 기념하는 체전을 제정했다고 기록했다.[456]

매년 4월 15일에는 고대 로마인들의 가장 오래된 의례들 중 하나인 임신암소축제(포르디키아디아Fordicidia)가 거행되었다.[457] 역사시대로 접어든 이후의 4월 15일에는 대사제들이 (프로다이fordae 또는 호르다이hordae로 총칭된) 임신암소들을 희생시켜 대지에 봉헌하는 제물로 삼았다. 그런 암소들 중 몇 마리는 카피톨리움에서 도살되어 국가에 바쳐졌고, 나머지 30마리는 로마의 쿠리아curia(공회당) 30군데에 한 마리씩 분배되어 도살되었다. 고대 로마인들은 임신암소희생의례를 거행하면 농작물들을 풍부하게 생산할 수 있다고 믿었다. 오비디우스는 다음과 같이 기록했다. "지금 많은 암소가 임신했고 대지는 많은 씨앗을 품는다. 임신암소들의 충분한 희생은 대지를 풍만하게 만든다."[458] 그래서 고대 로마에서는 암소들이 번식력을 보유했으므로 희생되어 대지에 봉헌되면 암소들의 번식력도 대지에 전달된다고 단순하게 믿겼다. 임신암소희생의례의 저변에서 작용한

---

456 테르툴리아누스, 『구경꺼리들』 V.

457 이 축제에서 거행된 의례는 다음과 같은 문헌들에서 발견된다. 페스투스, 「호르다Horda(임신암소)」, 앞 책(카를 오트프리트 뮐러 편찬, p. 102); 마르쿠스 테렌티우스 바로, 『농업』 II. 5, 6-7; 『라틴어』 VI. 15; 요안네스 뤼두스Lydus(6세기경: 비잔티움 행정관 겸 역사기록자), 『페이건 축제들의 역사De Mensibus』 IV. 49, 72; 오비디우스, 앞 책 IV. 629-672, 731-740.

458 오비디우스, 앞 책 IV. 633-634.

주술요소도 이런 단순한 믿음이었다.

이런 주술요소를 함유한 희생의례의 가장 흥미로운 절차는 임신암소들의 자궁을 절개하여 송아지들을 끄집어내는 절차였는데, 최고령 베스타의 처녀사제가 그 절차를 감독했다. 그녀는 임신암소들의 자궁에서 적출된 송아지들을 불태웠고, 그렇게 희생된 송아지들의 유골은 팔레스 기념축제가 거행되는 4월 21일까지 보관되었다. 그 유골은 10월 이데스에 제물용으로 희생된 시월마十月馬로 알려진 말의 피에 유황과 함께 혼합되었고, 그 혼합물의 일부는 콩대들을 태우는 모닥불에 던져졌으며, 남자와 가축이 그 모닥불을 뛰어넘었다. 이 희생의례는 남자와 가축과 농작물에 해로운 영향을 물리치고 다산을 기원하는 정화의례의 일종이었다. 베스타의 처녀사제들은 수피멘suffimen으로 총칭된 그 혼합물의 일부를 베스타 제단에 뿌리면서 다산을 기원하는 주문을 읊었다. 임신암소들의 자궁에서 적출되어 불태워진 송아지들의 유골은 수피멘을 사용하는 남자들과 여자들에게 원기활력을 공급해준다고 믿겼다.[459] 우리는 이 연구서의 제5장에서 이 희생의례의 다른 주술요소들 — 뛰어넘기, 모닥불 — 을 살펴볼 것이다.

4월 19일에 열린 케레스 기념축제(케레알리아Cerealia)에서는 횃불을 하나씩 등에 매단 여우들을 로마의 막시무스 이륜전차경기장Circus Maximus에 풀어놓는 의례가 거행되었다. 오비디우스는 이탈리아 중부의 소도시 카르세올리Carseoli(카르시올리Carsioli/카르솔리Carsoli)에 살던 친구한테서 들은 다음과 같은 일화를 근거로 이 의례의 유래를 설명했다.[460]

459 요안네스 뤼두스, 『페이건 축제들의 역사』 IV. 72.
460 오비디우스, 앞 책 IV. 681-712.

어느 소년이 아버지의 농장에서 사육되는 닭들을 잡아채가던 암컷여우 한 마리를 포획했다. 그 소년은 그 여우를 징벌하려고 밀짚과 건초로 돌돌 말아서 불태웠다. 기겁하여 필사적으로 도망치던 여우의 털에 붙어있던 불길이 농작물들로 순식간에 옮겨 붙어 번지면서 농작물들을 모조리 불태워버렸다.

그런데 여우를 풀어놓는 이런 의례가 학자들을 꽤 난처하게 만들어서 그랬는지 이 의례의 유래를 설명하려는 다양한 학설이 제시되어왔다. 최신학설은 프레이저가 제시한 것이다. 그는 여우를 불태운 의례는 "농장에 접근하지도 침입하지도 말라고 다른 여우들한테 무섭게 경고하려는 의도의 발로였다"고 믿는다.[461] 이 의례의 유래도 익숙한 유사성원리로써 설명될 수 있는 것이 틀림없다. 여우는 붉기 때문에 붉은 여우들을 물리칠 뿐 아니라 실제로 붉은 것, 예컨대, 붉은 곰팡이와 불을 물리친다고 믿겼다. 늑대꼬리에 매달린 횃불들은 건기乾期에 농작물들과 가축들을 위협할 수 있는 붉은 불티들을 막는 데 일조한다고 믿긴다.

우리가 주술행위들의 저변에서 작동하는 일반원리들을 설명하고 해명할 수 있다면 로마 종교의례들에서 체현된 듯이 보이는 주술행위들을 더 깊게 탐구할 수 있을 것이다.

461 프레이저, 앞 책 Vol. III, p. 331; 허버트 제닝스 로즈, 『이탈리아 원시문화』, pp. 50-51 참조.

제5장

해악퇴치용 주술행위들

고대 로마의 종교행사에서 실행된 주술행위들의 목적은 세 가지였다. 첫째 목적은 종교적으로 위험한 부정적 마나를 보유했거나 터부시된 사람들 및 사물들의 유해한 접촉효과들을 제거하는 것이었다. 둘째 목적은 개인에게 아직 해롭지는 않되 실제로나 잠재적으로는 해로운 악영향들을 제거하는 것이었다. 셋째 목적은 위험시되거나 터부시되는 개인을 적절하게 타격하여 그런 개인에게 '타격자나 타격도구의 어떤 속성'을 전달하는 것이었다. 대개는 동일한 주술행위가 두 번씩 반복적으로 실행되었다. 왜냐면 그래야만 악惡(액운)을 막는 동시에 선善(길운)을 불러들일 수 있기 때문이었다.

부정적 마나를 보유했거나 터부시될 수 있다고 경험적으로 알려진 타인이나 사물을 불가피하게 접촉해야만 했던 개인은 그런 타인이나 사물을 접촉하다가 감염될 수 있었을 악영향들을 제거하는 다양한 방법을 사용할 수 있다. 그런 방법들 중에도 희생의례는 고등종교들에서마저 필요하다고 생각되는 경우가 드물지 않다. 예컨대, 고대 로마에서 첩실妾室은 유노 신전에는 얼씬하지도 말아야 했을 것이다. 이런 금기와 관련하여 누마 폼필리우스가 제정했다고 추정되는 로마의 오래된 어느 법률에는 다음과 같은 조항도 포함되었다.

> 첩실은 유노 신전에 손도 대지 말아야 한다. 만약 그녀가 유노 신전에 들어가려면, 그녀의 머리카락을 늘어뜨려야 하고, 암양 한 마리를 죽여서 유노에게 바쳐야 한다.[462]

또한 아르발 형제단의 거룩한 숲에서는 조각용 철제도구가 일절 용납되지 않았다. 그래서 아르발 형제단의 사제들은 철제도구들을 그 숲으로 반입하기 전에 돼지 한 마리와 어린양 한 마리를 제물로 삼는 속죄희생의례를 거행했고, 그 숲에서 철제도구들을 반출한 다음에도 속죄희생의례를 다시 거행했다.[463] 더구나 종교적으로 위험시된 사람이 종교의례가 거행될 장소를 오염시켰다고 판단되면, 그곳에서 이미 거행된 종교의례도 다시 한 번 더 거행되어야만 했다. 그래서 우리가 앞에서도 예시했듯이, 서기전491년에 로마에서는 체전이 두 번이나 거행되어야 했다. 왜냐면 체전이 개최된 날의 아침에 체전이 개최될 경기장에서 어느 시민이 반항적인 노예 한 명을 이리저리 끌고 다니며 징치했기 때문이다.[464]

터부시되는 대상들의 해로운 접촉효과들을 제거하려는 주술행위들에서 가장 흔하게 사용된 정화도구들은 로마인들 사이에서 '페브루아'로 총칭되었다.[465] 예컨대, 물, 불, 모직물, 희생동물가죽, 월계나무, 소나무, 밀

462 아울루스 겔리우스, 앞 책 IV. 3, 3.
463 빌헬름 헨첸, 『아르발 형제단 의례집』, pp. 128-135.
464 리비우스, 앞 책 II. 36, 1.
465 마르쿠스 테렌티우스 바로, 『라틴어』 VI. 13, 34 참조; 오비디우스, 앞 책 II. 1936; 프레이저, 앞 책 참조; 페브루아의 단수형낱말 페브룸februum은 원래 사빈족의 낱말이었다. 마르쿠스 테렌티우스 바로, 앞 책 참조.

알, 소금, 유황처럼 로마인들의 몸을 청결하게 만들어줄 수 있는 모든 재료가 페브루아였다. 그들은 이런 페브루아를 사용하면 육체적 해악들뿐 아니라 정신적 해악들마저 씻어버리거나 불태워버릴 수 있다고 믿었다. 게다가 그들은 페브루아로 총칭된 정화도구들의 재료들도 접촉의 유해효과들을 제거할 수 있는 영능을 지녔다고 믿었다. 그러나 거의 모든 정화의례에서는 정화되어야 할 사람이나 사물을 접촉하는 정화행위자를 돕는 주문이 영송되었고 조력행위가 실행되었다. 그런데 접촉의 해악들을 막을 수 있는 위력을 보유한 정화행위자도 신비한 자질(마나)을 보유한다고 믿겼다. 나뭇가지, 지팡이, 빗자루처럼 기다란 작대기들을 사용한 정화행위는 액운을 막으려는 원초적 행위였다.

이런 정화도구들(페브루아)은 호신부적들 및 행운부적들과 구별되어야 한다. 페브루아는, 우리가 앞에서 지적했듯이, 주문의 도움을 받는 정화의례에서 사용되고, 페브루아의 재료들은 주술의례의 기본요소로서 사용된다. 그러나 호신부적들이나 행운부적들은 주술의례와 무관하다. 요컨대, 부적의 효력은 수동적인 것이다. 그래서 호신부적은 타고난 마나로써 액운을 막고, 행운부적은 타고난 마나로써 행운을 불러들인다. 그러나 동일한 재료가 사용목적별로 페브루아 아니면 행운부적 아니면 호신부적으로도 사용될 수 있다는 사실은 반드시 기억되어야 한다. 그러므로 고대 로마에서 터부시된 사람들 또는 사물들의 유해한 접촉효과를 제거하려는 정화도구의 재료는 페브룸februum(페브루아의 단수형)이었다. 그리고 주술행위와 무관하게 사용된 해악퇴치도구의 재료는 호신부적이었고, 행운을 불러들인다고 믿긴 재료는 행운부적이었다. 예컨대, 루페르칼 기념축제의 희생의례에서 젊은 사제들의 이마에 묻은 피를 닦는 데 쓰인 모직물은 정화도구였으므로 페브룸이었다. 그런 모직물은 정규적인 종교행사에 주술행위를 연루시켰다. 그러나 사제의복의 재료로도 사용되었고 제물덮개의 재료로도 사용된 모직물은 호신부적이거나 행운부적일 수 있다. 왜냐면 주술행위도구로 사용되지 않는 모직물도 타고난 마나로써 액운을 막고 행운을 불러들인다고 믿겼기 때문이다. 특히 고대 로마의 소년이 착용한 교황인教皇印(불라bulla)은 '호신부적-행운부적'이었다. 왜냐면 교황인은 처음에는 액운을 막는다고 믿겼지만 나중에는 행운을 불러들인다고도 믿겼기 때문이다.

고대 로마 종교의례들에 사용된 정화도구들의 대부분은 주술의례들에도 사용되었다. 주술의례는 주로 개인에게 치중되었다. 그래서 주술의례도구가 문제시되거나 심지어 불길하게 간주된 경우도 드물지 않았다. 그런 반면에 종교의례들은 공공복리에 치중되었다. 그래서 종교의례도구는 대체로 행운을 부른다고 믿겼다.

그러면 이제 우리는 다양한 정화의례도구들이 사용된 로마의 축제 — 팔레스 기념축제[466] — 를 살펴볼 채비를 갖춘 셈이다. 이 축제의 첫날에 로마 도시가 완공되었다고 전설傳說되는 만큼 이 축제는 로마 도시가 건설되기 전부터 거행되었을 것이 틀림없다.[467] 그날에 신성시된 팔레스는 고대 이탈리아의 목축신이다. 불확실한 성별性別을 가진 이 목축신은 4월21일에 시골뿐 아니라 도시에서도 숭배되었다. 이 축제에 참가한 오비디우스는 정화의례용으로 불태워진 송아지들의 유골과 콩대들을 양손에 받아들어 운반했고, 축제현장의 땅바닥에 피워진 향불들을 뛰어넘었으며, 월계수나뭇가지에 묻어 흩뿌려지는 물방울들을 맞았다. 이 축제에서는 제

466 이 축제는 특히 다음과 같은 문헌들에서 다뤄졌다. 티불루스, 앞 책 II. 5, 87-106; 프로페르티우스, 앞 책 V. 4, 73-78; 오비디우스, 앞 책 IV. 721-782; 프레이저, 앞 책 IV. 721-782 참조.

467 오비디우스, 앞 책 IV. 807-820; 플루타르코스, 『로물루스』 XII. 1.

이카로스*의 형상이 부조된 에트루리아의 교황인(서기전5세기경)

* 【고대 그리스 크레타Crete 섬의 왕위에 올랐지만 정통성을 의심받던 미노스Minos는 자신이 신들로부터 정통성을 부여받았다는 사실을 증명하려고 해신 포세이돈Poseidon에게 제사를 지내며 다음과 같이 기도했다. "황소 한 마리를 땅에서 솟아나게 해주시면, 제가 그 황소를 잡아서 제물로 바치겠나이다." 포세이돈은 미노스의 기도를 들어주었지만, 미노스는 그 황소를 자신의 가축으로 삼고 다른 황소를 포세이돈에게 제물로 바쳤다. 분노한 포세이돈은 그 황소를 미노스 왕의 방목장에서 탈출시켜 야생동물로 만들었고, 미노스의 아내 파시파에Pasiphae에게는 그 황소와 교접하려는 성욕性慾에 시달리도록 저주를 걸었다. 그 황소와 성교해야만 저주를 풀 수 있던 그녀는 아테네의 뛰어난 수공예자 다이달로스를 불러서 묘책을 상의했다. '사람 한 명을 수용할 만한 내부공간'과 '진짜 암소처럼 보이게 하얀 암소의 가죽으로 마감한 외모'를 겸비한 바퀴달린 목제木製암소를 만들어 황소의 눈에 잘 띠는 목초지에 갖다놓은 다이달로스는 파시파에게 목제암소의 내부공간에 들어가서 기다리라고 청했다. 그러자 황소는 목제암소를 진짜 암소로 착각하여 덮쳤고, 파시파에의 성욕은 잦아들었다. 그리고 그녀가 낳은 아들 아스테리온Asterion(아스테리오스Asterios)은 인간의 몸과 황소의 머리를 가져서 미노타우로스Minotauros로 불린 반인반수였다. 미노스는 몇 가지 신탁信託(신의神意)을 준행遵行하여 다이달로스를 시켜서 만든 미궁Labyrinth에 미노타우로스를 가둬두고 보호했다[아폴로도로스Apollorodprus(1세기경 또는 2세기경),『신화집Bibliotheca』 제3권 제1장 제2~4절; 프레이저 역주譯註,『아폴로도로스 신화집Apollodorus: The Library』(London : W. Heinemann, 1921), pp. 303~305 참조]. 그때부터 미노스는 매년 아테네의 총각과 처녀 7명씩을 무작위로 차출하여 미궁에 집어넣어 미노타우로스에게 먹였다. 그러자 분노하여 미궁으로 들어가서 미노타우로스를 죽인 아테네의 영웅 테세우스Theseus는 애인 아리아드네Ariadne의 실을 따라 무사히 탈출했다. 그런데 아리아드네에게 미궁탈출방법을 알려준 밀고자가 바로 다이달로스라는 사실을 알아버린 미노스는 다이달로스를 (다이달로스와 사통한 미노스의 시녀가 낳은 아들) 이카로스Ikaros(이카루스Icarus)와 함께 미궁에 가둬버렸다. 그곳에서 다이달로스는 밀랍으로 만든 날개 한 쌍씩을 자신과 아들의 등에 부착하고 미궁을 탈출했지만, "너무 높게 날아오르지 말라"는 다이달로스의 경고를 무시한 이카로스는 높게 날아오르다가 결국 바다에 추락했고, 다이달로스만 무사히 시칠리아 섬에 안착했다[아폴로도로스,「요약Epitome」, 앞 책 제1장 제12~13절; 프레이저 역주, 앞 책, pp. 139~141 참조].】

물용 동물의 도살은 금지되었다.[468] 그러나 지난해 10월 15일에 희생된 '시월마'로 유명한 말의 꼬릿피[馬尾血]와 머릿피[馬頭血]가 유황, 콩대들, 올해 4월 15일에 임신암소축제(포르디키디아)에서 희생된 임신암소들의 자궁에서 적출되어 불태워진 송아지들의 유골과 함께 혼합되었다. 이 혼합물은 팔레스 기념축제에서 다산기원용多産祈願用 부적들로서 살포되었다.

팔레스 기념축제일의 아침에 양치기들은 각자의 가축우리를 비질하여 청소하고 양들에게도 가축우리에도 정화수淨化水를 뿌렸다. 그리고 양치기들은 각자의 가축우리를 월계수나뭇가지들로 장식했고 양들을 유황으로 소독했다. 그동안 농가農家들의 화롯불에는 수컷올리브나뭇가지들, 소나무장작, 사비나향나뭇가지들이 투입되었으리라고 추정된다. 이 화목火木들이 화롯불 속에서 딱딱 소리를 내면서 균열되면 길조吉兆로 해석되었다. 농가 근처에 서있던 팔레스 목제신상木製神像에는 기장[糯黍], 기장과자들, 우유가 담긴 바구니들이 봉헌되었고, 어쩌면 그 신상에는 우유가 뿌려졌을 것이다. 그리고 양치기들은 잔치에 참가했다. 그 잔치에는 신神 팔레스도 참가한다고 믿겼다. 양치기들은 잔치음식을 먹기 전에 팔레스에게 '악영향들 — 늑대들, 질병, 굶주림 — 을 물리치고 선영향善影響들 — 인간에게도 가축들에게도 필요한 물, 음식, 건강 — 을 불러들여주시라'고 기도했다. 정확히 동쪽을 향해서 네 번 반복하여 기도한 양치기들은 신선한 이슬로 자신들의 손을 닦아서 정화했다. 잔치의 참가자들은 걸쭉하게 졸여진 포도주에 우유를 혼합한 음료를 마셨다. 그런 다음에는 농장주, 그의 일가친척, 그의 자녀들이 마당에 피워진 밀짚모닥불들을 뛰어넘었다. 그들은 모닥불을 뛰어넘는 의례가 여자들의 출산력을 증강해준다고 믿었다. 팔레스 숭배의례의 집전자들은 잔치음식을 먹고 마시면서 목초지를

468 플루타르코스, 앞 책; 솔리누스, 앞 책 I. 19.

뛰어다녔다.

팔레스 기념축제에서는 오비디우스가 페브루아로 총칭한 다양한 정화도구들이 사용되었다. 물은 정화의례에 사용되고, 불은 악영향들을 불태워 없애려는 의례에 사용된다. 유황은 가축들과 사람들을 소독하는 기운을 내뿜도록 불태워진다. 가축우리들을 비질하는 청소의례도 실행되었다. 이런 청소의례에도 정화도구들에도 정령을 정화하려는 의도 같은 것이 결부되었을 것이다. 우리는 이제부터 이런 다양한 페브루아의 의미와 주술적 청소의 의미를 조금 더 구체적으로 살펴볼 것이다.

팔레스 기념축제의례들과 유사하거나 거의 동일한 의례들은 오늘날 세계각지에도 잔존한다. 프레이저는 다음과 같이 기록했다.

> 동유럽에서는 근래에까지 [팔레스 기념축제의례들과] 유사한 의례가 많이 실행되어왔고, 요즘에도 어쩌면 파릴리아(팔레스 기념축제)일보다 겨우 이틀밖에 늦지 않은 4월23일에, 즉 게오르기우스[469] 축일에, 양치기들과 목축업자들 사이에서 똑같은 취지에 부응하도록 실행될 텐데, 그런 의례들은 목축업에 종사한 아리아족Arya族들 사이에서 봄마다 실행되던 어느 평범한 축제의례를 계승하는 것들일 가능성도 농후하다. 그런 의례들은 주로 양과 소 같은 가축들을 늑대들과 마녀들한테 잡혀가지 않도록 보호하려는 의도로 계획된 듯이 보인다…….[470]

469 【Georgius(게오르기오스Georgios=세인트조지Saint George: 280~303): 고대 로마 황제 디오클레티아누스 Diocletianus(244~312: 284~305재위)의 친위대에서 근무한 그리스 출신 장교였지만 기독교신앙을 포기하지 않아서 처형된 이후 기독교성인으로 추앙되었다.】

470 프레이저, 앞 책 Vol. III, p. 339.

1. 물과 불을 사용하여 위험한 접촉의 해악들을 퇴치하려는 주술행위들

해로운 신비영능을 보유하는 개인들이나 사물들의 존재를 믿는 모든 인간종족이 그런 개인들이나 사물들의 해로운 접촉효과들을 제거하려고 공통적으로 사용하는 도구들은 물과 불이다. 기묘하게 왜곡하여 생각해 버릇하는 그들은 일상생활에서 가재도구들과 그들의 몸을 물로 깨끗이 씻을 수 있다고 생각하는 만큼 가재도구들과 그들의 몸을 물로 씻으면 이른바 터부시되는 타인들과 사물들의 불길한 감염력마저 깨끗이 씻어낼 수 있다고 믿어버린다.

여기서 우리는 물의 이런 의례적 사용법을 예시하는 일화 몇 건을 살펴볼 참이다. 첫째 일화는 어느 로마인이 위험시한 어느 외지인의 영향력들을 제거하려고 사용한 물의 영능을 예시한다. 어느 날 사빈족 한 명이 여신 디아나에게 제물로 바칠 엄청나게 거대한 암송아지 한 마리를 몰고 디아나 신전에 나타났다. 그런데 일찍이 로마의 점쟁이들은 디아나에게 특별한 암송아지를 제물로 바칠 시민들의 국가가 이탈리아 반도의 최고통치권을 획득하리라고 예언했다. 그때 마침 디아나 신전에서 그 예언을 상기한 로마의 어느 사제가 '그 사빈족 사람 — 외지인이라서 종교적으로 위험시된 사람 — 은, 로마의 예법을 준수하여, 흐르는 냇물에 들어가서 목욕해야 한다'고 주장했다. 그리하여 사빈족 사람이 냇물에서 목욕하는 동안 사제는 암송아지를 도살하여 디아나에게 봉헌했다.[471] 모든 시대에 그랬듯이 그때에도 시체들과 죽음은 위험시되었을 터이므로 그것들을 접촉한 사람은 반드시 정화의례를 치러야 한다고 믿겼을 것이다. 그래서 고대 로마의 장례식에 참가한 사람들은 장례식의 최후절차가 집행되기 전에 각자의 손을 깨끗한 물로 씻어야만 했고 귀가할 때에는 각자에게 깃들었

471 리비우스, 앞 책 I. 45, 4-7.

<키벨레 신상을 운송하는 배를 끌어당기는 클라우디아 퀸타>
이탈리아 작가 조반니 보카치오Giovanni Boccaccio(1313~1375)의 『유명여성들 De Mulieribus Claris』(1374)을 독일 작가 겸 인문학자 하인리히 슈타인회벨Heinrich Steinhöwel(1412~1482)이 번역하여 펴낸 독일어본(1474)에 실린 삽화

을 죽음의 감염력을 제거할 수 있도록 뿌려지는 물방울들을 맞아야 했으며 땅바닥에 피워진 모닥불을 뛰어넘어가야만 했다.[472]

여기서 우리는 아이네야스가 전쟁터에서 자신의 손에 묻혀온 피를 물로 씻기 전에 자신의 가택수호신상들을 손대지 않으려고 했다[473]는 일화도 상기할 수 있다. 다음과 같은 일화도 기억될 만하다. 서기전204년경 대모신 키벨레[474]가 로마의 테베레강변에 당도했고, 그때 처녀사제 클라우디아 퀸타Claudia Quinta가 그 배의 닻줄을 끌어당겨 배를 움직여서 자신의 순결을 증명했는데, 그리하기 전에 그녀는 먼저 자신의 두 손으로 테베레

472 페스투스, 「물과 불」, 앞 책(카를 오트프리트 뮐러 편찬, pp. 2-3).
473 베르길리우스, 『아이네이스』 II. 717-720.
474 【Cybele(퀴벨레Kybele): 고대 아나톨리아Anatolia(현재의 터키)에서 추앙된 대모신.】

강물을 떠서 자신의 머리에 성수聖水를 뿌리듯이 세 번 뿌렸다.[475]

또한 팔레스 기념축제에 참가한 농장주는 물을 땅에 뿌리고 신에게 기도한 다음에 깨끗한 샘물로 자신의 손을 씻었다.[476] 오늘날에도 몇몇 기독교분파의 세례식에서 실행되는 물을 뿌리는 의례가 오래전에 실행되던 침수의례浸水儀禮의 유풍遺風이듯이, 이 일화들에서 공통적으로 발견되는 물을 뿌리는 의례도 더욱 오래전에 실행되던 정화의례의 유풍이었으리라고 추정된다.

물은 주술의례들에서도 널리 사용되었다. 시인 퀸티우스 호라티우스의 제5송가결구頌歌結句Epode에서 마녀 사가나는 아베르누스 호수의 물을 길어서 집에 뿌리는데, 그 집에서 그녀와 다른 두 마녀는 납치한 소년의 골수를 적출하여 주술에 쓰려고 소년을 살해할 준비를 갖춘다.[477]

여기서 우리는 디도가 아르베누스 호수에서 떠온 듯이 보이도록 위장한 물을 화형용 장작더미에 뿌리는 (그리하여 아이네야스를 주술로써 파멸시키려는 체하는) 의례를 거행하는 장면[478]도 상기할 수 있다. 오비디우스가 묘사한 어떤 의례는 갓난아기를 해칠 수 있는 액운들을 쫓아내는 효험을 발휘한고 믿겼는데, 그런 의례를 집전하는 무녀는 어떤 약을 탄 물을 갓난아기의 집 현관에 뿌렸다.[479]

물과 마찬가지로 불도 터부시되는 개인들 및 사물들의 유해한 접촉효과들을 제거하고 정신적 해악과 신체적 해악을 막론한 모든 해악을 퇴치하려는 의례들에 거의 빠짐없이 사용되었다. 그래서 우리가 이미 살펴봤

475 오비디우스, 앞 책 IV. 314-315.
476 앞 책 IV. 736, 778.
477 퀸티우스 호라티우스, 『서정시집』 V. 25-26.
478 베르길리우스, 『아이네이스』 IV. 512.
479 오비디우스, 앞 책 VI. 157. 엠 비 오우글M. B. Ogle 교수, 「그리스와 로마의 종교와 민담에 나타난 가택출입문The House Door in Greek and Roman Religion and Folk Lore」, 《아메리칸 저널 오브 필롤러지American Journal of Philology》 XXXII (1911), pp. 251-271 참조.

듯이, 고대 로마에서 장례식에 참석했다가 귀가하는 사람은 땅바닥에 피워진 모닥불을 뛰어넘으면서 죽음의 감염력을 제거해야만 했는데, 이런 의례는 대체로 "화중보행火中步行(불 속 걷기fire walk)"로 통칭되었다.[480]

4세기말엽의 시인이던 어느 작가는 고대의 로마인들이 외지인을 접촉하면 치르곤 했던 정화의례들을 세밀하게 묘사했다.[481] 그 의례들의 목적은 어떤 사람에 깃든 위험한 접촉해악들을 제거하는 것이었다. 자극적인 유황과 역청으로 제작된 활활 타는 정화용 횃불을 양손에 하나씩 쥐어든 정화의례집전사제는 정화되어야 할 접촉해악들에 감염된 사람의 주위로 횃불들을 빙빙 돌렸다. 그리고 사제는 해악들을 퇴치하는 효험을 지닌 거룩한 물과 풀잎들을 감염자에게 뿌렸다. 그런 다음에 사제는 양손의 횃불들을 자신의 어깨위로 치켜들었다가 남쪽으로 힘차게 내던졌다. 이런 의례절차들은 감염자를 향해 영송되는 모든 주문과 함께 연달아 실행되었다. 아니나 다를까 시인답게도 그 작가는 (알라리크[482]를 접촉한) 도시 로마를 정화되어야 할 육체로 묘사했다. 그런 횃불을 사용한 정화의례는 그 당시에 유행했을 것이 틀림없었을 텐데, 그렇지 않았다면 그 의례는 작가의 관심을 전혀 사로잡지 못했을 것이다.

유황뿐 아니라 다른 가연물질可燃物質들도 정화재료淨化材料들로 사용되었다. 예컨대, 어느 마녀는 티불루스에게 걸린 주술의 해악들을 정화하려고 관솔횃불을 사용했다.[483] 우리가 이미 알다시피, 그런 횃불들은 친정집을 떠나 신혼집으로 가는 새색시를 수행한 소녀들의 손에 들려있었다.[484]

480 페스투스, 앞 책.

481 클라우디우스 클라우디아누스Claudius Claudianus(370경~404경: 고대 이집트 출신 로마 시인), 『호노리우스 아우구스투스 제6편De Sexto Consulatu Honorii Augusti』 324-330.【호노리우스 아우구스투스Honorius Augustus(384~423)는 서로마제국 황제(393~423재위)이다.】

482 【알라리크 1세Alaric I(알라리쿠스Alaricus: 370~410): 410년 로마를 침탈하여 서로마제국의 멸망을 초래한 서고트족Visigoth族 최초의 왕(395~410재위).】

483 티불루스, 앞 책 I. 2. 61.

484 카툴루스Catullus(서기전84경~서기전54경: 고대 로마 시인), 『카툴루스 시집Catullus』 LXI. 15.

어느 날 정화도구들을 구해달라는 부탁을 어느 사제의 아내로부터 받은 오비디우스는 소나뭇가지 한 개를 그녀에게 건네주었다.[485] 주술의례들의 대부분에서는 관솔횃불이 유황과 월계나무와 기타 정화재료들과 함께 사용된다.[486] 월계나무가 사용되는 정화의례에서 월계나뭇가지는 정화되어야 할 사람에게 물을 뿌리는 물뿌리개 같은 도구의 기능을 수행한다.[487]

개선장군의 마차를 따라 로마 시내로 귀환하던 군졸들은 월계나뭇잎들로 장식된 화환을 하나씩 걸쳤는데, 그 화환은 인혈흔적을 지워주고 전사한 적들의 망령들을 쫓아낸다고 믿겼다.[488] 이런 풍습은 월계나무가 부적으로도 사용되었다는 사실을 예시한다. 로마 군대를 따라다닌 선전사제는 신성한 정화용 녹초들 — 근대의 주술의례들에서 공통적으로 사용되는 마편초와 거의 흡사한 풀들 — 을 지참했다.[489] 이런 녹초들의 용법을 예시하는 일화도 전해진다. 제3대 로마 국왕 툴루스 호스틸리우스의 재위기간에 벌어진 로마 군대와 알발롱가 군대의 전쟁이 소모적인 장기전국면에 접어들자 양측 군대는 호라티와 쿠리아티[490]의 생사결투로써 전쟁의 승패를 가리기로 약속하는 군사협정을 체결했다.

그때 군사협정체결의례가 거행된 장소에서 선전사제는 정화용 녹초를 로마 군대의 협상단장(파테르 파트라투스pater patratus)의 머리에 갖다 댔다. 리비우스가 중요시하지 않아서 인용하지 않는 군사협정문은 협정의례의 주술적 성격을 고스란히 간직한 시문詩文으로 작성되었다.[491]

485 오비디우스, 앞 책 II. 27-28.
486 네메시아누스Nemesianus(238년경에 주로 활동한 카르타고 출신 로마 시인), 『네메시아누스 시집Nemesianus』 IV. 62.
487 오비디우스, 앞 책 IV. 728.
488 페스투스, 「월계나무」, 앞 책.
489 세르비우스 호노라투스, 『"베르길리우스의 『아이네이스』" 해설』 XII. 120.
490 【호라티Horatii는 로마 군대를 대표하여 생사결투에 나선 세쌍둥이 호라티우스Horatius 삼형제의 총칭이고, 쿠리아티Curiatii는 알발롱가 군대를 대표한 세쌍둥이 쿠리아티우스Curiatius 삼형제의 총칭이다.】
491 리비우스, 앞 책 I. 24, 4-9.

<호라티의 맹세Le Serment des Horaces(Oath of the Horatii)>
프랑스 화가 자크-루이 다비드Jacques-Louis David(1748~1825)의 1784년작

2. 청소의례와 타격의례

고대 로마의 종교의례들에서 다양한 청소도구들과 타격도구들은 신체적 해악들과 정신적 해악들을 막론한 모든 종류의 해악들을 퇴치하는 데 사용되었다. 고대 로마인들은 이런 해악들을 퇴치하려고 특정한 나뭇가지들, 막대기들, 채찍들, 실내용 빗자루들과 마당용 빗자루들을 사용했다. 예컨대, 고대 로마의 도덕관념대로라면 사망자의 시체가 매장될 묘지로 운구되어나간 집에서는 집안의 잡귀들을 쓸어내는 청소의례가 거행되어야 했다. 페스투스는 그런 청소의례의 집행자와 관련하여 다음과 같이

기록했다.

> 에베리아토르Everriator(쓸어내는 사람)라는 호칭은 사망자의 유산을 합법적으로 상속받은 만큼 당연하게 장례절차들을 집행해야 하는 사람에게 부여된다. 만약 에베리아토르가 소임을 완수하지 못하거나 어떤 방해를 받아서 장례식을 망치면 자신의 목숨으로써 보상해야 한다. 이 호칭은 빗자루의 쓸어내는 기능에서 유래했다.[492]

오비디우스는 청소의례를 다음과 같이 설명한다.

> 장례용 청소의례가 끝난 집에서는 릭토르(집정관부하)가 지참해간 페브루아로 총칭되는 정화도구들 — 볶은 밀알들과 소금 — 을 뿌린다.[493]

여기서 우리가 목격하는 주술의례는 공직자 — 유피테르의 사제를 관례적으로 보좌한 릭토르 — 아니면, 페스투스의 기록에 암시된, 사망자의 상속자가 집행하는 의례이다. 우리가 여기서 주목하는 것은 특수한 실내용 빗자루를 사용하는 집안청소의례이다. 프레이저가 (많은 지역에서 발견한 유사점들을 믿는 자신의 신념을 강조하면서) 암시하듯이, 그런 청소의례는 망령들을 집안에서 바깥으로 쓸어내려는 의도로 실행되었지만, 사망자를 죽게 만든 액운들을 쓸어내려는 의도로 실행될 수도 있었다.[494] 정화용 주술의례들에서 정규적으로 사용된 밀알과 소금은 망자들의 혼령에게 봉헌되는 제물들로 인식되었다. 그래서 장례용 청소의례들에서도

492 페스투스, 「에베리아토르Everriator」, 앞 책(p. 77).
493 오비디우스, 앞 책 II. 2 3-24.
494 프레이저, 앞 책 Vol. II, p. 279.

밀알과 소금이 적합한 도구들로 간주되었다.[495]

청소용 주술의례의 두 번째 증례證例는 아우구스티누스의 기록에서 발견된다.[496] 고대 로마의 산모와 신생아는 어떤 기묘한 의례를 치르지 않으면 (훗날의 로마인들이 믿었던 실바누스 같은) 숲의 악령들로부터 심한 해코지를 당하기 쉬운 위험에 둘러싸인다고 미신되었다. 우리는 이런 미신을 예시하는 다음과 같은 아우구스티누스의 기록을 앞에서 이미 인용했다. 그렇지만 이 기록은 주술적 청소의례에도 충분히 적용할 수 있을뿐더러 주술적 타격의례를 조금이라도 더 충분히 논의하려는 우리의 의도에도 부합하므로 여기서 다시 인용되어도 좋을 것이다.

> 아기가 태어난 집에서는 '야간에 그 집으로 침입하여 산모와 아기에게 해코지하려는 숲신 실바누스'로부터 산모와 아기를 보호해줄 수호삼신을 집안으로 불러들이는 의례가 개시된다. 그러면 아기의 일족남자 세 명이 집대문의 문지방에 둘러서서 수호삼신을 집안으로 영입하겠다고 알리는 신호를 표시하느라 문지방을 쇠도끼와 쇠절굿공이로 한두 번씩 두드린다. 그리고 그들이 영입한 수호삼신을 집안에 모셔서 숭배하겠다고 알리는 신호를 표시하느라 빗자루로 문지방에 쌓인 먼지들을 깨끗이 비질하여 쓸어내면, 실바누스는 결코 집안으로 침입하지 못한다. 왜냐면 오직 쇠도끼처럼 쇠로 제작된 절단도구만이 나무들을 자를 수도 벨 수도 있고, 오직 쇠절굿공이처럼 단단하고 무거운 것만이 밀알을 분쇄할 수 있으며, 오직 빗자루만이 곡식낟알들을 쓸어서 한데 모을 수 있기 때문이다. 그래서 수호삼신은 바로 이 세 가지 도구

495 토머스 제이 매릿Thomas J. Marett & 에디스 프랜시스 커레이Edith Frances Carey(1864~1935), 「채널 제도의 민담들Channel Islands Folklore Items, III」, 《포클로어Folk Lore》 XXXVIII(1927), p. 181 참조; 피터 조지프 해밀턴Peter Joseph Hamilton(1859~1927: 미국 변호사 겸 역사학자), 「푸에르토리코 민담Porto Rican Folklore」, 《포클로어》 XXXVIII(1927), p. 62.

496 아우구스티누스, 『신의 나라』 VI. 9.

의 기능들에서 유래한 이름들로 호칭된다. 그러니까 수호삼신 중에 인테르키도나는 쇠도끼의 절단기능을 뜻하는 인테르키시오에서 유래한 신명神名이고, 필룸누스는 쇠절굿공이를 닮은 투척용 창槍을 뜻하는 필룸에서 유래한 신명이며, 데베라는 빗자루의 쓸어내는 청소기능을 뜻하는 베레레에서 유래한 신명이다. 이런 수호삼신의 보호를 받는 신생아들에게는 실바누스의 해코지가 먹혀들지 않는다.[497]

이 의례는 확실히 주술을 대단히 풍부하게 함유한다. 이 의례에 사용되는 도구들은 부적효과를 발휘한다. 그것들은 악영향들을 퇴치할 수 있는 유력한 마나를 보유한다. 쇠도끼의 쇠와 쇠절굿공이의 쇠는 유해효과들을 퇴치할 수 있는 영험을 타고났다고 믿긴다. 그리고 날카로운 도끼날로 적을 살해할 수 있는 도끼의 위력은 그런 쇠의 영험을 보조한다. 쇠절굿공이를 사용하는 타격의례와 빗자루를 사용하는 청소의례는 익히 알려진 해악퇴치용 주술행위들이다.

우리는 팔레스 기념축제를 이미 살펴봤다.[498] 그래도 여기서 우리가 기억해둬야 할 사실은 팔레스 기념축제일의 아침에 양치기들이 가축우리에서 해악들을 비질하여 쓸어내는 청소의례를 실행했다는 것이다.

이제 우리는 고대 로마의 6월 15일에 베스타 신전에서 거행된 청소의례를 예시적으로 설명하면서 논의를 가름하고자 한다. 그 신전에서 비질된 스테르쿠스stercus로 지칭되던 오물汚物은 포르타 스테르코리아Porta Stercoria로 지칭되던 로마의 오물배출용 성문城門을 지나 좁다란 일방통행 골목길로 카피톨리움 언덕에까지 운반되어 매립되었다.[499] 같은 신전에

497 앞 책.
498 프레이저, 앞 책, pp. 148-150.
499 페스투스, 「스테르쿠스Stercus」, 앞 책(카를 오트프리트 뮐러 편찬, P. 344).

서 비질되어 배출된 푸르가미나purgamina라는 또 다른 쓰레기들은 테베레강에 버려졌다.[500] 6월 15일은 특히 베스타 신전에서 청소의례가 끝나는 시간에까지만 공휴일이었다. 프레이저는 (게오르크 비소바의 견해를 좇아서) '오비디우스의 기록에 언급된 비질된 쓰레기들'과 '페스투스의 기록 및 마르쿠스 테렌티우스 바로의 기록에 언급된 오물'은 똑같았으리라고 추정했다.[501] 그래서 프레이저는 이 쓰레기들이 카피톨리움 언덕의 쓰레기하치장에 일정량 쌓이면 테베레강으로 운반되어 버려졌으리라고 추측했다. 라틴어 '푸르가미나'는 "비질된 쓰레기들"을 의미하지만 반드시 "오물"을 의미하지만은 않는다. '푸르가미나'는 악귀퇴치용으로 거행되었다고 추정되는 주술의례들에서 비질된 쓰레기들을 통칭하는 낱말로서 통용된다. 그래서 내가 생각하건대, '스테르쿠스'와 '푸르가미나'는 서로 매우 다른 것들이었다. 베스타 신전에서 거행된 청소의례는 원시시대의 조잡한 오두막에서 생활하던 가족의 딸들이 실행하던 청소행위에서 유래했을 수 있다.[502] 그런 오두막청소가 역사시대에는 의례형식을 띠고 잔존했을 것이다.

채찍질과 타격행위는 사람들 및 사물들에 해로운 악영향들을 퇴치하고 선영향善影響을 불러들일 수 있는 방법들로서 인기를 얻었다. 예컨대, 고대 로마에서 베스타의 처녀사제가 처녀사제단의 예의규범을 위반하면 수석처녀사제는 그녀를 징벌하는 동시에 그녀의 위반행위를 유발한 악영향들마저 퇴치하려고 그녀를 채찍질했다.[503]

여기서 우리가 살펴보려는 주술용 채찍질을 현저하게 예시하는 의례들

500 오비디우스, 앞 책 VI. 713-714.
501 프레이저, 앞 책 Vol. IV, pp. 314-315.
502 파울러, 『로마인들의 종교체험』, P. 136.
503 플루타르코스, 『누마』 X.

을 포함했던 두 축제의 전개과정은 이 단원의 결론을 대신할 만하다. 두 축제 중 하나는 루페르칼 기념축제이고 다른 하나는 노내(7월 7일)에 염소를 희생시키는 노내 카프로티내Nonae Caprotinae 축제이다.

루페르칼 기념축제를 설명하려는 해석들은 다양할뿐더러 워낙 광범하다.[504] 그러므로 우리는 여기서 범위를 좁혀 이 축제의 주술적 요소들을 주목하는 동시에 특히 이 축제의 일환으로 거행된 채찍질의례를 집중적으로 조명해보고자 한다.

고대 로마 도시에서 신성시된 장소들 중 한 곳은 팔라티움 언덕기슭에 있는 루페르칼 동굴이었다. 그 동굴의 입구에서 자라던 거대하고 신성한 무화과나무의 그림자 밑에서 암컷늑대가 레무스와 로물루스에게 젖을 먹였다는 전설도 전해진다.

2월 15일에 이 동굴에서는 베스타의 처녀사제들이 구운 소금과자 몇 개, 희생된 염소 한 마리, 개 한 마리를 어느 신에게 제물로 바쳤다. 그 신이 루페르쿠스, 파우누스, 이누스[505], 유노 중 누구인지는 불확실하다. 순교자 유스티누스가 말한 바대로라면,[506] 루페르칼 동굴 속에는 알몸에 염소가죽허리띠만 두른 모양으로 조각된 루페르쿠스 신상이 서있었다. 물론 그 조각상이 루페르쿠스 신상이라고 믿겼다는 사실을 뒷받침할 확실한 근거는 전혀 없는 듯이 보인다. 왜냐면 그것은 처녀사제들 중 한 명을 묘사한 조각상이었을 확률이 높기 때문이다. 그리고 루페르칼 기념축제의 의례들은 아주 오래전부터 거행되었고 주술적 의미마저 겸비했으므로 반드시 신에게 봉헌되지 않아도 되었다. 물론 그 축제에서는 기묘하리만

504 루페르칼 기념축제를 설명하는 탁월한 해석은 프레이저, 앞 책 Vol. II, pp. 327-341 및 같은 지면에 인용된 해석들 참조.

505 【루페르쿠스Lupercus는 고대 로마의 낭신狼神 즉 늑대신이고, 이누스Inuus는 파우누스와 동일시된 고대 로마의 성교신性交神으로서 파투스Fatuus 또는 파툴쿠스Fatulcus로도 별칭된다.】

506 순교자 유스티누스, 『순교자 유스니투스 저작집Justin Martyr』 XLIII. 1, 7.

<루파 카피톨리나Lupa Capitolina(카피톨리움의 청동암컷늑대)>
서기전500년경에 제작된 것으로 추정되는 이 청동상은 서기1220년대에 재발견되었고, 암컷늑대의 젖을 빠는 어린 로물루스와 레무스의 형상은 15세기경에 제작되어 추가되었다고 알려졌다.

치 잡다한 의례들이 연달아 거행되었을 뿐 아니라, 고대 로마인들도 그 축제에는 신神이 전혀 불필요하다고 생각하지는 않았기 때문에, 다양한 신들을 모시는 의례들도 거행되었다.

그 축제에서 거행된 어느 의례의 집전자는 제물용 동물을 도살하면서 사용한 피 묻은 단도를 귀족청년 두 명의 이마에 대고 문질렀다. 두 청년은 루페르키로 통칭되던 두 사제단의 단장들이었으리라고 추정된다. 그리고 집전자가 우유에 적신 양털로 두 청년의 이마에 묻은 피를 닦아내면 두 청년은 억지로라도 큰소리로 웃어야 했다.

고대 로마에서 피는, 우리가 이제 알듯이, 주술의례들에서 공용되었다.

염소들도 주술의례들에서 심심찮게 공용되었다. 염소의 피는, 예컨대, 견고한 것을 깨뜨릴 수 있는 파괴력을 보유했다고 믿겼다. 염소의 피와 개의 피는 주술원리들에 부합하도록 사용되기만 하면 충분히 해악을 퇴치할 수 있다고 믿겼다. 이런 해악은 아마도 애초부터 줄곧 늑대들이었으리라고 추정된다. 왜냐면 '늑대'와 '모든 해악을 포괄하는 전쟁신 마르스' 사이에는 친연관계가 있다고 믿겼기 때문이다.

그러나 만약 주술의례에서 실제로 사용된 제물이 늑대였다면, 늑대혐오감과 주술의례의 결부관계는 더 쉽게 설명될 수 있을 것이다. 아마도 최초에는 늑대들이 제물로 희생되었겠지만, 이 위험한 짐승들이 포획되어 제물로 희생될 확률이 낮아지면서 개들이 대용제물로 희생되기 시작했을 것이다. 원시인들은 그런 대용제물들을 쉽게 구했을 것이다. 예컨대, 세르비우스 호노라투스는 다음과 같이 기록했다.

> 희생의례에서 실물을 닮은 것은 실물과 동일하다고 인정된다. 그래서 의례집전자들은 반드시 필요한 제물용 동물을 구하기 어려우면 빵부스러기나 밀랍으로 그런 동물을 닮은 모형을 만들어서 제물로 사용하는데, 그런 모형은 진짜 제물용 동물로 인정된다.[507]

루페르칼 기념축제의 의례들에서 청년들의 웃는 표정은 늑대들의 이빨을 드러낸 표정을 연상시킨 것이 확실하므로, 유사성원리대로라면, 루페르키는 주술과 관련되는 한에서 늑대들로 간주되었기 때문에 늑대들의 접근을 원천적으로 막는 자들로 인식되었다.

이 축제에서는 곧이어 특히 흥미로운 의례가 속행된다. 희생염소들의

507 세르비우스 호노라투스, 『"베르길리우스의 『아이네이스』" 해설』 II. 116.

가죽으로 제작된 주술용 허리띠만 각자의 알몸에 두르고 루페르칼 동굴을 출발한 루페르키는 로마 시내를 일주하듯이 달리면서 정화의례를 실시한다. 그들의 일주경로는 주술동그라미를 닮았다. 그런 동그라미는 원시시대의 팔라티움 언덕에 정착한 목축민들이 자신들의 양우리[羊畜舍]를 위협하던 — 원래 늑대들이 틀림없었을 — 해악들의 접근을 예방하려고 양우리를 한 바퀴 돌면서 달리는 식으로 거행한 의례에서 유래했을 것이다.

루페르키는 달리던 도로에서 마주치는 모든 여자의 손을 세게 때렸다. 이런 타격의례에서는 주문도 기도문도 전혀 발설되지 않았을 것이다. 우리가 알다시피, 채찍질이나 매질을 겸하는 타격의례들은, 비非로마인들 사이에서는, 모든 해악을 퇴치하여 번식력들을 발동시킬 수 있다고 믿겼다. 역사시대의 로마인들은 루페르칼 기념축제용 타격의례들에서는 바로 이런 해악들이 타격당한다고 믿었다. 타격의례로써 이루어진 접촉은 염소의 번식력을 여자들에게 전달하는 신비영능을 발휘한다고 믿겼다. 마찬가지로, 원시인들이 여자들의 번식력은 농작물들의 번식력과 밀접하다고 생각했다면, 타격의례들은 농토를 비옥하게 만들려는 의도마저 함유했을 수 있다.[508]

고대 로마에서 염소의 노내 (카프로티내) 축제[509]는 7월 7일(노내)에 거행되었다. 로마의 전설대로라면, 7월 7일은 로물루스가 마르스 평야에 있던 염소의 늪Goat's Marsh에서 실종된 날이었다. 그날에는 저마다 여주인의 옷을 입은 여자노예들이 길거리에서 마음껏 뛰어놀며 행인들을 농락하거

508 루키우스 아풀레유스, 『주술론』 LXXXVIII 참조.

509 이 축제에서 거행된 희생의례가 기록된 문헌들은 다음과 같다. 마르쿠스 테렌티우스 바로, 『라틴어』 VI. 18; 플루타르코스, 『로물루스』 XXIX, 『카밀루스Camillus』 XXXIII; 마크로비우스, 『사투르날리아』 I. 11, 36-42; 아우소니우스Ausonius(데키무스Decimus, 310경~395경: 고대 로마 시인 겸 수사학자), 『월요일들De Feriis』, 9-10; 프레이저, 앞 책 Vol. II, pp. 343-356.【여기서 '카밀루스'는 고대 로마 군인 겸 정치인 마르쿠스 푸리우스 카밀루스Marcus Furius Camillus(서기전446경~365)이다.】

나 자기들끼리 장난치듯이 가짜투석전을 벌이곤 했다. 또한 여자노예들은 마르스 평야의 무화과나무 밑에서 축제용 음식을 먹고 술을 마시며 즐겼다. 그리고 그들은 여주인들과 협동하여 신성한 무화과꼭지의 수액樹液을 채취하여 각자 준비한 유즙乳汁과 함께 염소여신 유노[510]에게 제물로 바치는 의례를 거행했다.

무화과꼭지수액은 정화도구였다. 고대인들의 의례에서 사용된 그런 정화도구들은 액운들을 물리치고 길운들을 불러들이는 정화약제淨化藥劑 같다고 믿겼다. 역사시대에는 어머니들만 특별히 보호하는 여신에게 봉헌된 희생의례용 제물들로 사용된 무화과꼭지수액과 젖(유즙)의 유사성은 의례의 목표를 아주 확실하게 드러낸다. 수컷무화과꼭지수액이 함유한 번식력을 여신에게 전달하면 여신은 그런 번식력을 여자들에게 전달한다고 믿겼다. 특히 이 축제와 관련하여 마르쿠스 테렌티우스 바로의 기록에서는 "그들은 (수컷)야생무화과나무의 낭창낭창한 가지를 사용한다"[511]는 진기한 대목도 발견된다. 그의 기록에서 그 무화과나뭇가지의 정확한 용도는 발견되지 않는다. 그러나 여자들이 그것을 일종의 회초리로 삼아 서로를 타격하여 무화과의 번식력을 주술적으로 전달받으면서 '임신출산에 해로운 모든 악영향'을 물리치려 했다고 추정되어도 무방할 것이다. 고대 아테네의 축제 타르겔리아[512]에서는 파르마코이pharmakoi로 총칭된 희생양 두 마리를 아폴론에게 제물로 바쳐서 액운을 퇴치하려던 진기한 의례가 야생무화과나뭇가지를 회초리로 삼은 타격의례와 함께 거행되었다는 기록도 남아있다.[513]

---

510 【유노 카프로티나Juno Caprotina: 노내 카프로티내 축제일에 거행된 염소희생의례에서 숭배된 유노의 별명.】

511 마르쿠스 테렌티우스 바로, 앞 책.

512 【Thargelia: 고대 아테네에서 아폴론의 생일로 믿긴 타르겔리온Thargelion(5월)의 6일과 아르테미스의 생일로 믿긴 타르겔리온의 7일에 두 신을 기념하여 거행된 축제.】

513 요안네스 체체스Ioannes Tzetzes(1110경~1180경: 비잔티움 시인 겸 문법학자), 「힙포낙스Hipponax(서기전6

이런 의례들은 원래 곤충들을 매개로 삼아 수컷야생무화과꽃가루를 재배용 암컷무화과에 수분시켜서 번식시키는 과정과 어떻게든 관련되었을 텐데, 이런 과정은 고대인들이 무화과의 번식계절에 야생무화과를 여러 조각으로 찢어 다종多種한 재배용 무화과나뭇가지들 사이에 던져놓아 번식을 촉진하려던 시도마저 포함했다.[514] 여자노예들끼리 장난치듯이 벌인 투석전도 이런 과정이 번식촉진의례였을 가능성을 증명한다. 고대 그리스의 번식여신繁殖女神들인 다미아Damia와 아욱세시스Auxesis를 기념하는 축제기간에 트로이젠의 히폴리토스[515] 신전에서도 비슷한 투석전이 벌어졌다.

3. 주술동그라미 그리기

주술의례에서는 사람이나 사물을 중심으로 보호용 동그라미를 그리는 행위가 흔하게 실시되었다.[516] 그렇게 그려진 주술동그라미는 뱀의 접근을 막을 수 있다고 믿겼다.[517] 사람들이나 사물들의 주위를 한 바퀴 돌듯이 행진하던 고대 로마인들의 의례도 바로 이런 믿음에서 유래했다. 그런 주술행진의례가 고대 로마에서 여러 번 거행되었다는 기록도 잔존한다. 그래서 고대 로마인들은 도시를 건설하면서 에트루리아의 의례를 채택했다.[518] 도시건설을 개시하는 길일吉日에 그들은 청동보습을 장착한 쟁기를

세기경: 고대 그리스 정형서정시인定型抒情詩人)의 단편들Fragments of Hipponax」, 『역사Histories』 XXIII. 726-756; 세르비우스 호노라투스, 앞 책 III. 57.

514 루트비히 프렐러Ludwig Preller(1809~1861: 독일 고전문헌학자), 『로마 신화Romische Mythologie』 I. p. 287.

515 【트로이젠Troezen은 그리스 펠로폰네소스Peloponnesos 반도의 북동부에 부속하는 아르골리스Argolis(아르골리다Argolida) 반도의 끝단에 위치한 항구도시이고, 히폴리토스Hippolytos(히폴리투스Hippolytus)는 그리스 신화에서 아테네의 영웅 테세우스Theseus의 아들로 묘사되는데, 고대 로마에서는 숲신 비르비우스Virbius(비르비오Virbio)와 동일시되었다.】

516 자연철학자 플리니우스, 『자연역사』 XXI. 42, XXV. 50.

517 유진 스톡 매커트니, 「뱀들을 막는다고 믿긴 주술동그라미들Magic Circles as Barriers to Snakes」, 《클래시컬 위클리》, Vol. XXII (1929), pp. 175-176.

518 오비디우스, 앞 책 IV. 825-826; 세르비우스 호노라투스, 앞 책 IV. 212; 페스투스, 「출발선Primigenius sulcus」, 앞 책(카를 오트프리트 뮐러 편찬, p. 237) ; 마르쿠스 테렌티우스 바로, 앞 책 V. 143, 『농업Res Ruslicae』 II. 1,

고대 로마의 멍에, 쟁기질하는 소 두 마리, 농민
(아우구스트 바우마이스터, 앞 책, p. 13.)

하얀 수소[男牛]와 하얀 암소에게 채웠다. 쟁기를 왼편에서 끄는 수소와 오른편에서 끄는 암소를 모는 쟁기꾼은 도시건설예정지를 자신의 왼편에 두고 한 바퀴 돌면서 쟁기질했다. 그러면 도시건설예정지의 둘레를 한 바퀴 두르는 고랑이 파였다. 그 고랑은 건설될 도시를 에워쌀 성벽이 세워질 자리의 표시였다. 쟁기꾼은 그 고랑에서 배출되는 흙을 그 고랑의 왼편인 도시건설예정지 쪽에 쌓을 수 있도록 쟁기보습을 신중하게 조종해야만 했다. 그 고랑은 끊이지 않고 이어져야 했지만, 성문城門이 건설될 지점들에서는 쟁기꾼이 쟁기를 땅에 닿지 않도록 들어서 옮겨야 했다.

도시건설예정지의 둘레에 파인 고랑 — 포메리움pomerium — 은 신성시되었다. 그러나 성문이 건설될 지점들은 신성시되지 않았다. 왜냐면 위험인물들 — 죽음과 피로 오염된 외지인들, 외적들, 군인들 — 도 성문을 어

10; 플루타르코스, 『로물루스』 XI. 1-2, 『로마 문답서』 XXVII; 이시도루스 히스팔렌시스Isidorus Hispalensis(이지도어Isidore, 560경~636경: 에스파냐 세비야의 주교 겸 학자, 『어원학Origines』 XV. 2, 3; 콜루멜라, 『농업』 VI, 「서설Praefatio」 VII; 프레이저, 앞 책 Vol. III, pp. 379-384 참조; 파울러, 앞 책, P. 214 참조.

차피 통과할 수밖에 없었기 때문이다. 특히 성문을 지나서 운반되어야 하던 시체들은 신성한 모든 것을 더럽힐 수 있다고 믿겼다. 그리고 도시건설예정지의 둘레에 쟁기질된 고랑 같은 주술동그라미는 악귀들, 마녀들, 질병들, 전염병 등을 위시한 모든 해악을 물리치는 효험을 발휘할 수 있다고 믿겼다. 그래서 포메리움은 신성한 것들과 세속적인 것들을 가르는 주술적 경계선을 형성했다. 그런 신성한 경계선이 형성되면서부터 로마인들은 그 경계선 안에서 외지의 신들을 섬기는 행위를 대체로 허용하지 않았을 것이다. 그래서 전쟁을 치른 장군들과 휘하병사들은 로마 시내로 귀환하기 전에 정화의례를 치러야만 했다.

쟁기보습을 청동으로 제작하는 관례는 이 연구서의 제3장에서 이미 논급되었으므로 여기서 재론되지 않아도 될 것이다. 한편 고대 로마인들은 대체로 왼쪽이 길吉한 방향이라고 생각했다. 그래서 쟁기꾼은 고랑에서 배출되는 흙을 고랑의 왼편에 쌓으려고 쟁기보습을 왼쪽으로 반쯤 틀어서 쟁기질했다. 고대 로마에서는 암부르비움amburbium으로 지칭된 이 원초적인 쟁기질의례를 묘사하는 연극이 매년 한 번씩 공연되었다. 그러나 아쉽게도 우리는 단지 그런 의례는 도시를 한 바퀴 도는 주술적 행진의례와 함께 희생제례도 포함했다는 사실만 알 수 있을 뿐이다.[519]

고대 로마에서 농장의 불제의례(푸닥거리)는 주로 5월에 거행되었다. 그 의례에서는 저마다 화환을 걸친 참가자들이 돼지 한 마리, 양 한 마리, 수소(수오베타우릴리아suovetaurilia) 한 마리를 앞세우고 농장경계선의 외곽을 행진하면서 주문을 영송하고 올리브나뭇가지를 흔들었다. 농장을 세 바퀴 도는 행진의례를 끝낸 참가자들은 도살한 수오베타우릴리아와

519 세르비우스 호노라투스, 『"베르길리우스의 『전원시집』" 해설』 III. 77.

포도주를 마르스에게 바치는 희생의례를 거행하면서 야누스[520]와 유피테르에게 기도했다. 마르쿠스 카토는 그런 불제의례를 다음과 같이 묘사했다.[521]

> 농장을 정화하는 의례는 다음과 같은 순서로 거행되어야 한다. 수오베타우릴리아를 농경지의 둘레로 세 번 돌게 한다. …… 먼저 야누스에게 포도주를 바치며 기도하고 유피테르에게 포도주를 바치며 기도한다. 그리고 다음과 같이 기도한다. "아버지 마르스여, 제가 간절히 기도하며 바라오니, 저와 저의 가족과 저의 노예들(파밀리아familiia)을 돌봐주시고 풍요롭게 해주시옵소서. 저는 이렇게 바라며 수오베타우릴리아를 저의 농경지와 토지와 농장의 둘레로 돌게 했사오니, 마르스여, 부디 저희 눈에 보이는 모든 질병과 보이지 않는 모든 질병, 기근饑饉, 불상사, 재난, 악천후를 물리치고 퇴치하여 예방해주시고, 많은 물건을 생산할 수 있게 해주시며, 풍성한 농작물과 많은 포도를 수확할 수 있게 해주시고, 관목숲을 우거지게 해주시며, 양치기들과 그들의 양떼를 안전하게 보호해주시고, 저와 저의 가족과 저의 노예들을 강건하게 해주시옵소서. 저는 이것을 바라며 저의 농장과 토지와 경작지를 정화하는 불제의례를 거행하고 젖먹이 수오베타우릴리아를 제물로 바치오니 부디 강건해지소서."

그리고 구운 과자가 제물로 바쳐진다. 마르쿠스 카토는 다음과 같이 계속 묘사한다.

520 【Janus(Ianus): 과거를 보는 얼굴과 미래를 보는 얼굴을 겸비한 신으로 생각된 이 로마의 양면신兩面神은 시작始作, 관문, 변화, 시간, 지속, 현관, 여정, 결말을 주관한다고 믿겼다.】

521 마르쿠스 카토, 『농업』 CXLI. 1-3; 어니스트 거틀립 실러Ernest Gottlieb Sihler(1853~1942: 미국 고전학자), 『아니마들의 증언Testimonium Animae』, pp. 342-344.

> 돼지, 어린양, 송아지를 제물로 바치는 사람은 다음과 같이 기도해야 한다. "이것을 바라며 수오베타우릴리아를 제물로 바치오니 부디 강건해지소서." 제물의 효험을 얻지 못한 사람은 또 다른 제물을 바치면서 다음과 같이 기도해야 한다. "아버지 마르스여, 이 젖먹이 수오베타우릴리아가 당신을 흡족하게 해드리지 못한다면 제가 이 수오베타우일리아를 바치며 당신의 용서를 구하옵니다." 그런데 만약 바쳐야 할 제물 하나 또는 여럿이 마르스를 만족시키리라고 확신하지 못하는 사람은 돼지를 제물로 바치면서 다음과 같이 기도해야 한다. "아버지 마르스여, 제가 이미 바친 돼지를 당신께서 흡족하게 여기지 않으시므로, 이 돼지를 바치며 당신의 용서를 구하옵니다."

문간신門間神 야누스와 천신天神 유피테르에게 바치는 기도의 내용은 전해지지 않는다. 왜냐면 아마도 마르스를 따라다닐 악영향들이 농장에서 더 시급하게 퇴치되어야 한다고 믿겼기 때문일 것이다.

마르스에게 바쳐진 기도는 세 가지 요소를 겸비했다. 첫째요소는 악영향들을 퇴치해달라고 마르스에게 바라는 염원이다. 왜냐면 마르스는 바로 그런 악영향들을 유발한다는 사실 때문에 그것들을 퇴치할 능력도 겸비했다고 믿겼기 때문이다.[522] 둘째요소는 농장에 호영향好影響들을 불러들여달라고 마르스에게 바라는 염원이다. 셋째요소는 신비한 효험이다. 이것 때문에 신은 제물을 받으면서 강력한 작용력마저 함께 받아들일 수 있다.[523] 이런 요소들을 겸비한 기도를 받는 마르스는, 당연하게도, 국가의례를 받는 전쟁신으로서 상징되는 완전히 발달한 신이다. 그러나 의례와 기도들은 더 오래된 원시시대에서 유래했다. 원시인은 '자신'과 '자연에 맞

522 파울러, 『공화정치시대 로마의 축제들』, P. 89 참조.
523 파울러, 『로마인들의 종교체험』, pp. 182-183.

서 싸우는 자신을 괴롭히는 사물들과 영능들'을 전혀 분간하지 못했다. 아마도 원시적 농민은 신에게 기도하기보다는 오히려 실재하는 해로운 정령들로 상상하던 질병과 기근을 포함한 온갖 해악에게 기도했을 것이다. 그러나 아마도 자신이 아닌 다른 것이 영능을 발휘할 수 있다고 상상하지 못했을 그 농민은 인간의 개성을 정령들의 탓으로 여기면서 주문을 읊조리면 정령들을 확실히 막을 수 있다고 차츰 믿기 시작했다. 그 농민은 마르쿠스 카토가 묘사한 불제의례에서 기도하던 사람들의 선조였을 것이다. 그 농민의 후예들은 모든 적대적 정령을 단일하고 강력한 적대적 정령 마르스에게 차츰 전가하기 시작했다. 왜냐면 그들은 농장경계선의 외곽지역에 거주하는 마르스가 강력한 악영향을 발휘한다고 믿었기 때문이다. 그래서 그들은 마르스를 구슬려서 농장에 침입하지 않도록 예방해야만 했다.[524]

물론 불제의례는 애니미즘 단계를 통과한 다음에 마르스, 야누스, 유피테르와 결합했다. 그러나 불제의례는 주술시대의 더 오래된 초기에 시작되었다. 그것은 원래 고대 로마 농민들이 농장의 한 지점에서 다른 지점에까지 천천히 행진하며 그린 주술동그라미를 경계선으로 삼아 세속영역과 신성영역神聖領域을 구별하던 관례였다. 그렇게 행진한 사람들은 돼지, 양, 수소 같은 신성한 동물들을 대동하거나 앞세웠다. 본래 그 동물들은 충분한 마나mana — 동물적 생산력 — 를 가진 만큼 농경지들과 가축들에 전달할 수 있다고 믿겼다. 불제의례에서 신이나 정령은 처음에는 전혀 고려되지 않았다. 주술동그라미가 완성되는 지점에는 간단한 명령형 주문이 적혔는데, 그러면 해악들이 충분히 예방될 수 있다고 믿겼다.

---

524 앞 책, pp. 132-133.

4. 춤과 희생양

고대 로마의 의례들에서 현저한 역할을 담당했던 춤은 공감주술원리들과 관련된 듯이 보인다. 3월의 첫날부터 말일에까지 날마다 행진의례가 거행되었는데, 살리Salii(도약사제들)로 총칭되던 마르스의 사제 24명이 행진의례를 주도했다. 저마다 오른손으로는 곤봉을 왼손으로는 방패를 쥐고 청동갑주靑銅甲胄를 착용한 살리는 로마 도심을 행진하여 포룸Forum이나 카피톨리움 언덕 같은 중요한 장소들을 방문했다. 그런 장소에서 그들은 오래된 찬가를 합창하는 동시에 각자의 곤봉과 방패를 맞부딪으며 규칙적으로 도약하는 춤을 엄숙하게 추었다. 3월 14일에는 염소가죽을 걸친 마무리우스 베투리우스Mamurius Veturius라는 남자가 살리의 곤봉에 타격당하며 로마 도심에서 쫓겨났다.[525]

프레이저는 이런 의례와 비슷한 많은 의례를 채록했다.[526] 예컨대, 어느 야생원주민족은 농작물들을 위협하는 해로운 정령들을 쫓아내려고 저마다 전투를 치르듯이 도검을 휘두르거나 구식소총을 허공에 쏘거나 북을 두드리며 춤추는 의례를 거행했다. 그런 의례들뿐 아니라, 그것들에 비유되는 마르스의 살리가 거행한 의례들도 공감주술원리들과 관련된 듯이 보인다. 왜냐면 농작물들은 의례집행자들이 도약할 수 있는 높이만큼 자랄 수 있으리라고 믿겼기 때문이다. 그래서 타격의례도 모든 적대적 악령을 물리친다고 믿겼다. 마무리우스 베투리우스는 어쩌면 농장에 해롭고 나중에는 도시에도 해로울 정령들의 화신으로 믿겼을 마르스를 대신한 희생양이었을 것이다. 그런 희생양을 타격하여 내쫓은 의례는 농작물들

525 살리와 관련된 문헌들은 다음과 같다. 페스투스, 「마무리우스 베투리우스Mamuri Veturi」, 앞 책(카를 오트프리트 뮐러 편찬, P. 131); 디오니시오스 알리카르나세우스, 앞 책 II. 71; 플루타르코스, 『누마 폼필리우스』 XIII; 세르비우스 호노라투스, 『"베르길리우스의 『아이네이스』" 해설』 VII. 188, VIII. 285; 오비디우스, 앞 책 III. 259-392; 리비우스, 앞 책 I. 20, 4, 1. 27, 7; 마르쿠스 테렌티우스 바로, 앞 책 VI. 14; 요안네스 뤼두스, 앞 책 IV. 49.

526 프레이저, 『황금가지』 Vol. II. pp. 157-182.

에도 가축들에도 인간들에도 해로운 악귀들을 마스르에게 전가한 의례였다. 그래서 희생양이 농장에서나 도시에서 쫓겨나면 그런 악귀들도 쫓겨난다고 믿겼다.

역사시대에는 마르스의 살리와 함께 도약처녀사제跳躍處女司祭Leaping Maiden 몇 명도 행진의례와 춤의례에 동원되었다. 도약처녀사제들은 살리의 것과 똑같은 복장을 착용했고, 비록 살리의 모든 역할을 수행하지는 않았어도 그런 역할들의 일부를 수행했다.[527] 도약처녀사제들은 원래 중요한 역할들을 수행하던 마르스의 처녀사제들이었을 수 있다고 보는 견해도 이따금 제시되어왔다.[528]

세르비우스 호노라투스가 기록한 흥미로운 사건은 신을 기념하는 체전들을 모독하는 해악들을 예방할 수 있는 춤의 위력을 예시한다.[529] 로마 시내에서 아폴로 기념체전이 한창 진행될 즈음에 한니발의 군대가 로마의 성문들 중 한 곳을 공격한다는 급보가 체전경기장으로 날아들었다. 그곳에 있던 모든 로마인은 적군을 상대할 무장을 갖추려고 서둘러 귀가하면서도 신성한 체전을 중단하고 귀가하면 해악을 입을까 두려워하는 공포심에 사로잡혔다. 그때 체전경기장의 곡예무대에서 춤추는 노인을 목격한 그들은 노인에게 까닭을 물었다. 노인은 "나는 아직 나의 춤을 중단하지 않았네"라고 대답했다. 이 문답은 여러 관점에서 설명될 수 있다. 세르비우스 호노라투스는 이 사건에서 "노인이 춤추는 동안 국가는 안전하다"는 로마 속담이 유래했다고 믿었다. 그리고 베르길리우스의 어느 시구詩句에도 중단된 신성한 의례들이 언급되었는데, 세르비우스는 호노라투스는 이 사건을 베르길리우스의 그런 시구와 관련지어서도 설명했다. 그렇

527 페스투스, 「도약처녀사제들Salias Virgines」, 앞 책(카를 오트프리리트 뮐러 편찬, p. 329).
528 허버트 제닝스 로즈, 『이탈리아 원시문화』, p. 96.
529 세르비우스 호노라투스, 앞 책 VIII. 110.

다면 세르비우스 호노라투스의 관점에서 노인의 춤은 중단된 아폴로 기념체전을 어떻게든 보충하려는 행위로 보였을 것이 틀림없다. 그러나 노인의 춤은 전투행위를 모방한 춤일 수도 있다. 왜냐면 그렇게 춤추는 노인은 일종의 공감주술효과를 발휘하여 로마 군대를 응원할 수 있었을 것이기 때문이다. 그렇지 않았다면 노인은 아폴로 기념체전을 속행시키려고 춤췄을 수도 있다.

우리가 이 단원에서 살펴본 고대 로마의 종교적 주술행위들은 주술대상들의 측면에서 세 부류로 나뉠 수 있다. 첫째부류는 '과거에 인간에게 굉장히 위험하다고 알려졌던 개인들과 사물들'을 실제로 접촉하는 행위의 유해효과들을 제거하려는 주술행위들이다. 둘째부류는 인간의 신체에나 정신에 영향을 끼칠 수 있는 잠재적 해악들을 예방하려는 주술행위들이다. 셋째부류는 타격인打擊人의 어떤 속성이나 타격도구의 어떤 속성을 피격인被擊人에게 전달하려는 주술행위들이다. 이런 행위들로써 진행되는 주술의례들은 대체로 이중효과를 노린다. 그런 주술의례들은 액운들을 물리치는 동시에 길운들을 불러들인다고 믿긴다.

위험시된 개인들이나 사물들과 접촉하는 행위의 해악들은 여러 방식으로 퇴치될 수 있다. 인격신의 개념 같은 것을 아우른 발달한 종교들에서는 희생제물이 필수적으로 요구될 수 있거나 완벽한 의례가 반복적으로 거행되어야 할 수도 있다. 그러나 주술행위들의 대부분에서는 불, 물, 양털 같은 — 고대 로마인들이 '페브루아'로 총칭하던 — 일정한 정화도구들이 사용되었다. 이런 도구들은 신체적 해악과 정신적 해악을 동시에 씻어버리거나 불태워버린다고 믿겼을 뿐만 아니라 그런 해악들을 퇴치할 수 있는 신비영능을 발휘할 수 있다고도 믿겼다. 왜냐면 주술행위는 순전히 보조행위補助行爲에 불과했기 때문이다. 그러나 막대기, 지팡이, 마당비 같은 주술도구들은 비록 그런 신비영능을 타고났어도 대개는 그것들의 사용자가 주문을 읊조려야 비로소 해악을 퇴치할 수 있다고 믿겼다. 고대인들 사이에서나 현대의 야생원주민들 사이에서 그런 모든 정화도구는 주술의례에도 사용되고 종교의례에도 사용된다. 두 의례의 차이는 주술의례가 개인이익을 노리는 반면에 종교의례는 공동이익을 노린다는 사실에서만 생겨난다.

우리는 모든 정화용 주술도구들이 고대 로마의 국가축제들에서 겸용되었다는 사실도 알았다. 그런 축제들을 닮은 의례들은 현대인들 사이에서도 가끔 발견된다. 이 사실은 그런 의례들의 공통기원이 그런 축제들일 수 있다고 시사한다.

우리는 종교의례들과 주술의례들에서 사용된 물과 불이 해악들을 씻어버리거나 불태워버린다고 믿겼다는 사실도 알았다. 자신의 몸과 그릇들을 물로 깨끗이 씻을 수 있다고 인지한 원시인은 자신에게 위험한 것들로 느껴진 사물들의 해로운 감염성을 물로 씻어버릴 수 있다고 생각했다. 이런 생각은 원시인들의 기묘한 추리방식의 소산이다.

원시인은 불이 광물의 불순물을 제거한다는 사실도 알았다. 그렇다면 원시인이 자신을 실제로 괴롭히는 해악들을 불태우면 소멸시킬 수 있을 뿐더러 미구에 자신을 괴롭힐 액운들마저 불로써 예방할 수 있다고 생각했어도 당연하지 않을까? 그래서 우리는 모닥불을 뛰어넘거나 뜨거운 숯덩이들을 밟고 지나가는 의례들을 목격한다. 이런 불들은 삶과 죽음을 가르는 장벽들을 수립해준다고 생각되었을 수도 있다. 유황은 실재하는 사물을 소독하고 살균하는 성질들뿐 아니라 불의 본성마저 겸비하므로 특히 유력한 정화의례도구였을 것이다.

여태껏 우리가 살펴봤듯이, 모든 인간종족에서 비슷하게 실행된 타격의례와 청소의례도 해악들을 물리칠 수 있다고 믿겨왔다. 원시인은 자신의 움집에서 오물을 쓸어낼 수 있었다. 그렇다면 그가 집에서 망령을 쓸어낼 수 있다고 믿었어도 당연하지 않을까? 우리가 이미 고찰했듯이, 타격의례나 청소의례는 해로운 망령들의 접근을 예방할 수 있다고, 혹은 임신출산에 해로울 수 있을 악영향들을 물리칠 수 있다고, 혹은 강력한 번식력을 지닌 동물이나 나무 같은 대상을 타격하는 접촉행위로써 타격행위자가 그런 대상의 번식력을 전달받을 수 있다고 심심찮게 믿겨왔다.

우리가 이미 알았듯이, 모든 해악은 그것들의 둘레에 그려지는 주술동그라미 같은 주술선呪術線에 갇히면 예방될 수 있다고 믿겼다. 이런 보호의례는 대체로 농작물들에 전달할 수 있는 강한 번식력을 지닌 동물들을 앞세운 행진의례로써 보완되곤 했다.

그리고 춤의례들은 농작물들과 공감하는 관계를 형성한 듯이 보인다. 왜냐면 농작물들은 춤추는 사람들이 도약할 수 있는 높이만큼 자랄 수 있다고 믿겼기 때문이다. 그런 춤의례들도 주술적 타격행위를 포함한다.

제6장

주문과 기도

오늘날에까지 잔존하는 로마의 기도문들 — 예컨대, 『살리의 찬가Carmen Saliare』에서나 『아르발 형제단의 찬가Carmen Arvale』에서나 움브리아[530] 아티에디 형제단Fratres Attiedii의 기도문에서 본래형태로 발견되는 기도문들, 마르쿠스 카토의 『농업』에 기록된 농민의 기도문들, 오비디우스의 『종교축제일들』에 기록되었다가 후대 시인들의 손을 거쳐 운율에 맞게 수정되었다고 알려진 기도문들 — 을 고찰하는 모든 연구가 증명하겠듯이, 그리고 우리가 믿다시피, 실제로 이 기도문들은 본질적으로 주술용 주문들이다. 여기서 문제는 기도가 주문에서 발달했느냐 여부도 아니고 주문이 퇴화한 기도이냐 여부도 아니다.[531] 대단히 많은 로마 기도문을 면밀히 연구한 사람에게는 그런 기도문들이 언제나 주문의 특성들 중 몇몇을 함유하는 듯이 보일 수 있다. 그래서 만약 주문과 기도가 서로 어떻게든 다르다면, 주문이나 기도가 나름의 차이점을 내포하기 때문에 그렇지 않고 오히려 주문을 읊는 개인의 주문대상을 향한 심정적 태도와 기도하는 개인의

530 【Umbria: 이탈리아 중부 페루자Perugia 지방의 고대 지명.】
531 파울러, 앞 책, pp. 185-187.

기도대상을 향한 심정적 태도가 다르기 때문에, 그리하여 주문음조呪文音調가 기도음조와 다를 수밖에 없고 주문형식이 기도형식과, 한정된 범위에서나마, 다를 수밖에 없기 때문에 그렇다.

그래서 우리는 먼저 "주문incantation"의 개념을 반드시 정의해둬야만 할 것이다. 주문은 대체로 주술의례의 주체가 영송하는 명령(이나 드물게는 소원)이다.[532] 베르길리우스의 「제8전원시」에서 알페시보유스의 노래에 언급되는 양치기소녀는 "도시로 떠난 다프니스를 귀향시켜다오, 나의 부적들이여, 다프니스를 귀향시켜다오!"라는 주문을 아홉 번 반복하여 영송한다. 오비디우스가 묘사한 축귀의례에서 주문과 주술행위는 아이를 보호한다고 믿겼다.[533] "밤새[野鳥]들이여, 소년의 창자들을 아껴드소서"라는 주문은 아이를 보호하라는 명령이다. 명령을 내포하는 그런 주문들은 개인주술들에서 공통적으로 발견된다. 그런 주문들이 발휘한 영향력의 흔적들은 로마 국가종교에서 발견될 수 있다. 만약 개인을 가해하려는 주문이 발설되었다면 국가는 그 개인을 보호하지 못할 수도 있었다.[534] 예컨대, 어느 농민의 농작물을 훔친 자가 주문(카르멘carmen: 노래)을 읊조리면서 그랬다면, 그 농민이 그자를 고발하지 않아도 전혀 이상하지 않았다. 티불루스는 자신의 어느 시詩에서 '어느 마귀할멈이 마법을 부려 미소년 마라투스Marathus를 호렸다'고 불평하다가 절호의 기회를 잡은 듯이, 예컨대, 어떤 농지의 농작물을 다른 농지로 옮기는 수법을 포함한 마녀들의 다양한 수법을 열거하며 자세히 묘사한다.[535] 그와 비슷하게 자연철학자 플리니우스도 다음과 같은 일화를 기록했다.[536] 푸리우스Furius라는 자유농민

532 프랭크 바이런 제번스, 앞 책, p. 115ff.
533 오비디우스, 앞 책 VI. 155-162.
534 루키우스 아풀레유스, 앞 책 XLVII.
535 티불루스, 앞 책 I. 8, 17-23.
536 자연철학자 플리니우스, 『자연역사』 XVIII. 41-42.

은 이웃농민의 농기구들 및 농법들보다 더 우수한 것들을 사용하여 이웃 농민의 농지보다 더 좁은 농지에서 더 많은 농작물을 수확할 수 있었다. 이웃농민은 푸리우스를 잡아끌어 동료농민들 앞에 세워놓고 '푸리우스가 소유한 농지에 마법을 부렸다'며 푸리우스를 고발했다. 그러나 푸리우스의 튼튼한 노예들과 마법도구들로 오인된 괭이, 갈퀴, 보습 같은 농기구들을 직접 확인한 동료농민들은 푸리우스의 무죄를 선언했다.

후대의 로마인들은 "카르미나carmina"라는 낱말을 단지 중상모략과 명예훼손만 뜻하도록 한정하여 사용했고, 위에 언급된 가해용 주문들에는 저주dirae나 악담defixiones 같은 명칭들을 부여했다.

원시인의 심정은 자신이 언급하는 대상을 의인화하려는 성향을 띠도록 발달했다. 이런 성향은 대상에 정령을 부여하려는 성향(애니미즘)과 함께 생겨났다. 그것은 주문이 언급대상을 다소나마 변화시킬 수 있다고 믿는 성향이었다. 그러나 앞에서 우리가 암시했다시피, 주문대상이나 기도대상을 향한 주문인呪文人이나 기도인祈禱人의 심정적 태도가 변하면서 그의 주문음조나 기도음조마저 결국 변하더라도 주문과 기도는 서로 다를 수 없듯이, 주문과 기도 중 어느 것의 본성이 근본적으로 변해도 주문과 기도는 서로 다를 수 없다. 주술과정은 순전히 기계적인 과정이다. 주술의례를 실행하는 개인은 일정한 효력을 발휘하고자 한다. 그것은 주술행위와 주문이 완벽하기만 하면 반드시 발휘할 수밖에 없을 효력으로서 믿긴다. 주술행위와 주문에는 개인의 의지가 담긴다. 그러나 기도인은 신에게 기도한다. 그의 기도를 받는 신은 자신의 영향권 안에서는 전능하다. 기도인은 그런 신의 의지를 취득해야 한다. 기도인의 관점에서 그가 취득할 수 있는 타인의 의지는 신의 의지와 같은 것이다. 바로 이런 정황이, 적어도 개인의 심정적 태도와 관련되는 한에서, 주문과 기도의 근본차이를 유발한다. 왜냐면 주문의 효력을 결정하는 것은 주문을 읊는 개인의 의지이고, 기도의 효력을 결정하는 것은 기도를 받는 신의 의지이기 때문이다. 더구나 세월이 흘러 고대의 종교들이 단순해지고 무의미한 형식들로 퇴행하자, 의례와 관련된 신의 개념은 망실되었고, 기도는 주문의 본성을 재획득했다.

고대에 인간의 생체기관들을 관할하던 진기한 여신 카르나는 이런 종교적 퇴행성을 명백히 예시한다. 로마 국가종교에서 카르나는 공인된 신이었다. 그러나 민간종교에서 카르나는 마녀로 간주되었다. 여신 카르나는 현대 이탈리아 중부의 토스카나 지방에도 잔존하면서 비록 카라도라Carradora로 호칭될지언정 본질적으로 고대에 담당했던 기능들을 동일하게 담당하는 상냥한 정령으로 믿긴다.[537]

우리는 이 단원에서 고대 로마의 기도와 주문은 여섯 가지 공통점과 한 가지 본질적 차이점을 공유한다는 사실을 증명하고자 한다. 그래서 우리는 먼저 고대 로마에서 영송된 주문의 특성들을 고찰하고 그런 특성들이 고대 로마의 기도에서 발견되는지 여부를 알아볼 것이다.

우리는 고대 로마의 주문과 관련하여 다음과 같이 말할 수 있다. 첫째, 주문은 명령형식을 띠었다. 둘째, 주문은 영송되었다. 셋째, 주문은 나지막이 읊조려졌다. 넷째, 주문은 반복되어야만 효력을 발휘할 수 있었다. 다섯째, 주문은 정확하게 발음되어야 했다. 여섯째, 주문은 대체로 사악한 목적들을 비밀리에 달성하려는 의도의 소산이었다. 일곱째, 어떤 신도 주문과 무관하다.

---

537 마크로비우스, 『사투르날리아』 I. 12, 31-33; 찰스 고드프리 릴런드, 『에트루리아계 로마의 유물들Etruscan Roman Remains』, p. 108 참조.

1. 명령기도

주술의례에서 주문은 거의 언제나 명령형식을 띤다. 그래서 예컨대, 통풍痛風을 퇴치하려는 주문은 다음과 같다. "물러가라, 통풍과 온갖 근육통이여, 나의 두 발에서도 모든 사지에서도 물러가라."[538] 우리가 이미 살펴봤듯이, 흡혈귀들을 물리칠 능력을 가진 마녀 크라네의 축귀의례에서도 그런 해로운 동물들을 향해 영송되는 주문이 명령형식을 띠었다.[539] 이렇듯 명령형식을 띠고 주문대상에게 직접 명령되는 주문은 로마 국가종교 의례들에서도 발견된다. 로비구스(곰팡이정령) 기념축제(로비갈리아)에서 마르스의 사제들은 농작물의 싹을 해치지 말라고 로비구스에게 명령한다.[540] 또한 부당거래를 일삼는 자신뿐 아니라 자신의 상품들마저 위협할 액운들을 모면하고픈 부정직한 상인은 자신이 예전에 했던 거짓말들을 씻어버리라고 메르쿠리우스 샘에게 명령했다.[541] 또한 리비우스가 기록한 군사협정체결의례는 다음과 같은 구령과 함께 시작되었다. "들으소서, 유피테르여, 들으시오, 알발롱가의 대표자여, 들으시오, 알발롱가 사람들이여."[542] 로마 군대 선전사제의 선전포고는 다음과 같은 구령과 함께 시작되었다. "들으소서, 유피테르여, 그리고 야누스 퀴리누스[543]여, 그리고 하늘과 땅의 모든 신과 지옥의 신들이여, 들으소서."[544] 로물루스는 어느 신전에서 유피테르에게 맹세하면서 다음과 같이 기도했다. "그러나 신들의 아버지요 인간들의 아버지이신 당신이여, 부디 이곳을 공격하는 적군만이라도 물리치셔서 로마인들의 두려움을 없애주시고 로마인들을 비겁

538 마르켈루스 엠피리쿠스, 앞 책 XXXVI.
539 마크로비우스, 『사투르날리아』 1. 12, 31-33.
540 오비디우스, 앞 책 IV. 911.
541 앞 책 V. 681-682.
542 리비우스, 앞 책 I. 24, 7.
543 【Janus Quirinus: 야누스의 별명.】
544 앞 책 I. 32, 10.

한 도망자들로 전락하지 않게 해주소서."[545]

2. 영송기도

주문들을 영송하는 절차는 고대 로마의 여느 의례에서나 발견되는 공통관례이므로 여기서 자세히 설명되지 않아도 무방할 것이다. 카르멘이 "노래"를 뜻하는 낱말이라는 사실은 이 관례의 단적인 증거이다. 예컨대, 접골하거나 정골하려는 주술의례에서 주문은 노래(칸타레cantare)되었다.[546] 또한 어느 마녀는 주문을 만들어 티불루스에게 알려주면서 그 주문을 세 번 영송한 다음에 반드시 침을 뱉으라고 지시했다. 그래야 델리아의 남편이 델리아의 다른 애인들을 둘러싼 소문을 믿으면서도 델리아와 티불루스의 관계를 둘러싼 소문만은 믿지 않을 것이었기 때문이다.[547]

현존하는 고대 로마인들의 기도문들 중에 가장 오래된 두 건 — 『아르발 형제단의 찬가』, 『살리의 찬가』 — 는 모두 영송되었다. 리비우스가 기록했듯이 "살리는 로마 시내를 행진하면서 그들의 찬가들을 영송했다."[548] 마르쿠스 카토가 『농업』에 기록한 고대 로마의 기도문들은 원래부터 운문들이었다. 그러나 의례참배자의 기도를 권유하던 구령이 원래 디키토dicito(말합시다)였고 칸타토cantato(노래합시다)가 아니었다는 사실은, 적어도 마르쿠스 카토의 시대에는, 그런 기도문들이 "노래되었기"보다는 오히려 "발어發語되었다"는 사실을 증명한다. 그러나 심지어 마르쿠스 카토의 기록에서 발견되는 것들마저 포함하는 이런 기도문들은 느린 박자에 맞춰 영송되면서 의례의 엄숙한 종교적 특성을 간직하는 시가詩歌의 성격

545 앞 책 I. 12, 5.
546 역사학자 마르쿠스 카토, 『농업』 CLX.
547 리비우스, 앞 책 I. 2. 41-62.
548 앞 책 I. 20, 4.

<델리아와 티불루스>
네덜란드 화가 로렌스 알마-타데마Lawrence Alma-Tadema(1836~1912)의 1866년작.

을 현저하게 보유한다. 물론 하늘에서 천둥번개를 내리치게 만들려는 의례들에서는 주문들이 사용되었다.[549]

3. 저음기도

고대 로마인들은 일반적인 의례들에서는 큰소리로 기도했다. 그러나 우리는 고대 로마에서 기도들은 때때로 나지막이 영송되었다고 믿어도 된다.[550] 우리가 알다시피 고대 로마의 모든 주술의례에서는 주문이 사용되었고 거의 묵송默誦되거나 중얼거려지듯이 영송되었다.[551] 이구비움[552]의 아티에디 형제단에서 기도문은, 마르쿠스 카토가 기록한 기도문들처

549 오비디우스, 앞 책 111. 323-325.
550 아서 스탠리 피스Arthur Stanley Pease(1881~1964: 미국 고전학자), 『마르쿠스 키케로의 점술론M. Tulli Ciceronis de Divinatione』 I, p. 57, 129 참조.
551 루카누스, 앞 책 VI. 685-686 참조.
552 【Iguvium(이쿠비움Ikuvium): 이탈리아 중부 페루자 지방의 북동부에 위치한 도시 구비오Gubbio의 고대 지명.】

럼, 나지막이 반복적으로 영송되었다. 마르쿠스 키케로는 '사람들이 신들에게 묵도默禱한다'고 단언하면서도 그런 묵도들의 종류를 설명하지는 않았다.[553] 그러나 시인 퀸티우스 호라티우스는 어떤 사람을 풍자하면서 이 묵도의 문제를 얼마간 조명한다. 그 사람은 세인들 사이에서 착한 사람으로 믿겼다. 어느 날 그는 돼지 한 마리 또는 황소 한 마리를 제물로 삼아 제사를 지내면서 야누스와 아폴로에게는 모든 주변사람의 귀에 들리도록 큰소리로 기도했지만 도둑여신 라베르나Laverna에게는 아주 나지막이 기도했다. 왜냐면 그가 그래야만 동료들을 속일 수 있었기 때문이다.[554] 티불루스가 묘사한 어느 시골의 축제일에 거행된 의례에서 참가자들은 '다른 참가자들의 안녕을 신에게 바라면 큰소리로 기도하고 자신의 안녕을 바라면 나지막이 기도하라'는 공지를 받았다.[555] 유베날리스가 묘사한 어떤 어머니는 딸들을 아름다운 숙녀로 성장시켜달라고 신에게 빌면 큰소리로 기도했지만 아들들을 아름다운 사내로 성장시켜달라고 신에게 빌면 나지막이 기도했다.[556] 페르시우스는 동료들이 신전들에서 건전한 정신과 명예를 바라면 큰소리로 기도하지만 친지의 죽음을 바라거나 보물발견을 바라면 묵도한다고 불평했다.[557] 루키우스 세네카는 얼빠진 미치광이들은 지독히 천박한 것들을 신들에게 바라니까 속삭이듯이 기도한다고 개탄했다.[558] 베스타의 수석처녀사제는 규칙을 위반한 처녀사제를 채찍질하면서 묵도했다.[559] 그랬으므로 기도들은 보통 큰소리로 발성되었으리라고 추정된다. 그러나 사악한 것들을 희구하여 기도하려던 의례참가자는 (주술의

553 아서 스탠리 피스, 앞 책.
554 집정관 플리니우스, 『편지집』 I. 16. 57-62.
555 티불루스, 앞 책 II. 1. 84.
556 유베날리스, 앞 책 X, 289-292.
557 페르시우스, 앞 책 II. 6.
558 루키우스 세네카, 『도덕적 편지들Epistulae Morales』 X. 5.
559 플루타르코스, 『누마 폼필리우스』 X.

례에서도 그랬겠듯이) 오직 신에게만 들릴 수 있도록 속삭이듯이 기도했다.

고대 로마의 민간인들이 속삭이듯이 기도했다면 수치스러운 것들을 신에게 비느라 그랬을 수 있다. 그러나 사제들이 중얼거리듯이 기도했다면 수치스러운 것들을 신에게 비느라 그리하지는 않았을 것이다. 아마도 그들의 기도문들이 주술적 의미를 띠었기 때문에 그들이 중얼거리듯이 기도했을 텐데, 만약 그런 기도문들이 속인俗人의 귀에나 외지인의 귀에도 들리면 위험한 것들로 인식될 수 있었다. 그래서 오비디우스가 기록했듯이, 하늘에서 지상으로 유피테르를 강림시키는 주문들과 비법들을 누설하는 자는 신성모독자로 간주되었다.[560] 오비디우스가 독자에게 "카르멘탈리아Carmentalia(여신 카르멘타 기념축제)의례를 집전하는 사제 옆에 바짝 붙어서 귀를 기울여보라"고 말하는 대목[561]은 '사제들이 중얼거리는 기도를 반복했다'는 사실을 증명한다. 중얼거리며 기도하는 사제 옆에 바짝 붙어선 사람의 귀에는 사제가 중얼거리는 포리마Porrima와 포스트베르타Postverta라는 완전히 생소한 두 이름이 들렸을 텐데, 포리마와 포스트베르타는 산모의 자궁에서 태아의 머리와 양발 중 어느 한 부위를 먼저 빠져나오게 하는 출생방식을 결정한다고 믿기던 여신들이다.

4. 반복기도

반복은 주술용 주문의 특징이었다. 예컨대, 베르길리우스의 「제8전원시」에서 양치기소녀는 주문을 아홉 번 반복하여 영송한다. 또한 마녀가 티불루스에게 지어준 주문은 세 번 영송되어야 했다.[562] 팔레스에게 바쳐

560 오비디우스, 앞 책 III. 323-325.
561 앞 책 I. 631-632.
562 티불루스, 앞 책 I. 2. 54.

진 기도문의 말미에는 다음과 같은 문구도 발견된다. "이 기도문은 틀림없이 여신을 달랠 것이다. 그러므로 그대는 동쪽을 바라보며 이 기도문을 네 번 반복하여 읊조려라 …….."[563] 『살리의 찬가』에 수록된 시문들은 각각 세 번씩 영송되었고 살리도 세 번씩 춤추었다. 대체로 주문과 기도를 동일시하지 않으려는 윌리엄 워드 파울러는 그 시문들은 "본격적인 종교의 영역에 속하기보다는 오히려 주술의 영역에 속하는 것들로서 확실시된다"고 썼다.[564] 『아르발 형제단의 찬가』의 특징과 아티에디 형제단의 기도문의 특징도 반복이었다.

5. 신을 호칭하는 발음과 기도하는 발음의 정확성

원시인은 주문에 걸려야 할 의지를 품은 개인의 이름만 언급해도 주문의 효력을 충분히 발휘할 수 있다고 생각했다. 그래서 주문에 걸려들 개인의 이름은 반드시 정확하게 발음되어야 했다. 바로 이런 주술시대의 관습이 신들의 이름을 신중히 정확하게 발음하는 로마인들의 관습을 낳았다. 예컨대, 퀸티우스 호라티우스는 산모수호여신産母守護女神 일리티야Ilithyia(디아나)에게 기도하면서 "당신께선 루키나Lucina와 게니탈리스Genitalis 중 어느 호칭을 선호하나이까?"라고 덧붙여 기도했다.[565] 퀸티우스 호라티우스는 부신父神 마투티누스Matutinus(갈리아족의 신, 또는 메르쿠리우스) 찬가를 시작하면서 "아니면, 당신께서 야누스라는 호칭을 선호하신다면"이라고 조심스럽게 덧붙여 노래한다.[566] 루키우스 아풀레유스는 『변신담』에서 천상여왕天上女王에게 케레스, 베누스, 피버스Phoebus(포이보

563 오비디우스, 앞 책 IV. 777-778.
564 파울러, 앞 책, p. 187.
565 퀸티우스 호라티우스, 『속세의 노래Carmen Saeculare』 13-16.
566 퀸티우스 호라티우스, 『풍자시집Sermones』 II. 6. 20-23.

스Phoibos: 아폴론의 별명)의 딸, 프로세르피나Proserpina로 아니면 "여느 이름으로 호칭되셔도, 여느 의례를 받으셔도, 여느 모습으로 나타나셔도 좋을 당신께 비나이다"라고 기도한다.[567] 마크로비우스가 기록한 데보치오devotio(필승서약문必勝誓約文)는 "디스 파테르Dis Pater(플루토Pluto 혹은 하데스)로 아니면 여느 이름으로 호칭되셔도 좋을 당신께 기도하오니……"라는 문구를 포함했다.[568] 세르비우스 호노라투스가 기록한 대사제들의 기도문은 "유피테르 옵티무스 막시무스Jupiter Optimus Maximus로 아니면 여느 이름으로든 호칭되기를 바라시는 당신께"라는 문구를 포함했다.[569] 그런 한편에서 파악될 수 없는 불확실한 성별을 가진 신에게 바쳐진 기도문들에는 "남신님께 아니면 여신님께, 남성이신 분께 아니면 여성이신 분께"라는 문구가 추가되었을 것이다.[570] 그래서 팔레스와 포모누스Pomonus(포모나Pomona: 과일신果實神)의 성별은 확정되지 않았다.

신을 기념하는 희생의례에서는 신을 호칭하는 사람의 발음이 정확해야 했을 뿐 아니라 기도하는 사람의 발음도 기도순서를 공지하는 사람의 구령만큼 정확해야 했다. 그런 발음이 조금만 틀려도 의례는 처음부터 다시 거행되어야 했거나 속죄용 희생의례가 추가로 거행되어야 했다.[571] 아티에디 형제단도 기도하다가 조금만 틀리게 발음해도 처음부터 다시 기도해야 했다. 유베날리스가 묘사한 어느 여인은 베일을 머리에 쓰고 제단 앞에 서서 자신의 내연남자를 칠현금연주대회의 우승자로 만들어달라고 신에게 기도했다.[572]

567 루키우스 아풀레유스, 『변신담』 XI. 2.
568 마크로비우스, 『사투르날리아』 III. 9, 10.
569 세르비우스 호노라투스, 앞 책 II. 351.
570 역사학자 마르쿠스 카토, 『농업』 CXXXIX.
571 앞 책 참조.
572 유베날리스, 앞 책 VI. 390-392.

6. 타인을 가해하려는 기도

고대 로마에서는 타인을 돕기보다는 가해하려는 주술행위가 더 많이 실행되었다. 그런 주술행위들은 적어도 서기전450년까지 만연했다. 이 사실은 고대 로마 12표법에 명시된 가해용 주술행위들을 금지하는 조항들이 증명하는 것이다. 그래서 고대 로마인들은 타인을 가해하려는 주술을 공식적으로 혐오하는 태도를 보였지만, 그들이 거행한 거의 모든 의례에서는 주술적 유사성원리들과 접촉원리들이 작용했을 것이다. 세르비우스 호노라투스는 로마인들의 예술관藝術觀을 설명하면서 다음과 같이 기록했다. "로마인들은 많은 의례를 거행하면서도 언제나 주술을 비난했는데, 왜냐면 그들은 주술을 저급예술로 간주했기 때문이다." [573]

이제부터 우리는 다양한 라틴계 저자들의 기록들에서 수집한 악의적 기도의 증례들을 살펴볼 것이다. 고대 로마 시인 카툴루스는 자신의 친구들을 해코지한 사람을 불행하게 만들어달라고 신들에게 기도했다.[574] 베르길리우스는 — 적어도 우리의 관점에서는 — 타인을 가해하려는 기도의 세 가지 증례를 보여준다. 첫째, 퓌로스의 칼에 베여 죽은 아들 폴리테스의 시체를 자신의 발밑에 둔 프리아모스[575]는 퓌로스도 폴리테스처럼 칼에 베여 죽게 만들어달라고 신들에게 기도했다.[576] 둘째, 에우안드로스[577]는 에트루리아의 폭군 메젠티우스Mezentius가 자행한 살인과 온갖 만행을 에트루리아인들도 똑같이 당하도록 해달라고 신들에게 기도했다. [578] 셋

573 세르비우스 호노라투스, 앞 책 IV. 493.

574 카툴루스, 앞 책 XXVIII. 14-15.

575 【퓌로스Pyrrhos(네오프톨레모스Neoptolemos)는 그리스 신화에 나오는 전사 아킬레우스Achilleus와 스퀴로스Skyros섬의 공주 데이다메야Deidameia의 아들이고, 폴리테스Polites는 트로이 국왕 프리아모스**Príamos**의 아들이다.】

576 베르길리우스, 『아이네이스』 II. 535-539.

577 【Euandros(에반데르Evander): 로마 신화에서 그리스의 판테온Pantheon(만신전萬神殿), 법률, 알파벳을 이탈리아로 전파한 문화적 영웅으로 묘사되는 인물.】

578 앞 책, VIII. 484.

째, 아스카니우스는 누마누스 레물루스[579]를 상대한 전투를 개시하기 전에 자신을 도와달라고 유피테르에게 기도했다.[580] 신의 가호를 받아 승전한 아스카니우스는 유피테르의 제단에 제물을 바쳤을 것이다. 우리가 이미 살펴봤듯이, 퀸티우스 호라티우스 시대의 로마에는 자신의 도둑질을 성공시켜달라거나 자신의 범죄나 야바위를 은폐해달라고 신에게 기도한 자들이 있었을 것이다. 프로페르티우스는 다른 많은 로마인과 마찬가지로 악의적 기도를 서슴지 않았다. 예컨대, 로마의 어느 집정관이 퀸티아를 편애하는 프로페르티우스를 공직에서 해임하자 프로페르티우스는 "그렇다면 베누스여, 이토록 슬픈 저를 도우셔서 그놈(집정관)을 지독한 색욕에 시달리다가 자멸하게 하소서"라고 기도했다.[581]

고대 로마의 역사학자 벨레유스 파테르쿨루스가 기록한 일화[582]도 악의적 기도를 예증한다. 추방당했던 집정관 킨나Cinna(?~서기전84)가 로마로 복귀하기 전에 집정관직을 사임한 메룰라Merula(?~서기전87)는 킨나와 그의 계파에게 천벌을 내려달라고 신에게 간절히 기도하며 칼로 자신의 손목을 그었는데, 그 기도는 주문형식을 띠었을 가능성이 농후했다. 유베날리스의 풍자시들은 수상쩍은 목적들을 달성하게 해달라고 신들에게 바라는 기도의 많은 증례를 포함하는데, 예컨대, 많은 재물, 로마 시내에서 가장 커다란 돈궤, 아들들의 미모美貌, 카피톨리움 기념제전Capitoline Games(루디 카피톨리니Ludi Capitolini)의 칠현금연주대회우승 같은 것들도 그런 목적들이었다.[583] 페트로니우스는 시대가 타락하여 사람들이 웅변의

579 【로마 신화에서 아스카니우스Ascanius는 알발롱가의 전설적인 왕(서기전1176~1138재위추정)이고, 누마누스 레물루스Numanus Remulus는 이탈리아의 전설적인 부족 루툴리Rutuli족의 왕 투르누스Turnus의 막내사위이다.】

580 앞 책, IX. 625-629.

581 프로페르티우스, 앞 책 III. 8, 13-14.

582 벨레유스 파테르쿨루스, 앞 책 II. 22, 2.

583 유베날리스, 앞 책 VI. 385-388, X. 23-25, X. 289-292 참조.

설득력이나 철학의 은총을 바라며 기도하지 않고 부유한 이웃의 죽음이나 매장된 보물을 발굴하기를 바라며 기도한다고 개탄했다.[584] 유베날리스처럼 페트로니우스도 신전들에서 기도하는 동료들의 소원들에 전혀 공감하지 않았다. 왜냐면 그의 동료들은 건전한 정신, 명예, 신뢰를 바란다고 큰소리로 기도하면서도 진심으로는 친지의 죽음이나 보물발견을 바라면서 기도했기 때문이다. 그렇게 표리부동한 사람들은 자신들의 기도를 공인받게 만들려고 테베레강의 거룩한 강물에 자신들의 온몸을 두세 번씩 흠씬 담갔을 것이다.[585] 로마 황제 티베리우스의 친위보병대장 세야누스Sejanus(서기전20~서기31)는 명예와 재산을 바라며 신에게 기도했다.[586] 그러나 더 높은 명예와 더 많은 재산을 취득할수록 더 비참한 파멸의 구렁텅이로 추락하는 많은 야심가의 운명처럼, 세야누스의 운명도 명예와 재산을 취득한 만큼 파멸할 수밖에 없었다. 티불루스는 라레스에게 사랑스럽고 감동적으로 기도했다. 그런데 유베날리스가 묘사한 당대의 로마인들 중 어떤 남자는 라레스에게 다음과 같이 기도했다.

> …… 사랑스러운 라레스여, 저는 평소에 향香부스러기나 밀알 몇 낱 아니면 엉성한 화환이나 바치며 당신들께 기도했사온데, 제가 늙어서 동냥하는 거지신세로 전락하지 않고 안락하게 생활하려면 언제쯤 사냥감을 잡아서 당신들께 바치면 되겠나이까?[587]

그리고 이 남자는 수익금 2,000세스테르티우스[588], 순은제純銀製 소형 접

584 페트로니우스, 『사튀리콘』 LXXXVIII.
585 페르시우스, 앞 책 II. 3. 16.
586 유베날리스, 앞 책 X. 243-245.
587 앞 책 IX. 137-140.
588 【sestertius: 고대 로마의 0.25데나리우스denarius에 상당하던 화폐단위.】

시들, 튼튼한 노예 두 명, "순종적인 동판세공사curvus caelator," 화공畫工을 바란다고 기도했다. 그는 이것들을 자신의 경건한 신심信心에 소소하게나마 부응하는 것들로 생각했다.

7. 신과 무관한 기도

여기서 우리는 기도와 주술의 한 가지 차이점을 발견한다. 의례참배자는 신에게 기도하고, 그의 기도를 받는 신은 자신의 영향권 안에서 전능하며, 그가 신의 의지를 취득하려면 신에게 제물과 기도를 바쳐야 한다. 그러나 주술은 신을 전혀 호출하지 않는다.[589]

물론 우리는 신을 향한 기도가 주문의 특성들 중 하나 또는 그것들 모두를 보유할 수 있다고 인정해야 한다. 그래서 기도는 그런 특성들을 더 많이 보유할수록 순수한 주문을 더 흡사하게 닮을 것이다. 이런 변화는 의례참배자의 심정 속에서도 진행될 것이다. '신을 전혀 호출하지 않는 순수한 주문'이 '신을 호출하는 기도'로 변해가는 단계는 불확실한 시대들을 포함할 수밖에 없다. 그런 시대들에 의례참배자는 주문이나 기도의 결과를 스스로 통제하는지 여부를 확신하지 못하고 자신보다 더 강력한 어떤 통제력이 존재하는지 여부도 확신하지 못한다.

'자신의 영향권 안에서 전능한 신'의 개념이 발달한 경위는 해명되어야 할 것이다. 주술시대의 인간은 신비영능(마나)이 사물들에 내재한다고 믿었다. 만약 그런 영능이 이로운 것(긍정적 마나)이면, 그는 주문이나 부적을 동원하는 강제적 주술행위를 거행하여 그런 영능을 이용할 수 있다고 믿었다. 그런 반면에 만약 그런 영능이 유해한 것(부정적 마나)이면, 그는 어떻게든 그것을 피해야 한다고 믿었다. 그런데 그가 도저히 그것을 피할

589 예컨대, 루카누스, 앞 책 VI. 523-526 참조.

수 없으면 그것에서 터부시된 사물의 감염력을 제거하는 정화의례를 거행해야 한다고 믿었다. 특히 그가 주술로써 기대하던 효과를 거두지 못하면서 그의 심정적 태도는 또 다른 단계로 서서히 발달했다. 그런 단계에서 그는 자신과 다르지도 않고 자신의 감정들마저 거의 똑같이 느끼는 정령들을 자신과 관련된 사물들에 부여할 수 있다고 생각하기 시작했다. 그래서 그는 친구들의 도움을 받으려면 그들에게 부탁하거나 선물을 주면서 설득해야 하듯이 정령들의 도움을 받으려면 그런 설득방식과 거의 똑같은 방식으로 정령들을 설득해야 한다고 믿었다. 그런 단계에서 아직 발달하지 못한 신들은 누미나numina로 총칭되었다. 그래서 고대 로마인들이 알던 신들의 개념은 그런 단계에서 결코 더 발달하지 못했다.

우리는 지금까지 잔존하는 고대 로마의 기도문들이 몇 가지 특성을 주문들과 공유했다는 사실을 증명하려고 애썼다. 기도(문)들과 주문들은 영송되었다. 그것들은 대체로 명령형식을 띠었고 주로 나지막하게 영송되었다. 그것들 각각의 전체나 부분은 반복적으로 영송되었다. 그것들을 영송하는 사람의 발음은 정확해야 했다. 그것들의 다수는 악의를 내포했다. 게다가 우리는 의례참배자의 심정적 태도가 변하면서 기도가 주문보다 명백하게 진일보했다는 사실뿐 아니라 주문은 신을 전혀 호출하지 않는 반면에 기도는 누멘 또는 충분히 발달한 신을 호출했다는 사실마저 증명하려고 애썼다. 그리고 주술에서는 의지가 개인의 것으로서 나타나지만, 종교에서 의지는 신에게 일임된다.

제7장

자연신앙과 애니미즘(정령신앙)

애니미즘은 이 연구서의 제1장에서 논의되었고 애니미즘 원리들도 제시되었다. 그래도 특히 고대 로마인들의 생활과 관련된 애니미즘 원리들은 더 자세히 설명되고 예증되어야 할 것들이다. 그렇지만 우리는, 몇몇 학자도 — 어쩌면 타당하게도 — 그랬듯이, 애니미즘 시대보다 앞선 시대를 먼저 살펴봐야 한다. 그 시대는 여태껏 자연숭배naturism 시대 또는 자연신앙 시대로 통칭되었다.[590] 그 시대의 인간은 사물들을 생물들로 인식했다. 물론 사물들이 인간 같은 정령들을 보유해서 그렇게 인식되었기보다는 오히려 대체로 인간에게 해로운 영능들을 보유해서 그렇게 인식되었다. 인간은 그런 영능들을 번개, 야수, 강물에서 목격했다. 고대 로마인들이 그런 자연물들에게, 완전히 비개인적인 방식으로, 직접 기도했다는 사실은 확실하다. 우리가 역시 제1장에서 살펴봤듯이, 팔레스 기념축제에서 의례참배자는 "샘들과 샘들의 정령들"에게 기도했다. 고대 로마에서 불을 다스린다고 믿겼던 여화신女火神 베스타도 필시 그런 식으로 기도를 받았을 것이다. 왜냐면 베스타 신전에는 신상이 전혀 없었고 오직 성화聖火 —

590 에드워드 클로드, 앞 책, p. 22.

베스타 자신 — 만 있었기 때문이다.

그러므로 이제부터 우리는 고대 로마에서 숭배된 자연물들을 다소 구체적으로 검토해볼 것이다. 암석, 나무, 샘, 하천, 바다, 비[雨]뿐 아니라 이로운 동시에 유해한 불도 숭배되었다. 충분히 발달한 종교들에서는 대체로 이런 자연물들이 신들로서 숭배되지 않으면 정령들로서 숭배된다. 그러나 우리가 앞으로 살펴보겠듯이, 이런 자연물들이 곧이곧대로 숭배되었다는 사실을 증명하는 단서들도 풍부하게 잔존한다.

1. 암석숭배

고대에는 암석을 신성시하는 믿음이 드물지 않았다. 야곱Jacob의 일화는 그런 믿음을 예시한다. 어느 날 여행길에 날이 어두워져 돌을 베고 잠자다가 이른 아침에 잠깬 야곱은 간밤의 꿈속에서 야훼를 봤기 때문에 자신이 잠잤던 장소를 신성시하여 그곳에 "베개로 삼았던 돌을 세워서 만든 기둥의 꼭대기에 올리브유를 부었다."[591] 돌(기둥)에 올리브유를 부은 야곱의 행위는 그가 '신이 돌에 들어있다'고 믿었다는 사실을 암시한다. 여호수아Joshua의 일화도 그런 믿음을 예시한다. 그는 죽기 전에 자신의 최후명령을 백성에게 내리면서 돌을 그 명령의 증거로 삼는다. 그는 "큰 돌을 들어다가 야훼 신전 옆에서 자라는 상수리나무 밑에 세웠다. 그리고 여호수아가 만백성에게 말했다. '보라, 이 돌은 우리에게 증거가 되어줄 것이다. 왜냐면 이 돌은 야훼께서 우리에게 하신 모든 말씀을 들었기 때문이다. 그리하여 이 돌은 그대들의 야훼를 그대들이 부정하지 않도록 그대들에게 증거가 되어줄 것이다.' "[592] 우리가 이미 확인했듯이, 고대 그리

591 「창세기」 제28장 제10~19절.
592 「여호수아」 제24장 제26~27절.

스인들은 운석을 숭배했다.[593] 고대 그리스의 귀테욘[594] 근방에서는 제우스가 돌덩이와 동일시되어 숭배되었는데, 그 돌덩이는 아마도 운석이었을 것이다.[595] 그리스 신화에서 크로노스는 갓 태어난 아들 제우스를 집어삼키려다가 강보에 싸인 돌을 집어삼켰는데, 델포이Delphoi(델피Delphi)에 그 돌이 있었을 것이다.[596] 고대 그리스의 퀴레나이케[597] 지방에는 남풍南風에 바쳐진 신성한 바위가 있었는데, 인간은 그 바위를 절대로 접촉하지 말아야 했다.[598] 서기전204년 로마로 반입된 대모신상大母神像은 투박하고 검은 운석에 불과했다.[599]

암석숭배의 잔재들은 근대 서양의 기독교신자들 사이에서도 발견된다. 서력기원전의 갈리시아[600] 지방에서는 암석들이 각별하게 숭배되었는데, 오늘날 그 지방의 독실한 가톨릭신자들은 교회에서 기도하면서 기도의 효력을 배가하려고 습관적으로 돌에 입을 맞추곤 한다.[601]

자연철학자 플리니우스는 몇몇 암석의 주술효력에 얽힌 기묘한 미신을 기록했다.[602] 고대 로마에서는 사람 한 명, 수퇘지 한 마리, 곰 한 마리를 각각 단번에 때려죽인 살상도구로 사용된 짱돌 한 개가 임산부의 집 지붕에 투척되어 얹히면 임산부가 아이를 순산할 수 있다고 미신된 듯이 보인다. 비를 내리게 할 수 있는, 아마도 십중팔구는 운석이었을, 돌덩이의 주

593 자연철학자 플리니우스, 『자연역사』 II. 149-150.
594 【Gytheion(귀티온Gythion=귀테요Gytheio=귀티움Gythium): 그리스 펠로폰네소스 반도의 남해안에 위치한 도시.】
595 아서 비 쿡Arthur B. Cook, 『제우스Zeus』 Vol. I. p. 520.
596 락탄티우스, 앞 책 I. 20.
597 【Kyrenaike(사이러네이커Cyrenaica=판타폴리스Pentapolis): 북아프리카 리비아Libya 북동해안지역에 있던 고대 도시.】
598 자연철학자 플리니우스, 앞 책 11. 115.
599 리비우스, 앞 책 XXIX. 10, 14.
600 【Galicia: 에스파냐의 북서부지역.】
601 에이치 더블류 호위스H. W. Howes, 「갈리시아 민담Gallegan Folklore II」, 《포크로어》 XXXVIII(1927), p. 358 참조.
602 자연철학자 플리니우스, 앞 책 XXVIII. 33.

술효력은 우리가 이 연구서의 제4장에서 아콰엘리키움(기우제)을 논의하면서 이미 주목했던 것이다. 오늘날 아오부족[603]은 신성한 돌멩이들을 숭배하면서 그것들에 제물을 바치고 기도한다. 또한 그들은 몇몇 둥근 옥돌이 날씨를 다스리는 영능을 발휘한다고도 믿는다.[604]

카피톨리움 언덕의 유피테르 신전에서 숭배의례가 거행되기 시작했을 무렵에 유피테르는 페레트리우스Feretrius로 호칭되었다. 그 신전 앞에 혹은 그곳의 제단 바로 옆에 있던 상수리나무는 페레트리우스의 거처로 믿겨서 신성시되었다. 고대 로마인들은 로물루스가 라티움에 있던 도시 카이니나Caenina의 왕을 굴복시키고 획득한 전리품들을 그 상수리나무에 걸어두었다고 믿었다.[605] 그러나 역사시대에는 돌도끼나 돌칼일 수도 있었을 부싯돌 — 석기시대의 유물 — 이 그 신전에 모셔진 신의 유일한 상징이었다. 우리가 앞에서 인용한 여호수아의 일화는 상수리나무와 암석의 밀접한 관계를 시사한다. 그런 관계는 아마도 상수리나무와 암석이 주술적으로 전달할 수 있는 성질인 단단한 내구성耐久性을 공유한다는 사실에서 파생할 것이다. 또한 고대 라티움에서는 상수리나무와 암석이 농장들의 경계선표시들로 사용되었다는 사실도 그런 관계를 파생시켰을 것이다.

고대 로마의 선전사제들은 카피톨리움 언덕의 유피테르 신전에 있던 부싯돌을 사용하여 "돌[石] 유피테르의 이름으로" 맹세하곤 했다. 로마 군사협상단장은 사생활에서 신의 이름으로 맹세할 때 손에 돌멩이를 쥐고 다음과 같이 말했다.

---

603 【Ao部族: 인디아India 동북부의 나갈란드주Nagaland州에 거주하는 원주민족인 나가족Naga族을 구성하는 최대부족.】
604 「제이 피 밀스의『나가족의 아오부족』서평J. P. Mills, The Ao Nagas」,《포크로어》XXXVIII(1927), p. 94 참조.
605 리비우스, 앞 책 I. 10; 디오니시오스, 앞 책 II. 34.

<유피테르 신전에서 희생의례를 거행하는 황제 마르쿠스 아우렐리우스>
북아프리카 고대도시 오야Oea(현대의 리비아 수도 트리폴리Tripoli)에 있는 마르쿠스 아우렐리우스 개선문Arch of Marcus Aurelius(165년)의 부조

내가 만약 고의로 속인다면, 지금 내가 이 돌멩이를 내던져버리듯이, 유피테르께서는 나의 소유지에서 나를 내쫓으시고 도시와 성채마저 내버리실 것이다.[606]

로마 군대가 외국군대를 상대로 협정체결의례를 거행할 동안 선전사제는 제물용 돼지를 타격하기 직전에 다음과 말했다.

만약 (로마인들이) 먼저 (이 협정조항들을) 위반한다면, 오늘 여기에서 제가 이 돼지를 후려치듯이, 오, 유피테르여, 당신께서는 로마인들을 후려치소서…….[607]

초창기 로마의 선전사제들은 외국으로 출전할 때마다 유피테르 신상神像을 가져갔지만, 로마의 세력권이 확장되면서 그들이 신상을 가져가야 할 거리도 늘어나자 로마에 신상의 본체를 남겨두고 그것에 부착되었던 신성한 지팡이만 분리하여 전쟁터로 가져갔다.[608] 이 사실은 신을 접촉한 것은 신을 대신한다고 믿는 원시적 사고방식을 다시금 증명한다.

고대 라티움에서 농장들의 경계선들은 돌덩이들이나 나무말뚝들로 표시되었다. 이런 경계선표시들 중 몇몇은 신들로 믿겨서 아득한 옛날부터 숭배되었다.[609] 여기서 우리는 고대 로마인들의 가장 원시적인 숭배의례들 중 하나를 마주친다. 처음에는 틀림없이 암석자체 — 물신物神[610] — 가

606 페스투스, 「부싯돌Lapidem silicem」, 앞 책(카를 오트프리트 뮐러 편찬, p. 115).
607 리비우스, 앞 책 I. 24. 4-9.
608 세르비우스 호노라투스, 앞 책 XII. 206.
609 시쿨루스 플라쿠스의 보고문, 『토지조사기록』 I. 141; 이 문장의 라틴어전문은 프레이저의 『오비디우스의 "종교축제일들"』 Vol. II, p. 483, note 1에서 발견된다.; 디오니시오스, 앞 책 II. 74 참조; 아우구스티누스, 앞 책 IV. 23; 파울러, 『공화정치시대 로마의 축제들』, pp. 324-327.
610 프랭크 바이런 제번스, 앞 책, p. 21.

숭배되었고, 세월이 흐르면서 암석에 깃들였다고 믿긴 정령이 숭배되었다. 경계선신 테르미누스는 정령의 단계에서 전혀 더 발달하지 않는 듯이 보인다. 경계석境界石들은 엄숙한 의례장소에서 사용되었다. 의례장소의 땅바닥에는 구덩이 하나가 파였다. 그 구덩이에는 희생동물의 피가 흘려질 수도 있었고 희생동물의 유골과 유해가 향香이나 농작물들과 함께 던져질 수도 있었다. 그것들이 담긴 구덩이에는 경계석이 단단히 박혔는데, 그 경계석에는 아마도 기름이 발리고 화환이 걸렸을 것이다. 훗날에는 그런 경계석들 밑에 숯, 토기파편들, 깨진 유리잔, 동전들, 석고판 따위들도 묻혔다.

고대 로마의 시골에서 매년 2월 23일에 거행된 테르미누스 기념축제(테르미날리아Terminalia)의 절정은 원래의 테르미누스 숭배의례를 재현한 연극이었다.[611] 서로 인접한 농장들의 주인들은 각자의 농장경계석들을 화환으로 장식했다. 그들은 각자의 농장을 대표하는 경계석 앞에 제단을 설치했고 그들의 아내들은 저마다 집안의 화덕에서 꺼낸 불씨를 제단 앞에 갖다놓았다. 어느 농장주는 잘게 썰어서 제단에 높게 쌓은 화목들에 불을 지폈고, 자신의 농장에서 생산한 몇 가지 농작물을 바구니 한 개에 담아서 한 번씩 세 번에 걸쳐 제단의 불길 속으로 던져 넣었다. 그 자리에 있던 구경꾼들은 포도주를 고수레하거나 음복했다. 역사시대에는 어린양의 피나 어린돼지의 피뿐 아니라 이따금 인간아동의 피도 농장경계석에 뿌려졌다. 그러나 오래전부터 유혈희생의례는 금지된 듯이 보인다.[612]

테르미누스를 찬양한 축제와 노래들은 숭배의례로써 마무리되었다. 농장경계석에 바쳐진 의례와 제물들은 농장에서 해악들을 퇴치할 수 있

611 테르미누스 기념축제는 오비디우스, 앞 책 II. 639-684 참조; 퀸티우스 호라티우스, 앞 책 II. 59-60; 디오니시오스, 앞 책 II. 74; 페스투스, 「테르미누스Terminus」, 앞 책(카를 오트프리트 뮐러 편찬, p. 368).
612 플루타르코스, 『로마 문답서』 XV, 『누마 폼필리우스』 XVI. 1.

는 농장경계석의 주술효력을 배가하고 농장경계선들을 변경하려는 모든 시도를 저지할 수 있는 방어력을 농장경계석에 부여한다고 믿겼다.

고대 로마 시내에 속하는 카피톨리움 언덕의 유피데르 신전의 내부에는 테르미누스로 호칭된 표석이 있었는데, 그 표석 위쪽의 천장은 뚫려있었다. 왜냐면 테르미누스는 탁 트인 야외에서 숭배되어야 했기 때문이다. 로마 공화국왕 루키우스 타르퀴니우스 수페르부스의 재위기간에 카피톨리움 언덕의 신전을 재건축하는 공사가 시작되었을 때 그곳에서 숭배되던 테르미누스(표석)와 청춘여신 유벤타스만 남고 나머지 신들은 모두 종교적 출전의례出殿儀禮exauguratio를 받아들여 "이송될" 수 있었다는 일화도 전해진다.

2. 나무와 숲

오늘날 지구표면의 막대한 부분을 차지하는 농경지들과 개간지들은 원시시대에는 숲들이었다. 그러므로 여기서 우리가 '원시인들은 나무들과 숲(삼림 및 산림)들을 보면 경외감을 느꼈다'는 사실을 굳이 예증하지 않아도 거의 무방할 것이다. 고대 이탈리아에도 그런 원시림原始林들이 존재했다. 베르길리우스는 왕 라티누스[613]의 궁궐이 "그의 조상들이 경외하고 숭배하던 장엄한 숲속에" 있었다고 기록했다.[614] 고전시대의 작가들은 당대에 이미 단순한 지명들로 변해버린 숲들을 언급한다. 예컨대, 에트루리아의 키미니아Ciminia 숲(실바 키미니아Silva Ciminia)은 게르마니아의 숲들만큼 울창하고 무시무시하여 심지어 장사꾼들도 그 숲을 통과하지 않으려고 했다. 언젠가 로마 군대의 공세에 밀린 에트루리아 군대의 병사들이

613 【Latinus(라비뉴스Lavinius=라티노스Latinos): 그리스 신화와 로마 신화에서 라티움의 라틴Latin족(라티안Latian족)을 다스린 왕으로 묘사되는 인물.】

614 베르길리우스, 『아이네이스』 VII. 172.

키미니아 숲으로 도망쳤다. 그들을 추격하던 로마 군대의 장군을 제외한 누구도 선뜻 그 숲으로 들어가려고 하지 않았다. 그러나 잠시 후에 장군의 형제가 노예 한 명만 대동하여 그 숲을 통과하겠다고 자청했다. 이 일화를 기록한 역사학자마저 놀랜 그 형제의 시도는 무사히 성공했다. 그리하여 용기를 얻은 장군과 휘하부대는 보무당당하게 숲을 통과하여 에트루리아 평원으로 진출했다.[615]

원시인이 나무들을 보면서 느낀 이런 경외감은 아주 자연스러운 것이었다. 바람을 맞으면 가지들을 움직여 삐걱거리고 잎들을 흔들며 속삭이는 나무의 생동성生動性 때문에라도 원시인은 나무를 충분히 인간다운 생명체로 실감할 수 있었다. 그래서 신성한 숲들에서 울려나오는 "음성音聲들"이 고대 로마의 문헌에 자주 언급되었다. 예컨대, 제6대 로마 국왕 세르비우스 툴리우스의 재위기간에 발생한 돌림병의 불가사의한 징조들 중 하나가 "산꼭대기의 숲에서 울려나오는 괴성"이었다.[616] 또한 율리우스 카이사르의 암살을 예시한 징조들 중 하나도 "고요한 숲들에서 사방으로 쩌렁쩌렁 울려 퍼지는 굉음"이었다.[617] 그래서 시인 오비디우스가 어느 음산한 참나무숲을 묘사하다가 "이곳에 악령이 거주한다"고 말했어도 매우 자연스러웠고,[618] 자연철학자 플리니우스가 다음과 같이 기록했어도 아주 자연스러웠다.

> 나무들은 신령들의 신전들이었다. 고대의 의례를 봉행하는 단순한 시골사람들은 심지어 요즘에도 가장 출중한 나무를 신에게 헌정한다. 왜냐면 우리

615 리비우스, 앞 책 IX. 36.
616 앞 책 I. 31. 3.
617 베르길리우스, 『농경시』 I, 476-477; 자연철학자 플리니우스, 앞 책 XVII. 243 참조.
618 오비디우스, 앞 책 III. 295-296.

는 황금과 상아象牙로 장식된 반짝이는 조각상들보다 우리의 숲들과 그곳들에 가득한 정적靜寂을 더 숭상하기 때문이다 …….[619]

전쟁터에서 맡은 임무들을 수행하던 티불루스도 화환으로 장식된 나무 말뚝이나 아주 오래된 경계석을 마주치면 잠시 멈춰서 그것들을 향해 참배했을 것이다.[620] 마르쿠스 아우렐리우스의 동생이자 로마의 공동황제共同皇帝이던 루키우스 베루스Lucius Verus(130~169: 161~169 재위)가 병을 앓다가 회복하자 그들의 가정교사이던 마르쿠스 코르넬리우스 프론토는 모든 신성한 숲들과 나무들에게 일일이 기도하며 고마운 마음을 표시했다.[621]

고대 로마인은 숲에서 소를 방목할 목초지나 새로운 농경지를 개간하려면 그 숲을 지배하던 미지의 정령들을 달래는 위령의례慰靈儀禮(위령제)를 반드시 거행해야 한다고 믿었다. 왜냐면 로마인은 그래야만 정령들이 목초지의 소나 농경지의 농작물을 해코지하지 않으리라고 믿었기 때문이다. 마르쿠스 카토는 그런 위령의례를 묘사한 기록을 남겼다.[622] 우리가 앞으로 살펴보겠듯이, 그런 위령의례는 일종의 속죄용 희생의례로서 의도되었을 뿐만 아니라 (카토가 묘사한 다른 희생의례들에서도 그랬듯이) 위무慰撫받는 정령들에게 힘을 보태준다고도 생각되었다. 우리가 카토의 『농업』에서 발췌하여 번역한 아래 인용문은 위령의례를 이해하려는 사람에게 요긴하다.

619 자연철학자 플리니우스, 앞 책 XII. 3.
620 티불루스, 앞 책 I. 1. 11-12.
621 마르쿠스 코르넬리우스 프론토, 『진정한 황제께 드리는 편지Ad Verum Imperatorem』 II. 6[사무엘 아드리아누스 나버Samuel Adrianus Naber(1828~1913: 네덜란드 고전학자) 편찬, p. 133].
622 마르쿠스 카토, 『농업』 CXXXIX.

로마에서 숲을 개간하려는 사람은 다음과 같은 절차를 밟아야 한다. 돼지 한 마리를 속죄용 제물로 삼아 위령의례를 거행하면서 다음과 같이 기도하라. "이곳을 거룩하게 여기시는 남신이여, 혹은 여신이여, 당신께 속죄용 돼지 한 마리를 제물로 바쳐도 좋다면 …… 제가 혹은 저의 대리인이 마땅히 그리하겠사오니 …… 저의 기도를 들으시는 여신이여, 저와 저의 가족과 저의 노예들과 저의 자녀들에게 부디 호의와 자비를 베푸소서. 그러므로 여신이여, 제가 당신께 제물로 바치는 돼지를 드시고 힘내소서." 그리고 숲을 굴착하는 작업을 하려는 사람은 두 번째 제물을 바치는 의례를 똑같은 방식으로 거행하면서 다음과 같은 기도를 덧붙여야 한다. "이 작업을 용서해주소서."

세계의 모든 인간종족은 여태껏 숲을 신성시해왔다. 프레이저의 다음과 같은 기록도 그런 믿음을 예증한다.

(아프리카) 나이지리아Nigeria 남동부의 소읍 이두아 오론Idua Oron에서 멀지 않은 곳에 …… 있는 아방 은닥Abang 'Ndak이라는 신성한 숲에서 나뭇가지를 꺾거나 나뭇잎을 따는 사람은 죽거나 지독한 고통을 당할 수 있다고 믿긴다.[623]

루키우스 아풀레유스가 기록했듯이, 독실한 종교적 신심을 가진 도보여행자들은 신성한 숲을 통과하기 전에 능금들을 제물로 삼아 큰소리로 기도하는 의례를 지냈을 것이다.[624] 고대 로마의 다양한 종교단체도 숲에서 비밀의례장소를 물색했다. 아마도 그런 숲들 중 가장 유명한 곳은 아

623 프레이저, 『오비디우스의 "종교축제일들"』 Vol, III. p. 352.
624 루키우스 아풀레유스, 『플로리다Florida』 I. 1.

르발 형제단이 비밀의례를 거행한 숲이었을 것이다. 우리는 그 숲을 터부와 관련시켜 이 연구서의 제3장에서 이미 논급했다. 본디 그 숲에서는 석각용石刻用 철제도구들의 반입과 사용이 금기시되었지만, 세월이 흐르자 아르발 형제단은 철제도구를 그 숲으로 반입하기 직전과 반입한 직후에 한 번씩 속죄용 희생의례를 거행했다. 대단히 흥미롭게도 그 숲에는 철제도구로 석각된 비문碑文 여러 건이 잔존한다.[625] 그런 비문들에서 우리는 '라레스의 모신母神(마테르 라룸Mater Larum)에게는 암양 두 마리가 제물로 봉헌되었고 라레스에게는 거세된 숫양 두 마리가 제물로 봉헌되었다'는 사실을 확인할 수 있다.

헬레르누스Helernus(알레르누스Alernus: 지하신地下神/콩알신[豆神]) 숲으로 지칭되던 또 다른 신성한 숲에서는 매년 2월 1일에 종교인들이 대거 운집하여 의례를 거행한 듯이 보인다. 그 숲에서 의례를 집전한 대사제들은 검은 수소 한 마리를 헬레르누스에게 제물로 바쳤다.[626] 그렇다면 헬레르누스는 지하신이 틀림없었다.

다른 신성한 숲도 많이 있었다. 예컨대, 아리챠의 디아나 숲, 포르타 카페나 바깥의 에게리아 숲, 팔레리[627]의 유노 숲도 신성한 숲들이었다. 물론 여기서 그런 숲들 모두가 일일이 설명될 필요는 없을 것이다. 어쨌거나 신성한 숲이 그토록 많았다는 사실은 고대인들이 그런 숲들을 각별하게 신성시했다는 사실을 암시한다.

세월이 흐르자 인간들은 나무들을 보면서 우호적인 경외감을 느끼기

625 헤르만 데사우, 앞 책 5047, 5048.

626 오비디우스, 앞 책 II. 67-68, VI. 105-106; 페스투스, 「검은 소Furvum」, 앞 책(카를 오트프리트 뮐러 편찬, P. 93). 비소바, 『로마의 종교와 문화』, p. 236 참조; 페스투스의 기록에 '에테르노Eterno'로 표기된 낱말을 '엘레르노Elerno'로 교정한 독일 고전문헌학자 루돌프 메르켈Rudolf Merkel(1811~1885)의 혜안이 페스투스가 헬레르누스를 설명하고자 했다는 사실을 알려준다.

627 【아리챠Ariccia(Aricia)는 이탈리아 중부의 로마에서 남동쪽으로 25킬로미터쯤 떨어진 곳에 위치한 도시이고, 포르타 카페나Porta Capena는 카피톨리움 언덕 남쪽의 팔라티움Palatium(팔티노Palatino) 언덕의 남쪽기슭에 위치한 성문城門이며, 팔레리Falerii는 로마에서 북동쪽으로 50킬로미터쯤 떨어진 곳에 위치한 도시이다.】

시작했고 때로는 자신들의 수명을 특별한 나무들의 수명과 동일시하기도 했다. 예컨대, 궁전정문 앞에 깔린 판석板石들의 틈새에서 자라는 어린 종려나무를 발견한 로마 황제 아우구스투스는 자신의 가족수호신들이 머무는 궁전안마당의 경건한 장소에 그 종려나무를 이식했다.[628] 필시 그는 자신의 수명과 종려나무의 수명 사이에 어떤 관계가 있으리라고 믿었을 것이다. 이런 믿음은 세계의 곳곳에서 발견된다.[629] 게다가 로마 황제들은 벨리의 월계나무숲[630]을 소유했는데, 황족 중 누구라도 전쟁에 승리하면 로마로 귀환하는 개선행진을 하기 전에 먼저 그 숲으로 가서 월계나뭇가지 한 개를 꺾어들었다. 그리고 그는 개선행진을 마치면 다시 그 숲으로 가서 월계나뭇가지 한 개를 땅에 심었다. 그것은 아마도 그가 개선행진하기 전에 그 숲에서 꺾어들었던 월계나뭇가지였을 것이다. 고대 로마에서는 나무의 시듦이 황제의 죽음을 예언한다고 믿겼으므로, 월계나무를 심은 황제의 수명과 월계나무의 수명 사이에는 공감관계共感關係가 있다고 믿겼다.[631] 플라비우스 황가의 사유지에서 자라던 오래된 상수리나무는 모후 베스파시아 폴라가 세 아이를 출산한 날마다 신기하게도 새로운 가지를 하나씩 내뻗었다고 믿겼다.[632]

이런 믿음은 원시적 생각습관의 유산이다. 현대의 야생원주민들도 인간은 대체로 묘목苗木 같은 대상에 귀속할 수 있는 "외재영혼外在靈魂"[633]을 보유한다고 믿어마지 않는다. 프레이저의 다음과 같은 기록도 이런 믿음을 예증한다.

---

628 수에토니우스, 『아우구스투스Augustus』 XCII. 1.
629 프레이저, 앞 책 Vol. II. p. 402 참조.
630 【벨리Veli는 오늘날 크로아티아Croatia 북서부 이스트리아Istria 반도 남단의 해안도시 풀라Pula(폴라Pola)에 속하는 행정구역의 고대지명이고, 그곳에서 월계나무숲은 오늘날 "카이저발트Keiserwald(황제숲)"으로 지칭된다.】
631 수에토니우스, 『갈바』 1. 1; 자연철학자 플리니우스, 앞 책 XV. 137.
632 수에토니우스, 『베스파시아누스』, V. 2.
633 조지 윌리엄 길모어, 앞 책, pp. 51-58.

> 서아프리카의 음벵가족Mbenga族(밤벵가족Bambenga族)은 두 아이가 같은 날에 태어나면 가붕Gaboon(앙구마Angouma)나무묘목 두 그루를 땅에 심고 그 묘목들의 주위를 돌면서 춤춘다. 두 아이 각자의 수명은 두 묘목 각각의 수명과 밀접하다고 믿긴다. 왜냐면 그 부족민들은 가붕나무가 일찍 죽거나 쓰러지면 그 나무와 연결된 아이도 일찍 죽는다고 확신하기 때문이다 …….[634]

육지의 대부분에 숲이 존재하던 원시시대에는 위험한 적들이 숲에서 출현한다고 믿겼다. 그러므로 고대 로마인들도 적들의 출현지점에서 적대의례敵對儀禮를 거행해야 가장 자연스럽다고 생각하지 않았겠는가? 고대 로마인들은 살라리아 가도街道Via Salaria와 테베레강 사이의 넓은 숲에서 루쿠스[635] 축제(루카리아Lucaria)를 거행했다. 왜냐면 그들은 그 숲에서 적들이 출현했다고 믿었기 때문이다. 페스투스의 설명대로라면, 갈리아 군대에게 패하여 추격당하던 로마 군대가 그 숲을 통과하여 무사히 도망칠 수 있었기 때문에 로마인들은 그 숲을 숭배했다.[636] 페스투스의 이런 설명에는 진실이 포함되었을 수 있다. 그러나 우리는 '나무들을 신성시하는 믿음의 보편성'과 '우리가 앞에서 암시한 그런 믿음의 이유들'만 감안해도 루쿠스 축제를 충분히 이해할 수 있다.

고대 로마에는 모든 로마인이 신성시한 나무 몇 그루가 있었다. 팔라티움 언덕에는 여신 루미나[637]의 무화과나무가 있었다. (원래 양떼를 방목하던 양치기들이 숭배했던) 그 나무는 양젖을 제물로 삼은 의례로써 숭배되었다. 세월이 흐르면서 그 나무 밑에서 레무스와 로물루스가 암컷늑대의

634 프레이저, 『황금가지』 Vol. XI, pp. 160-164; 어니스트 크롤리, 앞 책, pp. 172-173 참조.

635 【Lucus: '숲'을 뜻하는 라틴어.】

636 페스투스, 「루카리아Lucaria」, 앞 책(카를 오트프리트 뮐러 편찬, p. 119).

637 【Rumina(디바 루미나Diva Rumina): 고대 로마에서 수유授乳하는 산모나 유모와 아이를 돌보는 보모를 보호한다고 믿긴 여신.】

젖을 빨아먹었다는 전설도 생겨났다. 서기58년에 그 나무가 마치 주술에 걸린 듯이 불가사의하게 포룸으로 이식된 후부터 시들기 시작하자 로마인들은 대경실색했다. 그러나 얼마 지나지 않아 그 나무가 소생하는 징후들을 드러내기 시작하자 비로소 그들은 안심하기 시작했다.[638] 그 나무는 처음부터 숭배되었을 것이 틀림없다. 그러나 고대 로마인들은 루미나의 무화과나무를 뜻하는 낱말 루미날리스Ruminalis가 "젖꼭지"를 뜻하는 낱말 루마ruma 또는 루미스rumis와 접속관계를 맺는다고 믿었기 때문에 '유피테르 루미날리스'와 '루미나'라는 새로운 두 신을 창출했다. 역사시대에는 루미나의 무화과나무 근처에 루미나 신당神堂이 있었다.

고대 로마에서 매년 7월 7일 — 염소의 노내 — 은 로물루스가 마르스 평야에 있는 염소의 늪에서 승천한 날이라고 믿겼다. 이 날에는 여자노예들과 자유민계층의 여자들이 함께 어울려 염소여신 유노에게 무화과유즙을 제물로 바치는 의례를 거행하고 신성한 야생무화과나무 밑에서 잔치를 즐겼다. 이 연구서의 제3장에서도 언급된 그 야생무화과나무는 처음부터 숭배되었다.

네미[639] 숲에서 자라던 신목神木의 가지를 꺾을 수 있는 사람은 오직 도망노예逃亡奴隸뿐이었다. 그 신목가지는 민간에서는 베르길리우스의 "황금가지"와 동일시되었다. 도망노예가 그 신목가지를 꺾어들면 네미 숲의 제왕(렉스 네모렌시스Rex Nemorensis) 겸 디아나의 사제와 생사결투를 벌일 수 있는 자격을 획득했다. 생사결투에서 디아나의 사제를 죽인 도망노예는 네미 숲의 제왕이 될 수 있었다. 그런데 디아나의 사제직을 너무 오

---

638 피쿠스 루미날리스Ficus Ruminalis(루미나의 무화과나무)는 다음과 같은 문헌들에서 발견된다. 리비우스, 앞 책 I. 4, 5, X. 23, 12; 자연철학자 플리니우스, 앞 책 XV. 77; 마르쿠스 테렌티우스 바로, 앞 책 II. 11, 5; 마르쿠스 테렌티우스 바로, 『라틴어』 V. 54; 세르비우스 호노라투스, 앞 책 VIII. 90; 페스투스, 「루미날렘Ruminalem」, 앞 책(카를 오트프리트 뮐러 편찬, p. 270) ; 플루타르코스, 『로물루스』 IV. 1; 아우구스티누스, 앞 책 VI. 10.

639 【Nemi: 로마에서 남쪽으로 30킬로미터쯤 떨어진 곳에 있는 도시.】

<황제 칼리굴라>
르네상스 시대 유럽 화가 안토니우스Antonius(?~?)의 1596년작

래 독점하던 어느 사제를 괘씸하게 여긴 로마의 미치광이 황제 칼리굴라가 매수한 힘센 노예 한 명을 네미 숲으로 도망시켜서 그 사제를 죽이도록 사주했다는 일화도 전해진다.[640]

로마의 일곱 언덕 중 한 곳인 에스퀼리누스Esquilinus(에스퀼리노Esquilino) 언덕 서쪽 돌출부의 파구탈Fagutal(파구탈리스Fagutalis) 숲에는 유피테르 신당이 있었고, 그 신당 옆에서 자라던 너도밤나무 한 그루는 유피테르에게 봉헌된 신목이었다.[641]

고대 이탈리아에서 모든 상수리나무는 유피테르에게 봉헌된 신목들로 믿겼다. 가장 오래된 유피테르 숭배의례는 카피톨리움 언덕에 있던 상수리나무 한 그루와 결부되었다. 그곳에서 살아가던 원시지역공동체의 양치기들은 그 상수리나무를 유피테르와 동일시하여 신성시하고 숭배하면서 페레트리우스로 호칭했다. 로물루스는 라티움에 있던 도시 카이니나Caenina의 왕을 상대한 일대일결투에서 승리하여 획득한 무기들을 그 상수리나무에 봉헌했다고 전설傳說된다. 후대인들은 그 상수리나무에 정령을 부여했고 그 나무의 그늘이 드리워진 자리에는 제단 한 채를 지었다. 그 제단이 있던 지점은 역사시대에는 작은 신전의 내부에 위치했는데, 바로 그 지점에서 유피테르 페레트리우스 숭배의례가 거행되었다. 로마 군대의 군사협정체결 및 선전포고와 관련된 임무들을 담당한 선전사제들은 유피테르 페레트리우스와 결부되었다.[642] 리비우스는 '정령과 동일시된 상수리나무'의 명백한 일례를 기록했다. 서기전458년 로마 원로원은 군사협정을 위반한 아이퀴족[643]에게 항의할 대표단을 파견했고, 아이퀴족의

640 수에토니우스, 『칼리굴라』 XXXV. 3.
641 페스투스, 「파구탈Fagutal」, 앞 책(카를 오트프리트 뮐러 편찬, p. 87).
642 리비우스, 앞 책 I. 10; 디오니시오스, 앞 책 II. 34; 프로페르티우스, 앞 책 V(IV). 10.
643 【Aequi族: 고대 이탈리아 라티움 동쪽의 아펜니노 산맥지대에 거주한 부족.】

장군은 로마 원로원의 항의내용을 "상수리나무에게 설명하라"고 대표단에게 요구했다. 설명을 마친 대표단의 일원은 로마로 출발하면서 다음과 같이 말했다. "이 신성한 상수리나무도 이곳에 있을 모든 신도 이 협정을 파기한 책임은 당신들에게 있다는 우리의 설명을 분명히 알아들었을 것이외다."[644] 그때 이 상수리나무는 아이퀴족을 향한 로마인들의 불만사항들을 들어줄 영험을 지녔다고 인지되었을 것이다.

에스퀼리누스 언덕 돌출부들 중 한 곳에 있는 오래된 유노 루키나 숲에는 "머리카락"나무(카필라타capillata)로 지칭되던 오래된 목련나무 한 그루가 자랐다. 그 나무에 붙은 이토록 희한한 이름은 베스타의 처녀사제들이 자른 머리카락들을 그 나무에 걸어두었기 때문에 생겼다. 물론 이것은 프레이저가 내린 결론이다. 그는 유사한 증례들을 북아프리카의 모로코와 유럽의 독일에서 발견하여 이 결론을 뒷받침했다. 그러면서 그는 '베스타의 처녀사제들이 자신들의 머리카락을 자르면 선량한 자신들을 괴롭힐 수 있을 마녀들의 수중에 들어가지 않도록 머리카락을 목련나무에 걸어두었다'고 믿는다.[645]

고대 로마인들은 행운을 가져다주는 행운목幸運木들도 있고 불운을 가져다주는 불운목不運木들도 있다고 생각했다. 고대 로마의 대사제들은 밝은 색을 띠는 열매를 맺는 나무들은 행운목들이고 어두운 색을 띠는 열매를 맺는 나무들은 불운목들이라고 생각했다. 그리고 동일한 나무 — 예컨대, 무화과나무 — 도 밝은 색 열매를 맺으면 행운목으로 생각되었고 어두운 색 열매를 맺으면 불운목으로 생각되었다. 또한 열매를 전혀 맺지 않

644 리비우스, 앞 책 III. 25.
645 프레이저, 『오비디우스의 "종교축제일들"』 Vol. II, p. 385 참조; 자연철학자 플리니우스, 앞 책 XVI. 235; 페스투스, 「머리카락나무Capillatam」, 앞 책(카를 오트프리트 뮐러 편찬, p. 57).

는 나무들도 불운목들로 생각되었으리라고 추정된다.[646]

3. 물

고대 로마인들의 물[水]숭배의례를 이해하려는 사람이 기억해야 할 사실이 있다. 그것은 원시인이 — 예컨대, 흔들리는 나뭇가지들의 움직임이나 거센 폭포수의 움직임이나 흐르는 물의 움직임을 막론한 — 온갖 사물의 움직임들을 정령들에 결부한다는 사실이다. 원시인은 땅 — 신비한 지하세력들의 처소 — 에서 솟아나는 샘물들, 화산지대에서 분출되는 뜨거운 유황이나 유독한 증기, 화산에서 분출되는 용암과 화산재도 정령들에 결부한다. 게다가 물은 실질적 치유력과 정화력뿐 아니라 주술적 치유력과 정화력마저 겸비한다. 그리고 과대하게 상상해버릇하는 원시인은 샘물들의 소리나 개울물들의 소리는 정령들의 소리라고 믿기 십상이었다. 고대 로마인들은 무더운 한여름에 그들에게 시원한 냉수를 공급해주는 샘들을 신성시하는 경향을 보였다. 그들뿐만 아니라 사실상 거의 모든 인간은, 이유여하를 막론하고, 샘들을 신성시해왔다.[647] 예컨대, 오늘날 팔레스타인의 아랍인 거주지들에는 특별한 치유력을 발휘한다고 믿기는 신성한 샘(수원지水源池)이 적어도 하나씩은 존재한다.[648] 또한 프랑스 남부 루르드Lourdes의 마사비엘Massabielle 동굴 밑에서 솟는 샘물의 효험은 프랑스를 여행하는 모든 사람에게 알려질 만큼 유명하다. 잉글랜드에서는 가톨릭교를 신봉하는 농민들뿐 아니라 프로테스탄트교를 신봉하는 농민들도 노리취Norwich 인근의 세인트 월스턴Saint Walstan(?~1016) 우물에서 솟는 물

646 행운목과 불운목은 다음과 같은 문헌들에서 발견된다. 마크로비우스, 앞 책 III. 20, 2; 페스투스, 「행운목Felices」, 앞 책(카를 오트프리트 뮐러 편찬, p. 92).

647 세르비우스 호노라투스, 『"베르길리우스의 전원시집" 해설』 I. 52; 퀸티우스 호라티우스, 『시가집』 I. 1, 22.

648 《포크로어》 XXXVIII(1927), p. 117.

과 자라는 이끼가 동물들의 질병을 치료하는 효험을 발휘할 수 있다고 믿는다.[649]

우리가 알다시피, 고대 로마인들은 평소에는, 실제로, 샘들을 '국가의례용 신상神像 및 소품들 일체를 헌정받은 신들'과 동일시하여 숭배하지 않고 정령들(누미나)과 동일시하여 숭배했다. (우리가 다시 살펴볼 만한) 팔레스 기념축제에서 농민은 "샘들과 샘들의 정령들을 달래주소서"라고 팔레스에게 기도한다.[650] 여기서 샘들은 바로 그런 샘들에 거주하는 정령들과 구별되어 — 가장 원시적인 형태를 띠는 의례로써 — 숭배된다. 철학자 루키우스 세네카는 시골친구들의 샘숭배의례와 관련하여 다음과 같이 기록했다.

> 우리는 대하大河들의 발원지發源地들을 숭배한다. 은밀한 원천에서 불쑥 치솟아 흐르기 시작하는 대하의 발원지에는 제단祭壇들이 있다. 우리는 온천들을 숭배한다. 그리고 어떤 웅덩이들은 워낙 어둡거나 너무나 깊어서 신성시된다.[651]

고대 로마의 풍자시인 마르쿠스 발레리우스 마르티알리스Marcus Valerius Martialis(38~102)는 한동안 냉수를 금기시해야 하는 병을 앓았다. 그래도 그는 금기를 어기고 친구의 집에 있는 샘에서 떠온 물을 마셨다. 그렇게 금기를 어겼어도 건강을 회복한 마르티알리스는 샘물을 마시면서 맹세한 바대로 암퇘지 한 마리를 친구의 집에 있는 샘에 제물로 바치는 의례

649 앞 잡지, p. 362.
650 오비디우스, 앞 책 IV. 759-760.
651 루키우스 세네카, 앞 책 XLI. 3.

를 거행했다.[652] 그런 한편에서 신성한 샘들은 그 샘들을 더럽힌 개인에게 피해를 입힐 수 있다고 믿겼다. 로마 황제 네로는 언젠가 마르키우스Marcius 수돗물의 신성한 원천에서 목욕을 강행하는 변덕을 부린 듯이 보인다. 전설대로라면, 그 수돗물은 제4대 로마 국왕 안쿠스 마르키우스Ancus Marcius(서기전677~617: 서기전642~617재위)가 건설한 수도교水道橋를 통해 로마로 흘러들던 물이었다. 네로는 그렇게 변덕스러운 목욕을 강행한 지 얼마 지나지 않아 병에 걸렸다. 그러자 로마인들은 '수돗물의 신성한 원천을 더럽힌 네로에게 신들이 천벌을 내렸다'고 생각했다.[653] 반두시아 샘[654]에 헌정된 퀸티우스 호라티우스의 송시訟詩는 아주 유명하다. 그 송시에서 그는 샘의 정령을 달래는 의례를 찬양했다. 아마도 폰투스[655] 기념축제(폰티날리아Fontinalia)일이었을 10월 3일에 거행되었을 그 위령의례에서는 새끼염소 한 마리와 포도주와 활짝 핀 꽃들이 샘의 정령에게 제물로 봉헌되었다.[656] 그날에 샘들에는 화관花冠들이 던져졌고, 우물들은 화환花環들로 장식되었다.[657] 오비디우스는 로마 종교의 전설적 창시자 누마 폼필리우스가 로마의 아벤티누스Aventinus(아벤티노Aventino) 언덕기슭에 있던 숲에서 어느 정령에게 양羊과 포도주를 제물로 바치는 의례를 거행했다고 기록했다.[658]

우리가 문헌에서 확인하듯이, 고대 로마에서는 샘신[泉神] 폰투스가 신봉되었고, 로마의 어느 성문 바깥에는 폰투스에게 봉헌된 신당이 있었으

652 마르티알리스, 『풍자시집Epigrams』 VI. 47.
653 타키투스, 『연대기』 XIV. 22.
654 【Bandusia 샘(fons Bandusiae): 이탈리아 남부 아풀리아Apulia 지방의 호라티우스 생가 근처에 있었을 것이라고 추정되는 샘.】
655 【Fontus(폰스Fons: 복수형은 폰테스Fontes): 우물과 샘을 주관한다고 믿긴 고대 로마의 신.】
656 앞 책 III. 13.
657 마르쿠스 테렌티우스 바로, 『라틴어』 VI. 22.
658 오비디우스, 앞 책 III. 300-302.

며, 야니쿨룸Janiculum(자니콜로Gianicolo) 언덕에는 폰투스 제단이 있었다. 그래도 특별한 신전에서 국가의 감독을 받으며 사제들의 의전儀典과 제물들을 봉헌받은 폰투스 숭배의례 같은 것이 거행되었다고 확언되기는 어렵다. 오히려 여전히 다양성을 간직하던 폰투스는 신으로 변이하는 단계에 속하던 파우누스들이나 님프nymph들 같은 정령으로 생각되었을 것이다. 고대 이탈리아의 여러 지역에 그토록 다양한 샘이 있었고 지역민들은

<에게리아>
(기욤 루예, 앞 책.)

필수적인 물을 그런 샘에서 공급받아야 했던 만큼 신의 타고난 다양성도 보존될 수 있었다.

예로부터 이탈리아에는 유명한 샘이 많았다. 아피아 가도의 성문 포르타 카페나 인근에 있던 신성한 숲의 에게리아 샘[659]은 특히 유명하다. 왜냐면 적어도 베스타의 처녀사제들은 처음부터 에게리아 샘물로 제기祭器들을 세척했기 때문이다. 그 샘은 로마 카일리우스 언덕의 폰세카 유적지 Villa Fonseca 인근에서 여전히 샘물을 뿜어낸다.[660]

전설대로라면, 에게리아 숭배의례는 네미의 신성한 디아나 숲에서 유래했고, 그 숲의 샘에서 솟는 치유력을 가진 물은 네미 호수로 흘러들었다. 에게리아와 그 여신의 자매들인 카메내Camenae는 특히 임산부들이 숭배한 여신들이었다. 알발롱가 사람들은 로마로 이주하면서 자신들의 숭배대상을 뮤즈들의 숲으로 가져갔다. 유베날리스의 시대에 그 숲은 가난한 유태인들의 정착촌으로 변했다. 그리하여 그 숲의 샘은 본래 지녔던 신성의 대부분을 잃어버렸다.

라티움에 있었다고 전설되는 누미쿠스Numicus 강 유역의 약샘藥泉은 유투르나Juturna로 지칭되었다.[661] 유투르나는 마르쿠스 테렌티우스 바로가 "예의바른 신들과 님프들"에 포함시킨 여신이다. 유투르나 숭배의례는 로마 포룸에 있는 베스타 신전 근처의 샘으로 이전되었다. 후대에는 베스타의 처녀사제들도 에게리아 샘물보다는 유투르나 샘물을 더 자주 사용한 듯이 보인다. 더구나, 하여튼, 베스타 신전 근처의 유투르나 샘물은 희생의례들에서 사용되었다. 그래서 이 샘물을 날마다 사용하는 직업의 종사

659 에게리아 샘은 다음과 같은 문헌들에서 언급된다. 플루타르코스, 『누마 폼필리우스』 XIII. 2; 오비디우스, 앞 책 III. 275-276; 유베날리스, 앞 책 III. 11-20; 리비우스, 앞 책 1. 19, 5, 1. 21, 3; 페스투스, 「에게리아 님프들Egeriae nymphae」(카를 오트프리트 뮐러 편찬, p. 77).

660 프랭크 그랜저, 앞 책, p. 121.

661 세르비우스 호노라투스, 앞 책, XII. 139에 인용된 마르쿠스 테렌티우스 바로의 기록.

자들은 매년 1월에 유투르나 기념축제를 거행했다.

이탈리아 북동부의 도시 파두아Padua 인근에는 고대인들이 아포누스Aponus로 지칭하던 장소가 있었다. 아포누스의 지면地面에는 수많은 균열된 틈새가 있었고, 그 틈새들에서는 유황불이 탁탁 소래를 내면서 분출되었다. 아포누스와 인접한 — 로마 시인 클라우디우스 클라우디아누스가 "현존하는 정령present spirit"으로 지칭한 — 호수의 물은 치유효과들을 발휘한다고 믿겼다.[662]

집정관 플리니우스의 편지 한 통은 샘들에 정령들을 부여하던 고대 로마인들의 흥미로운 풍습을 예시한다. 그 편지에서 그는 움브리아를 통과하여 테베레강으로 흘러드는 작은 강 클리툼누스Clitumnus(클리투노Clitunno)의 발원지들을 묘사한다. 고대 로마인들은 '클리툼누스 강변에 방목된 소는 그 강에서 물을 마시고 목욕하기 때문에 윤택한 밝은 색조를 띤다'고 믿었다. 전쟁에서 승리한 로마 군대는 카피톨리움 언덕에 도착하여 개선행진을 마치면 클리툼누스 강변에 방목된 백마를 유피테르에게 제물로 바치는 의례를 거행했다.[663] 클리툼누스 강물은 워낙 깨끗해서 집정관 플리니우스가 그 강의 바닥에 깔린 동전들을 헤아릴 수도 있었다. 그 동전들은 클리툼누스 숭배자들이 강물의 정령에게 바치려고 던진 것들이었다.[664] 그들은 클리툼누스가 인간의 형상뿐 아니라 인간의 성격마저 완벽하게 반영한다고 미신했다.[665] 고대의 어느 신전에 비치된 조각상은 하천의 정령을 상징했다. 집정관 플리니우스의 시대에 그 조각상은 실제로 신탁대상神託對象처럼 기능했는데, 그런 기능은 그 조각상에서 계시되었다고

662 클라우디우스 클라우디아누스, 『미세한 것들의 노래들Carminum Minorum Corpusculum』 XLIX.
663 클라우디우스 클라우디아누스, 『호노리우스 아우구스투스 제6편』 506-514 참조.
664 집정관 플리니우스, 『편지집』 VIII. 8.
665 클라디우스 클라우디아누스, 앞 책.

믿긴 신탁의 응답들이 존재했다는 사실로써 증명된다. 집정관 플리니우스는 친구에게 보낸 편지에 "클리툼누스 강물의 효험을 입어 치유된 사람들이 클리툼누스에게 바친 수많은 헌사獻辭를 자네가 읽으면 아마도 즐거울 것이네"라고 썼다. 클리툼누스 강의 인근에는 클리툼누스 신전도 있었지만 다양한 샘들을 다스리는 정령들에게 봉헌된 신당神堂도 많았으리라고 추정된다. 집정관 플리니우스가 또 다른 편지에 언급한 움브리아의 도시 아메리아Ameria(아멜리아Amelia) 인근의 신성한 호수는 모든 배[船]의 진입을 불허했다.[666] 또한 자연철학자 플리니우스가 기록했듯이, 라티움의 도시 시누에사Sinuessa에 있던 몇몇 샘은 불임을 예방하고 광증狂症을 치료하는 효험을 발휘하며 눈병에나 귓병에나 발병[足病]에 특효를 발휘할 뿐 아니라 모든 골절상 및 찰과상에도 특효를 발휘할 수 있다고 믿겼다.[667]

고대 로마의 샘들 중 적어도 한 군데는 부정직한 상인의 거짓말들을 씻어줄 정화효력을 지녔다고 믿겼다. 그 샘은 포르타 카페나 근처에 있던 메르쿠리우스 샘이었다. 오비디우스는 그 샘물에 얽힌 정화의례를 다음과 같이 묘사한다.

> 포르타 카페나 근처에는 메르쿠리우스 샘이 있다. 그 샘을 시험해본 사람들의 체험담을 기꺼이 믿는 사람의 신념은 그 샘에 정령을 깃들게 할 수 있다. 상인은 자신의 튜니카를 가지런히 여미고 그 샘에 다가선다. 그리고 모든 격식을 준수하여 길어올린 샘물을 집으로 가져간 그는 미리 훈증소독薰蒸消毒해둔 항아리에 그 샘물을 담는다. 그는 항아리에 담긴 샘물을 월계나뭇가지에 듬뿍 묻혀 자신이 팔려는 모든 상품에 골고루 흩뿌리고 자신의 머리카락에도

666 집정관 플리니우스, 앞 책 VIII. 20.
667 자연철학자 플리니우스, 앞 책 XXXI. 6-12.

뿌리면서, 거짓말하는 버릇에 찌든 목소리로 다음과 같이 기도한다. "과거의 거짓말들을 씻어주소서, 지난날에 내가 일삼았던 거짓말들을 씻어주소서."[668]

이런 정화의례에서는 누멘numen이라는 낱말이 샘을 생동시키는 정령의 호칭으로 사용되었다. 그래서 우리가 기억해둬야 할 두 가지 중요한 사실은 다음과 같다. 첫째, 고대 로마에서는 샘물의 정령들을 향한 기도만큼이나 샘물자체를 향한 기도도 자주 실행되었다. 둘째, 고대 로마인은 신봉하는 신들에게 자신의 행복을 바라며 기도할 수 있었을 뿐 아니라 타인의 불행을 바라며 기도할 수도 있었다.

라틴족이 하천을 숭배했다는 사실을 뒷받침하는 증거는 풍부하다. 강물뿐 아니라 심지어 강변에서 자라는 갈대들도 정화의례에서 강력한 효험을 발휘한다고 믿겼다.[669] 고대 로마의 집정관들은 신성한 원천에서 발원하는 강이나 호수를 건너기 전에 점을 쳤다. 그런 점술행위는 특히 테베레강의 작은 지류하천 페트로냐Petronia를 건너려는 집정관들의 관행이었다. 그들은 공무를 처리하러 이 하천을 건너기 전에는 반드시 점을 쳤다. 그러나 이 관행은 마르쿠스 키케로의 시대 이전에 사라졌다.[670] 주술의례에서는 하천을 건너지 말라는 명령이 이따금 발설된다. 그런 명령은 '하천을 건너는 사람이 하천을 분노시킨다고 여기는 믿음의 영속성'을 증명한다.[671]

고대 로마에서 8월 27일은 볼투르누스Volturnus 기념축제일이었다. 볼투

---

668 오비디우스, 앞 책 V. 673-682.

669 세르비우스 호노라투스, 앞 책 VIII. 33.

670 페스투스, 「페렘네Peremne」, 앞 책(카를 오트프리트 뮐러 편찬, p. 245) ; 「페트로냐etronia」앞 책, (p. 250); 세르비우스 호노라투스, 앞 책 IX. 24; 마르쿠스 키케로, 『신들의 본성De Natura Deorum』 II. 3, 9; 마르쿠스 키케로, 『점술론』 II. 36. 77 및 아서 스탠리 피스의 주석註釋.

671 루키우스 아풀레유스, 『변신담』 I. 13.

르누스는 이탈리아 남서부 캄파냐Campania 지방에 있는 강의 옛 명칭이었다. 고대 로마의 어느 달력에는 "볼투르누스 강에" 제물이 "봉헌되었다"고 명기되었으므로, 우리는 이 축제가 원래 이 강을 기념하여 거행되었다고 결론지을 수 있다. 우리가 알다시피, 볼투르누스 기념축제는 캄파냐의 소도시 카실리눔Casilinum에서 해마다 거행되었다.[672] 그러나 볼투르누스 기념축제는 로마에서도 거행되었다. 그래서 학자들은 볼투르누스는 테베레강의 옛 명칭이었다고 결론지었다.[673] 그런데 캄파냐의 강신江神을 섬긴 숭배의례가 로마로 전이되면서 그 강신이 테베레강과 동일시되어간 추세를 과연 무엇이 가로막을 수 있었겠는가? 우리가 앞에서 살펴본 유투르나 샘과 에게리아 샘을 섬긴 숭배의례도 그랬듯이, 볼투르누스 강신을 섬긴 숭배의례도 자연스럽게 로마로 전이되었다.

로마의 초창기부터 신성시된 테베레강은 로마 시내의 가옥들을 정화해준다고 믿겼다.[674] 테베레강은 대사제들의 "연속탄원기도連續歎願祈禱litany"에도 언급되었고 점술관들의 기도들에도 언급되었다. 이런 언급들은 테베레강숭배의례가 고대에 시작되었다는 사실을 증명한다.[675] 고대 로마 작가 퀸투스 엔니우스Quintus Ennius(서기전239~169)의 단편들 중 하나에 포함된 "당신이여, 거룩한 강물을 품으신, 아버지 테베레강이여 ……"라는 문구는 트로이 영웅 아이네야스가 발설했을 것으로 추정되는 기도문의 일부분이다.[676] 세르비우스 호노라투스는 베르길리우스가 이 문구를 모방했다고 논평했다. 그리고 세르비우스 호노라투스는 "테베레강이여,

---

672 로이 멀 피터슨Roy Merle Peterson, 『캄파냐의 숭배의례들The Cults of Campania』, p. 42.

673 파울러, 앞 책, p. 214.

674 아우소니우스, 『안내서Opuscula』 X. 379-380.

675 마르쿠스 키케로, 앞 책 III. 52; 세르비우스 호노라투스, 앞 책 VIII. 330.

676 에설 매리 스튜어트Ethel Mary Steuart(1875~1960), 『퀸투스 엔니우스 연대기The Annals of Quintus Ennius』, frag. 19, p. 6; 세르비우스 호노라투스, 앞 책 VIII. 72; 리비우스, 앞 책 11. 10; 프레이저, 앞 책 Vol. IV, pp. 170-171.【퀸투스 엔니우스(서기전239~169)는 고대 로마 시인 겸 작가이다.】

<호라티우스 코클레스>
독일 출신 네덜란드 화가 겸 판화가 헨드리크 골치우스Hendrick Goltzius(1558~1617)의
1586년작 동판화.

당신의 강물로써, 도와주소서"라는 문구가 정식기도문의 일부였다고 설명했다. 로마 공화국 군대장교 호라티우스 코클레스Horatius Cocles(서기전6세기후반)의 일화는 아주 유명하다. 그는 테베레강에 뛰어들면서 자신을 보호해달라고 테베레강에게 기원했다.[677]

퀸티우스 호라티우스는 열병을 앓는 어린 아들을 치유해달라고 강물에게 기도하는 어느 어머니를 묘사했다. 그녀는 만약 자신의 아들이 완쾌할 수만 있다면 아들을 발가벗겨서 테베레강물 속에 세워두는 만행도 서슴지 않았을 것이다.[678] 페르시우스기 기록했듯이, 타인의 불행 — 예컨대, 친척의 죽음이나 식솔의 죽음 — 을 바라며 기도하는 로마인이 자신의 기도를 실현하려면 신성한 테베레강물에 자신의 온몸을 머리까지 잠기도록 두세 번씩 푹 담가야 했다.[679] 황제 티베리우스의 재위기간에 원로원에서는 테베레강으로 유입하는 호수들 및 하천들의 경로를 변경하자는 의제가 상정되었다. 테베레강유역의 주민들은 경로변경을 반대하면서 자신들의 하천들은 신들의 보호를 받는다고 강력하게 주장했다.[680] 호르타Horta — 현대의 로마에서 북쪽으로 60킬로미터쯤 떨어진 도시 오르테Orte — 에는 테베레강을 섬기던 제단이 있었지만, 그 제단을 세운 사람은 호르타 주민이 아니라 로마인이었다. 그 제단에 각인된 문구들은 강신江神이 로마 시내와 오스티아[681]를 포함한 여러 지역에서 숭배되었다는 사실을 암시한다.[682]

독일의 역사학자 테오도르 몸젠Theodor Mommsen(1817~1903)은 고대

677 리비우스, 앞 책.
678 퀸티우스 호라티우스, 『풍자시집』 II. 3, 288-292.
679 페르시우스, 앞 책 II. 3, 16.
680 타키투스, 『연대기』 I. 79.
681 【Ostia: 도시 로마의 서부해안지역에 위치한 행정구역.】
682 릴리 로스 테일러Lily Ross Taylor(1886~1969: 미국 학자 겸 작가), 『오스티아의 숭배의례들The Cults of Ostia』, p. 34; 『에트루리아의 토착 숭배의례들Local Cults in Etruria』, pp. 101-102.

<아이네아스와 티베리누스>
이탈리아 삽화가 겸 동판화가 바르톨로메오 피넬리Bartolomeo Pinelli(1781~1835)의 작품

로마에서 매년 8월 17일에 거행된 포르투누스 기념축제(포르투날리아Portunalia)가 테베레강을 기념하는 축제였다고 추측했다.[683] 몸젠이 이런 추측의 근거로 삼았던 것은 '필로칼루스[684]가 인생후반기에 제작한 달력에도 8월 17일이 티베리날리아[685]로 표기되었다는 사실'이었다. 이 사실은 포르투누스 기념축제와 테베레강 기념축제를 동일시하는 논리를 충분히 뒷받침하는 증거로 보일 수 있다.

그러나 만약 사실이 그렇다면, 포르투누스가 열쇠들과 관문들을 전담하는 신으로서 공인되다시피 한다는 사실은 과연 어떻게 설명될 수 있을

683 테오도르 몸젠, 『라틴금석문 전집Corpus Inscriptionum Latinarum(CIL)』(제2판), p. 336.【포르투누스Portunus는 열쇠, 출입문, 가축, 성문, 항구를 다스린다고 믿긴 고대 로마의 신이다.】
684 【Philocalus(푸리우스 디오니시우스 필로칼루스Furius Dionysius Filocalus, 4세기후반): 고대 로마의 문자석각장인文字石刻匠人.】
685 【Tiberinalia: 로마 신화에서 테베레강신江神으로 묘사되는 티베리누스Tiberinus를 기념한 축제.】

까? 아르게이 숭배의례들은 이 문제의 해답을 암시하는 실마리를 제공한다. 우리가 이미 살펴봤듯이, 3월 16일과 17일에는 고대 로마 시내의 '아르게이'로 총칭되던 신당 27군데를 순회하는 엄숙한 행진의례가 거행되었다. 그동안 그 모든 신당에서는 결박된 남자를 닮은 꼭두각시인형들이 골풀(등심초)로써 제작되었다. 그 신당들과 똑같이 아르게이로 총칭된 그 골풀인형들은, 대사제들과 장군(집정관)들이 그것들을 테베레강의 수블리키우스 다리로 운반하는 행진의례를 거행한 5월 14일 또는 15일에까지, 신당들에 보관되었다. 베스타의 처녀사제들은 수블리키우스 다리에서 그 골풀인형들을 테베레강으로 던졌다. 그 골풀인형들은 아주 오래전에 그 다리를 건설한 사람들이 품었던 미신의 유산일 수 있다. 그들은 노인 몇 명을 테베레강에 내던지는 희생의례를 거행하여 테베레강신江神을 위무하면 다리를 무사히 건설할 수 있다고 믿었다. 그러나 세월이 흐르면서 인간제물들은 골풀꼭두각시인형들로 대체되었다. 그렇다면 포르투누스의 열쇠들은 — 꼭두각시인형들을 수블리키우스 다리로 운반하는 행진의례가 시작되기 전에 — 신당들의 꼭두각시인형 보관소에 채워졌던 자물쇠들을 여는 데 사용된 열쇠들을 의미하지는 않을까?

고대 로마인들은 샘들과 하천들뿐 아니라 바다마저 숭배했다. 그리스의 해신 포세이돈과 차츰 동일시되어간 로마의 신 넵투누스Neptunus(넵튠Neptnue)는 원래 민물신(담수신淡水神)이었을 것이다.[686] 그러니까 로마의 넵투누스를 거의 알지 못하는 우리의 무지가 넵투누스를 해신과 동일시되게 만드는 것은 분명히 아니다.

고대 로마인들은 타고난 항해자들이 아니었다. 고대 로마 시인들의 작

686 알프레드 폰 도마첸스키Alfred von Domaszewski(1856~1927: 오스트리아 역사학자), 「라틴금석문에 묘사된 넵투누스Neptunus auf lateinischen Inschriften」, 『로마 종교론Abhandlung zur romischen Religion』, p. 19.

품 속에서는 최초로 돛배를 타고 대양항해를 감행한 인간의 모험이 신성모독행위로 간주되기 일쑤였다.[687] 고대 로마에는 해양항해를 괘씸한 행위로 간주하는 강력한 전통이 분명히 존재했다. 그래서 대양항해를 부득이하게 감행할 수밖에 없던 로마인은 바다정령들을 위무하는 희생의례를 거행했다. 예컨대, 적군을 상대하러 바다를 건너야 하는 로마 장군들은 출항하기 전에 바다의 폭풍정령들과 파도정령들에게 제물을 바치는 의례를 반드시 거행했다.[688]

포르타 카페나 근처에는 폭풍정령들의 신전이 있었다. 그 신전의 건립자는 서기전259년 로마 집정관에 재직한 루키우스 코르넬리우스 스키피오Lucius Cornelius Scipio(서기전300~?)였다. 로마 함대를 이끌고 지중해를 항해하던 그는 코르시카Corsica 섬의 근해에서 조난당했다가 구사일생하여 그 신전을 건립했다. 이 사연은 그의 묘비에도 각인되었다.[689]

베르길리우스의 『아이네이스』에도 비슷한 희생의례가 묘사된다. 아이네야스는 시칠리아 섬에서 자신의 아버지 안키세스Anchises를 기념하는 체전을 끝내고 적군을 상대하러 출항하기 전에 바람정령들, 넵투누스, 바다에게 제물과 술을 바치며 순풍과 안전항해를 기원하는 희생의례들을 거행한다.[690] 아이네야스는 넵투누스에게도 바다에도 제물을 바치는데, 이것은 아이네야스가 해신 넵투누스와 바다를 구분했다는 사실을 증명한다. 바다에 제물을 바치는 의례는 원시적 희생의례의 잔재였다.

물숭배에 얽힌 이런 사연은 유피테르를 강우신降雨神으로 인식한 관념과 적절하게 결합할 수 있다. 티불루스의 문학작품에서 유피테르는 강우

687 티불루스, 앞 책 I. 3, 37-40에 붙은 커비 스미스의 주석 참조; 베르길리우스, 「제4전원시Bucolica IV」, 31-33.
688 마르쿠스 키케로, 앞 책 III. 20, 52.
689 헤르만 데사우, 앞 책 no. 3; 오비디우스, 앞 책 VI. 193.
690 아피아누스 알렉산드리누스Appianus Alexandrinus(아피아노스 알렉산드레우스Appianos Alexandreus, 95~165: 고대 로마 시권을 보유한 그리스 역사학자), 『로마 내전Bellum Civile』 V. 11. 98.

신으로서 처음 언급된다.[691] 이 사실은 오늘날 유피테르 플루비우스Jupiter Pluvius(강우신)이라는 표현의 일반적 용법에 비치면 낯설게 보인다. 그러나 태고시대부터 유피테르는 기우제에 결부된 신이었다. 고대에는 기우제가 주술행사 내지 유사주술행사여서 애초부터 신을 전혀 요구하지 않았기 때문에 유피테르가 플루비우스(강우신)이라는 별칭을 갖지 않았을 것이다. 고대 로마의 문필가들이 강우신을 단순히 '유피테르'로만 호칭한 경우도 잦았다. 그리하여 베르길리우스의 「제7전원시」(60행)에서는 양치기들 중 한 명이 "그리고 유피테르께서 반가운 비를 반드시 내려주시리라"고 말한다.

4. 불

물과 마찬가지로 불도 터부시되는 개인들 및 사물들의 유해한 접촉효과들을 제거하고 그것들의 정신적 해악과 신체적 해악을 막론한 모든 해악을 퇴치하려는 의례들에 거의 빠짐없이 사용된다. 그래서 고대 로마에서는 장례식에 참석했다가 귀가하는 사람은 죽음의 감염력을 제거할 수 있도록 뿌려진 물방울들을 맞아야 했고 불을 넘어서 걸어가야 — 흔히 "화중보행火中步行"으로 지칭된 의례를 치러야 — 했다.[692] 그리하여 원시인은 '자신'과 '자신을 괴롭힐 수 있을 망령들' 사이에 불울타리를 칠 수 있다고 믿었을 수 있다. 세계의 다양한 원주민들 사이에서 마귀퇴치효력을 발휘한다고 공인되어 거행되는 유사한 의례들도 그런 믿음의 존재가능성을 암시한다. 프레이저는 다음과 같이 기록했다.

---

691 티불루스, 앞 책 I. 7, 26.
692 페스투스, 「물과 불」, 앞 책.

…… 아프리카 중남부 니아사Nyasa(말라위Malawi) 호숫가에 거주하는 툼부카족Tumbuka族의 장례풍습은 장례식을 마치면 불울타리와 물울타리를 동시에 만드는 로마인들의 장례풍습을 닮았다. 왜냐면 망자를 매장하는 장례식에 참가한 모든 툼부카족은 장례식을 마치자 빠짐없이 강물에 몸을 씻었고, 귀가하려고 마을로 돌아가던 그들을 맞이한 것은 같은 부족의 주술치료사 내지 마법사가 마을진입로를 가로질러 피워놓은 커다란 불이었으며, 그들은 빠짐없이 그 불을 통과해야 했기 때문이다……. [693]

고대 로마에서 4월에 거행된 팔레스 기념축제일에는 농장주, 그의 가족, 그의 가축들이 콩대로 피운 모닥불 세 개를 뛰어넘었다.[694] 이 의례의 목적은 그들 모두에게 유해한 — 눈에 보이는 액운과 보이지 않은 액운을 막론한 — 모든 액운을 불태워버리고, 여자들에게 해로운 모든 악영향을 퇴치하여 여자들의 출산력을 증진하는 것이었다. 오비디우스는 불숭배자의 기묘한 심리를 다음과 같이 폭로한다.

숯불은 모든 사물을 정화하고 광물의 불순물들을 제거한다. 그러므로 숯불은 양羊과 양치기를 정화한다.[695]

가축들을 재촉하여 모닥불들을 뛰어넘게 하는 이 의례와 유사한 의례들은 세계의 다양한 원주민들 사이에서도 발견된다. 이런 의례들의 일반적 목적은 마녀들을 물리치는 것이다. 그러나 이따금 농작물들과 가축들의 성장을 촉진하려는 의도로 이런 의례들이 거행되곤 한다. 이런 의도는

693 프레이저, 앞 책 Vol. III. p. 371에서 "오비디우스, 『종교축제일들』 IV. 791"을 설명하는 프레이저의 주석 참조.
694 오비디우스, 앞 책 IV. 725-727, 781-782, 805; 티불루스, 앞 책 II. 5, 89-90; 프로페르티우스, 앞 책 V. 4. 75-78.
695 오비디우스, 앞 책 IV. 785-786.

다음과 같은 기록에서도 예시된다.

> …… (고대 로마의 양과 양치기를 정화하던 팔레스 기념축제일인 4월 21일에서 열흘밖에 더 지나지 않은) 5월 1일에 스코틀랜드의 고원지대에서 거행된 벨테인Beltane 모닥불축제의 제비뽑기에 참가하여 검은 제비(숯불에 검게 구워진 오트밀과자조각)를 뽑은 사람은 '사람과 짐승을 먹여 살릴 식량의 연간생산량을 공시公示하게끔' 모닥불을 세 번 뛰어넘어야 했다 …….[696]

고대 이탈리아에서도 불을 사용한 종교의례가 거행되었다. 로마의 북쪽에 있는 소라테Soratte(소락테Soracte) 산의 기슭에서 해마다 거행된 아폴로 소라누스Apollo Soranus 기념축제에서는 "소라누스Soranus의 늑대들(히르피 소라니Hirpi Sorani)"로 호칭된 사제 몇 명이 땅바닥에 깔린 뜨거운 재를 맨발로 밟고 걸었어도 화상을 전혀 입지 않았다.[697] 마르쿠스 테렌티우스 바로가 암시했듯이,[698] 그들은 재를 밟기 전에 먼저 화상예방약 같은 것을 그들의 발에 발랐기 때문에 화상을 전혀 입지 않은 기적을 연출할 수 있었다. 여기서 우리가 주목하는 다양한 문제들은 불을 사용하는 의례와 관련되기보다는 오히려 고대와 현대의 다른 인간종족들 사이에서도 많은 유사점을 드러내는 이른바 "화중보행"과 관련된다. 장례식을 마친 고대 로마인들의 "화중보행"과 마찬가지로 다른 인간종족들의 "화중보행"도 정화

696 프레이저, 앞 책 Vol. III, P. 343.

697 이 의례가 기록된 문헌들은 다음과 같다. 자연철학자 플리니우스, 앞 책 VII. 19; 세르비우스 호노라투스, 앞 책 XI. 784-785; 실리우스 이탈리쿠스Silius Italicus(28경~103경: 고대 로마 집정관 겸 웅변가 겸 서사시인), 『시집Punica』 V. 175-181; 스트라본Strabon(서기전64경~서기24경: 고대 그리스 지리학자 겸 철학자 겸 역사학자), 『지리학Geographica』 V. 2, 9; 디오니시오스, 앞 책 III. 32; 프레이저는 오비디우스의 『종교축제일들』 IV. 553에 붙인 주석에서 '이 의례는 아폴로 소라누스와 관련되지 않고 페로냐Feronia(로마 신화와 에트루리아 신화에 나오는 다산여신多産女神)와 관련된다'고 주장한다.

698 마르쿠스 테렌티우스 바로는 세르비우스 호노라투스의 『"베르길리우스의 『아이네이스』" 해설』 XI. 785을 참조했다.

와 마귀퇴치를 겸하려는 의도의 발로가 틀림없다. 이런 의도와 비슷한 이유들 때문에 물뿐 아니라 불마저 접촉해야 하는 새색시도 있었다.[699]

고대 로마인들은 불타는 유황을 종교의례에도 주술의례에도 사용했다. 그들은 유황이 불처럼 마귀퇴치효력을 지녔다고 믿었을 뿐 아니라 살균력과 약효성분들마저 겸비했다고 인정했기 때문에 각종 의례에서 유황을 사용했다. 더구나 그들은 유황을 보거나 생각하면 뜨거운 유황온천들과 화산들을 상상했고, 그렇게 상상된 것들은 그들의 공포심을 자극했다. 또한 그들은 '천둥번개는 유황에서 빛을 얻고, 번개가 번쩍이면 유황이 연기煙氣를 내뿜는다'고도 믿었다.

여기서 우리는 유황의 주술적 용법 및 종교적 용법을 보여주는 몇 가지 증례를 살펴보고자 한다. 무녀가 주문을 읊조리는 동안 티불루스는 불타는 유황을 사용하여 애인 델리아를 정화하는 의례를 실행했다. 티불루스는 그런 보조적 주술의례를 실행하여 델리아의 건강을 회복시켰다.[700] 팔레스 기념축제에서 정화의례를 거행하던 양치기들은 유황을 불태웠고, 불타는 유황에서 나온 연기는 양들을 정화했다.[701] 이것과 비슷한 정화의례가 근대의 에스토니아Esthonia에서도 거행되었다. 게오르기우스 축일 — 고대의 팔레스 기념축제일보다 며칠밖에 늦지 않은 날(4월 23일) — 에 에스토니아인들은 가축을 마녀들의 술수에 걸려들지 않도록 보호하느라 유황으로 정화하는 의례를 거행했다.[702]

유황뿐 아니라 다른 가연물질可燃物質들도 정화제淨化劑로 사용되었다. 예컨대, 티불루스에게 침투한 주술의 유해효과들을 정화하려던 마녀는

699 플루타르코스, 『로마 문답서』 I.
700 티불루스, 앞 책 1. 5, 9-12.
701 오비디우스, 앞 책 IV. 739-740.
702 프레이저, 앞 책 IV. 739에 붙은 주석 참조.

활활 타는 관솔불을 사용했다.[703]

원시인들의 가장 일반적인 통념들 중 하나는 '사랑은 불이다'고 여기는 통념이며, 더욱 특수하게는, '불은 남성원리를 상징하고 물은 여성원리를 상징한다'고 여기는 통념이다.[704]

그래서 그런 통념은 '불은 처녀들을 임신시킬 수 있다'고 여기는 믿음으로 쉽게 변이한다. 고대 로마인들은 '임신시키는 불의 신비한 작용'이 세르비우스 툴리우스, 로물루스와 레무스, 프라이네스테의 왕을 탄생시켰다고 믿었다. 세르비우스 호노라투스는 프라이네스테의 왕의 탄생설화를 장황하게 설명하다가 다음과 같이 기록했다.

> …… 옛날 프라이네스테에는 신성시된 두 형제가 있었다. 그들의 누이는 어느 날 화덕 옆에 앉아있었다. 그때 화덕에서 튀어나온 불꽃 하나가 그녀의 자궁으로 파고들었다. 그녀는 그 불꽃을 받아들였고 아기를 뱄다. 그녀는 아기를 낳자마자 유피테르 신전에 갖다버렸다. 그러나 샘물을 길으러가던 처녀 몇 명이 샘에서 멀지 않은 곳에 피워진 불 근처에서 아기를 발견하고 데려다 키웠다. 이래서 그 아기는 불카누스Vulcanus의 아들로 호칭되었다 …….[705]

우리가 여태껏 살펴봤듯이, 고대 로마에서 불은 주술의례 및 종교의례에서는 정화제로 사용되었고 일상생활에서는 남성원리로 인식되었다. 그러니까 이제부터 우리는 불을 정령, 혹은 더 정확하게는, 두 가지 정령으로 간주하여 고찰해야 한다. 왜냐면 불은 유익하게 쓰이면 — 음식을 요리하고 집안을 따듯이 데우는 데 쓰이면 — 여화신 베스타로 인식되었고

703 티불루스, 앞 책 1. 2, 61.
704 플루타르코스, 『로마 문답서』 1; 마르쿠스 테렌티우스 바로, 『라틴어』 V. 61.
705 세르비우스 호노라투스, 앞 책 VII. 678.

<불카누스의 대장간La Fragua de Vulcano>
에스파냐 화가 디에고 벨라스케스Diego Velázquez(1599~1660)의 1630년작.

파괴력을 발휘하면 남화신男火神 불카누스로 지칭되었기 때문이다.

고대 로마인들은 불을 신으로 간주했다. 예컨대, 오비디우스는 팔레스 기념축제에 쓰인 불의 용도를 설명하려고 애쓰면서 불을 물과 함께 신으로 지칭했다.[706]

베스타 — 유용하게 쓰이는 불 — 숭배의례는 원시시대에 시작되었다. 왜냐면 원시공동체는 불을 반드시 계속 살려둬야만 했기 때문이다. 원시가족의 집안에서는 결혼하지 않은 딸들이 불을 돌보았다. 그녀들은 실제로 집안의 신성한 불을 섬기는 처녀사제들이었다. 원시가족이 집에서 저녁식사를 마치고 조용히 침묵하면, 딸들은 직접 만들어 구운 신성한 소금

706 오비디우스, 앞 책 IV, 788.

과자의 일부를 접시에 담아 불 속으로 던져서 베스타에게 바치는 의례를 거행했다.[707]

고대 로마에서 가족종교의 형식은 국가종교의 형식만큼 다양했으므로 집에서 거행된 불숭배의례도 국가종교행사에서 거행된 불숭배의례를 본받은 것이었다.[708] 고대 로마에서 베스타 숭배의례장소는 원시인의 움집처럼 둥글게 생긴 베스타 "신전"이었다. 그곳에 상주한 처녀사제 여섯 명은 베스타 — 국가의 성화聖火 — 를 관리했고 매년 3월 1일에는 부싯돌을 이용하여 일으킨 불꽃으로 베스타를 갱생시켰다.[709] 그 "신전"에는 베스타 신상은 전혀 없었다. 왜냐면 그곳의 성화가 여신이었기 때문이다. 이 사실은 로마 종교의 의인화擬人化하는 작용에 저항하며 존속한 베스타의 내구력을 증명한다.

파괴적 불이 신으로 발달한 과정은 아주 자연스러웠다. 원시인은 불이 자신의 몸에 온기를 주고 자신의 음식을 맛있게 만들어줄 수 있을 뿐 아니라 자신의 움집을 전소시켜서 죽음과 파멸을 초래할 수도 있다는 사실을 알았다. 우리가 이미 살펴봤듯이, 베스타는 유익하게 쓰일 수 있는 불이었다. 그런 반면에 불카누스는 파괴적인 불이었다. 불로 간주된 불카누스가 집안의 부엌에서 베스타와 함께 숭배되어야 할 까닭은 전혀 없었다. 왜냐면 베스타는 결코 파괴력으로 인식되지 않았을 뿐더러 불카누스도, 최소한 역사시대에는, 결코 유익하게 인식되지 않았기 때문이다.[710] 베르길리우스와 퀸투스 엔니우스를 위시한 로마 작가들의 대다수는 파괴적

707 세르비우스 호노라투스, 앞 책 1. 730. 파울러, 『로마인들의 종교체험』, p. 73 참조.
708 파울러, 앞 책, pp. 136-137.
709 오비디우스, 앞 책 III. 141-144; 페스투스, 「베스타의 불Ignis Vestae」, 앞 책(카를 오트프리트 뮐러 편찬, p. 106) ; 마크로비우스, 앞 책 I. 12, 6; 세르비우스 호노라투스, 앞 책 II. 296-297; 파울러, 앞 책, p. 136.
710 허버트 제닝스 로즈, 『이탈리아의 원시문화』, pp. 43-44 참조.

불을 불카누스로 지칭했다.[711]

오스티아에서는 예로부터 불카누스 숭배의례가 성대하게 거행되었다. 왜냐면 한여름에는 폭염과 가뭄이 테베레강 유역의 오스티아를 포함한 곡창지대를 위협하곤 했기 때문이다. 오스티아에는 불카누스를 모시는 신전, 대사제, 집정관이 있었다. 집정관은 불카누스에게 바치는 희생의례의 조영관[712]을 겸직했다.[713] 로마의 불카누스 신전은 도시성벽외곽의 적절한 곳에 있었다. 그 신전에서 거행된 희생의례들은 로마 시내의 화재를 예방해준다고 믿겼다.[714]

불카누스는 고대 로마에서 거행된 두 가지 의례와 관련되었다. 6월에는 이른바 어민대회漁民大會가 테베레강에서 거행되었다. 로마의 도시집정관(시장市長)이 주관한 그 대회의 참가자들은 테베레강 유역의 어민들이었다. 그 대회에서 잡힌 물고기들은 시장市場에서 판매되지 않고 살아있는 상태로 불카누스 광장에까지 운반되었다. 그곳에 마련된 제단에 오른 그 활어들은 인간영혼들을 대신하는 제물로서 불카누스에게 봉헌되었다.[715] 8월 23일에는 불카누스 기념축제가 거행되었다. 그런데 그 축제에서는 발생할 수 있을 화재를 예방할 수 있는 불카누스의 도움도 반드시 필요했다. 마르쿠스 테렌티우스 바로가 기록했듯이, 그 축제의 참가자들은 "자신들을 대신하는" (아마도 활어들이었을) 동물들을 불 속에 던졌다.[716] 이 두 가지 의례(활어들을 불카누스 제단에 올린 희생의례와 불 속에 던

711 베르길리우스, 『아이네이스』 V. 662, VII. 77; 페스투스, 앞 책(카를 오트프리트 뮐러 편찬, P. 153)에서 엔니우스는 필명으로 인용된다; 티불루스, 앞 책 1. 9, 49-50; 프론토, 『황제 마르쿠스께 드리는 편지』 IV. 5, 2(사무엘 아드리아누스 나버 편찬, p. 68).

712 【造營官(aedile: 안찰관按察官): 고대 로마의 공공건물과 도로를 관리하고 공중위생업무를 담당하던 관리.】

713 릴리 로스 테일러, 앞 책, pp. 14-20 참조.

714 비트루비우스Vitruvius(서기전80/70~서기전15경 이후: 고대 로마의 작가 겸 건축가 겸 군사기술자), 『건축론De Architectura』 1. 7. 1.

715 페스투스, 「어민대회Piscatorii ludi」, 앞 책(카를 오트프리트 뮐러 편찬, p. 238).

716 마르쿠스 테렌티우스 바로, 『라틴어』 VI. 20.

진 번제燔祭)에서 활어들은 인간생체들을 대신하던 대용제물들이었기 때문에, 그런 의례들의 실행자들은 파괴적인 불길 속에서도 기적같이 살아날 수 있다고 믿었다. 소방용수로 사용되던 물을 품은 테베레강에서 잡힌 물고기들은 화재를 예방하는 주술효과를 발휘한다고 믿겼을 것이다. 집정관 플리니우스도 어느 편지에서 불카누스 기념축제와 관련된 사실 한 건을 언급했다. 그 축제일의 밤에는 집정관의 숙부이던 자연철학자 플리니우스가 — 집정관이 장담하듯이, 행운을 빌지도 않은 채로 — 등불을 켜고 연구를 시작하곤 했다.[717] 이 기록이 암시하듯이, 고대 로마인들은 불카누스 기념축제일의 밤에는 의례적으로 행운을 빌며 등불을 켜곤 했던 듯이 보인다.

우리는 이 단원에서 고찰한 것들을 다음과 같이 요약할 수 있다.

원시시대의 인간은 염원하는 결과를 얻으려고 주술행위와 주문을 기계적으로 이용했다. 그는 다양한 — 나무, 암석, 샘, 강, 바다, 비 등 — 자연물들에게 직접 주문을 걸면서도 '자신을 닮은 정령들이 자연물들에 깃들였다'고는 전혀 생각하지 못했다. 그렇지만 그는 잠재적으로 유해하고 기이한 영능들이 자연물들에 깃들인다고 믿었다. 그러던 어느 날부터 그는 자신을 흡사하게 닮은 정령들이 자연물들에 깃들였다고 생각하기 시작했다. 그가 그렇게 생각한 까닭들은 다음과 같이 요약될 수 있다. 그는 자신과 흡사하게 자연물들도 움직인다는 사실을 알아챘다. 나무들은 바람을 맞으면 살랑거리며 속삭였다. 숲들은 폭풍우를 맞으면 격동하며 포효했다. 샘물과 시냇물은 흐르면서 졸졸졸 소리를 냈다. 그리하여 원시인은 자신을 닮은 정령들을 차츰 그런 자연물들에 할당하기 시작했다. 그의 잠꿈(수면몽睡眠夢)들도 이런 할당작업에 이바지했다. 왜냐면 그는 자신의

717 집정관 플리니우스, 앞 책 III. 5, 8.

꿈속에서는 자신의 영혼이 육체를 벗어나 당분간 날아다닐 수 있다고 인지했을 뿐 아니라 자신이 깨있으면 평소대로 사용할 수 있는 물건들을 자신의 꿈속에까지 가져가서 사용할 수 있다고도 인지했기 때문이다.

고대의 모든 로마인뿐 아니라 현대의 모든 원주민도 암석을 신성시하는 믿음을 공유한다. 그리고 상수리나무와 암석은 대체로 숭배의례와 밀접한 관계를 맺는다. 왜냐면 상수리나무와 암석의 견고성 및 내구성은 주술적으로 개인에게나 사물에나 행위에 전달될 수 있다고 믿기기 때문이다. 고대인들이 숭배한 암석들의 다수는 운석들이었다. 그래서 고대 로마인들은 강우降雨를 기원하는 주술의례(기우제)에서 운석을 사용했다. 운석은 하늘에서 떨어진 암석인 한에서 주술적으로는 하늘과 동등하기 때문에 많은 비를 충분히 내리게 할 수 있다고 믿겼다. 역사시대에는 로마에서 부싯돌이 유피테르 페레트리우스의 유일한 상징물이었지만, 이전에는 상수리나무가 그 신의 상징물이었을 것이다. 부싯돌과 상수리나무는 처음부터 직접 숭배되었다. 고대 로마인들은 서약하거나 협정을 체결할 때 부싯돌을 사용했다. 또한 그들은 말뚝들과 돌덩이들을 이용하여 땅의 경계선들을 표시했는데, 그런 경계선표시들은 대체로 신성시되었다. 처음에는 암석이 곧이곧대로 숭배되었지만 나중에는 암석에 깃들인 정령이 숭배되었다. 그러나 우리가 살펴봤듯이, 경계석숭배는 물신숭배 단계에서 결코 더 발달하지 않았다.

돌멩이 두 개가 맞부딪히면 불꽃을 튀긴다는 사실은 암석을 두려워하면서도 신성시하던 원시인들의 경외감을 촉발했을 것이 틀림없다.[718]

고대 로마인들은 다른 모든 지역민과 마찬가지로 숲들을 신성시했다. 그랬던 까닭들은 다음과 같이 요약될 수 있다. 원시시대에는 특히 야수

718 프레이저, 『불(火)의 기원신화起源神話들Myths of the Origin of Fire』, pp. 106, 226 참조.

들과 적들을 포함한 모든 위험한 것이 숲에서 생겨난다고 믿겼다. 그래서 원시인은 당연하게도 그런 해악들의 출몰지에서 해악퇴치용 주술의례를 거행했다. 그는 나무들이 움직인다는 사실도 인지했다. 우리가 살펴봤듯이, 그런 인식은 자연의 모든 움직임을 활동생명체에 결부하려는 원시인들의 공통적 심성을 낳았다. 더구나 원시인은 숲에서 발생한 소리들도 인간의 목소리들이라고 상상했다. 그래서 그는 인간생명을 나무들에 결부했고 자신의 수명을 특별한 나무의 수명과 대체로 동일시했다. 그는 그 나무의 죽음이 자신의 죽음을 예고한다고 상상했다. 벼락이 나무들을 뻔질나게 내리치고 그런 나무들 밑에 있는 사람들을 죽인다는 사실은 나무들을 두려워하는 공포심을 원시인에게 심어주었을 것이 틀림없다.

그래서 역사시대에 숲을 개간하려던 로마인들이 숲에서 출몰하던 악령들뿐 아니라 수많은 나무의 정령들마저 위무하는 희생의례부터 먼저 거행했다는 사실은 놀랍지 않다.

고대 로마인들은 물도 신성시했다. 그들에게는 샘물이나 강물이나 바닷물이나 빗물도 신성한 물이었다. 그들이 나무들을 신성시하듯이 물을 신성시한 까닭의 일부는 '원시인은 자연의 모든 움직임을 활동생명체에 결부했다'는 사실일 수 있다. 게다가 샘물들의 졸졸거리는 소리가 인간의 목소리를 닮았다는 사실도 '활동생명투여과정the animizing process'에 일조했을 수 있다.

고대 로마인들은 불가사의한 악력惡力을 지닌 개인들 및 사물들의 유해한 접촉효과들을 샘물과 하천수河川水(강물이나 시냇물)로 씻어버릴 수 있다고 믿었다. 그들은 일상생활에서 '물이 그들의 몸과 그릇들을 정화해준다고 생각했던 만큼이나 눈에 보이거나 보이지 않는 해악들을 퇴치하는 효험을 발휘할 수도 있다고 믿었다. 종교행사와 주술행사에서 실행된 물을 뿌리는 의례(살수의례撒水儀禮)는 더욱 오래된 정화의례의 유산이었다. 샘물은 질병을 치료할 수 있지만 오염되면 질병을 유발할 수도 있다고 믿겼다. 또한 고대 로마의 상인들은 부정한 상거래를 자행한 다음에도 자신들의 몸과 상품을 신성한 샘물로 정화하는 속죄의례를 서슴지 않았다.

물이 흐르는 하천을 건너는 행위는 종교적으로 위험시될 수 있었다. 그래서 몇몇 하천은 오직 종교의례를 먼저 거행한 사람만 건널 수 있는 하천들로 믿겼다. 강江들은 해마다 인명을 희생시켰다는 사실 때문에 신성시되었을 수 있다. 강을 악력惡力에 결부하는 이런 사고방식은 강숭배의 궁극원인이었을 것이다. 그렇게 숭배된 강물의 움직임과 흐르는 강물의 소리도 활동생명투여과정에 일조했을 것이다.

해양숭배는 비교적 늦게 시작되었다. 이것은 이상한 사실이다. 왜냐면 고대 로마인들은 '인간생명을 워낙 자주 파괴하고 기이한 생물들을 해변에 내던지며 종래에는 위험한 적들마저 상륙시키는 바다의 무자비한 괭창력'을 일찍부터 두려워했기 때문이다. 게다가 해수면의 기묘한 등락현상(조수간만)과 불가사의하게 반복되는 파도의 격동현상은 바다를 더욱 무섭고 신비하게 만들었다. 그래서 고대 로마인들은 바다를 기피했다.

로마에서 거행된 가장 오래된 숭배의례들 중 하나는 강우의례(기우제)였다. 이 의례에서도 처음에는 비가 기도대상이었지만 나중에는 강우신 유피테르가 기도대상이었다. 비와 유피테르는 대체로 동의어들이다. 비는 유해한 위력을 발휘할 수 있다. 그래서 비는 유익한 위력을 발휘하도록 위무되어야 했다. 더구나 '비는 하늘에서 내린다'는 사실과 '비는 파괴적 천둥번개들에 결부되었다'는 사실은 종교적 경외감을 부추긴 요소를 비에 가미했다.

우리가 살펴봤듯이, 고대 로마인들은 위험한 영향력들을 함유한 대상들 — 예컨대, 시체들 — 의 유해한 접촉효과들을 제거하려는 주술의례와 종교의례에서는 정규적으로 불을 사용했다. 또한 현대의 야생원주민들처럼 고대 로마인들도 자신들과 망령들 사이에 울타리를 치듯이 모닥불들을 피우고 이른바 "화중보행"을 감행했다. 이렇게 사용된 불은 (실재하는 해악들을 제거하려는) 정화용 불이자 (망령들 같은 잠재적 해악들을 물리치려는) 마귀퇴치용 불이었다.

유황은 정화의례들에서 공용되었다. 왜냐면 유황불은 정화효력을 발휘하기 때문이다. 또한 유황은 치유력과 살균력을 발휘한다. 유황숭배자의 심정 속에서, 유황의 이런 위력들은 무서운 유황온천들과 결합하거나 화산들과 결합하고, 번개는 유황에서 빛을 얻는다고 믿긴다.

현대의 야생원주민들과 마찬가지로 고대 로마인들도 불은 생명체의 남성원리라고 믿었다. 이런 믿음을 고수하던 그들은 화덕에서 튀어나온 불꽃이 신비영능을 발휘하여 처녀를 잉태시켜 출산시킨다고 설명했다.

고대 로마에서 유익한 위력을 발휘하는 불은 베스타로 호칭되었다. 파괴력을 발휘하는 불은 불카누스로 인식되었다. 베스타의 성격은 단순한 여성정령의 성격에서 조금도 더 발달하지 못했다. 왜냐면 베스타의 상징은 오직 베스타 "신전"에서 관리된 성화뿐이었기 때문이다. 고대 로마인들은 불의 유익한 동시에 유해한 이중성을 깨달았고, 그때부터 로마인들 사이에서는 아주 당연하게도 파괴적 화신火神의 개념도 발달하기 시작했다.

불은 처음부터 확실히 단일한 정령으로서 인식되었다. 그래서 역사시대에는 여성적인 것으로 인식된 불을 머금은 화덕에서 튀어나온 불꽃이 처녀를 임신시킬 수 있다고 남자들이 생각할 수 있었을 것이다. 요리와 난방에 쓰일 수 있는 불의 용도들을 파악하는 지식이 발달하면서 불의 이런 실용적 측면은 여성화되었다. 왜냐면 집안의 여자들이 불을 요리용으로나 난방용으로 사용했기 때문이다. 그러나 숲을 파괴할 수 있는 불은 남자의 모든 힘을 가졌다고 믿겨서 남성적인 것으로 간주되었다.

번역자 후기

1

미국 고전학자 겸 비교종교학자 엘리 에드워드 베리스는 고대 로마 종교의 원시요소들을 발견하려는 연구를 최초로 시도했다고 자부한다.[1] 그는 고대 그리스와 로마에서 작성된 많은 고문헌을 탐독하여 발견한 진기하고 흥미로운 사실들을 근거로 이 원시요소들을 고증한다. 터부, 주술, 정령들로 집약되는 이 원시요소들은, 베리스가 신중하게 주장하듯이, 대체로 발달한 여타 종교에서도 발견될 수 있는 공통요소들이다. 그는 "여느 인간종족의 종교를 파악하려는 연구도 바로 그런 원시적 공통요소들을 출발점으로 삼아야 할 것이다"[2]고 제안한다.

이 원시요소들은 고대 로마의 민간생활과 국가종교뿐 아니라 어쩌면 심지어 역사상 존재한 거의 모든 종교에서도 공통적으로 발견될 수 있을 것이다. 애니미즘(정령신앙), 토테미즘, 샤머니즘 같은 원시종교들과 고대 그리스와 로마의 종교들이나 인디아의 힌두교 같은 다신교들에서 이 원시요소들은 충분히 발견되고 유태교, 조로아스터교, 불교, 유교, 기독

1 베리스는 "내가 아는 한에서, 로마 국가종교에도 내재하고 흔히 원시적인 것으로 간주되는 로마인들의 민간종교생활에도 내재하던 원시요소들을 고대문헌들에서 발견하려고 노력한 사람은 여태껏 없었다"(본서, p. 10)고 자부한다.

2 본서, p. 8.

교, 이슬람교 같은 이른바 고등종교들에서도 적잖이 발견된다. 물론 이 원시요소들은 모든 종교의 "모든" 기원起源도 아니고 "모든" 필수요소도 아니다. 그러나 여태껏 생멸生滅했거나 존속하거나 번성한 모든 종교에 뚜렷하게나 흐릿하게 잔류한 이 원시요소들은 모든 종교의 특정한 기원들이나 필수요소들과 복잡하게나 느슨하게 얽히고설키면서 모든 종교의 역사와 변천에 긍정적으로나 부정적으로 강력하게나 미약하게 영향을 끼쳤다.

이 원시요소들 중에도 특히 주술은 터부와 정령들을 연동시키는 핵심기제核心機制일 뿐 아니라 모든 종교에 잔존하는 흔적기제痕迹機制이다. 베리스도 암시하듯이, 종교가 출현하기 전에 "주술시대age of magic"가 있었다. 적어도 세계의 주요한 고대문명들이 출현한 서기전3000년대 이전부터 혹은 더 오래된 원시시대나 선사시대부터 실행되었을 주술은 종교의 기원들에도 상당한 영향을 끼치면서 종교와 어떻게든 관계를 유지했으리라고 추정된다. 왜냐면 서기전3000년대부터 이집트, 메소포타미아, 인디아에서 신봉된 다신교들, 서기전10세기경부터 그리스와 로마에서 신봉된 다신교들, 이른바 기축시대機軸時代(서기전8~3세기경)에 형성된 유태교, 조로아스터교, 유교, 불교 같은 경전종교들과 1~3세기경에 형성된 기독교 및 7세기에 형성된 이슬람교 같은 유일신교들에서도 주술의 영향이나 흔적은 드물잖게 발견되기 때문이다.[3] 더구나 현대의 수많은 야생원주민뿐 아니라 문명인들도 주술을 실행하거나 주술의 영향권에서 살아간다.

---

3 예컨대, "무슬림(이슬람교신자)들은 진Jinn(진니Jinnee: 이슬람교의 신화에 나오는 신령 또는 마령魔靈)이라는 악령군단惡靈軍團의 존재를 믿는다. 연기煙氣를 내뿜지 않는 불(火)로 빚어진 존재의 지휘를 받는 이 군단에는 40개 악령사단惡靈師團이 소속하며 1개 악령사단에는 60만 악령이 소속한다고 믿긴다." 에드워드 클로드Edward Clodd(1840~1930: 잉글랜드 은행업자 겸 작가 겸 인류학자), 『애니미즘: 종교의 씨앗Animism: The Seed of Religoin』(1905), p. 62.

2

주술과 종교의 이런 내밀한 관계를 유지시킨 핵심매개는 의례였다. 무엇보다도 주술의례와 종교의례는 거의 유사하게 보인다. 미국 인류학자 로이 라파포트Roy Rappaport(1926~1997)는 의례를 종교의 근간으로 간주한다.[4] 프랑스 사회인류학자 마르셀 모스Marcel Mauss(1872~1950)도 주술의례와 종교의례의 유사성을 증언한다.[5] 잉글랜드 문학자 겸 종교학자 엘리자 매리언 버틀러Eliza Marian Butler(1885~1959)가 기록했듯이, 주술은 비록 "시詩처럼 명확하게 정의될 수 없"어도 "주술과 종교의 관계는 특히 복잡"해서 "주술과 근본적으로 무관한 종교는 없을뿐더러 종교의 깊숙한 뿌리들과 유의미한 관계를 맺지 않은 주술도 없는 것이 확실하다."[6] 예컨대, 이른바 고등종교들로 분류되는 기독교의 침례나 세례나 성찬례, 불교의 수계식受戒式이나 다비식茶毘式, 유교의 각급 제례祭禮나 제사祭祀도 각종 정화의례나 위무의례나 불제의례 같은 주술의례의 흔적들을 간직한다.

주술은 대체로 "불행이나 재해를 막으려고 주문을 읊조리거나 술법을 부리는 언행"[7]이라고 정의될 수 있다. 이런 의미에서 "모든 주술의 근본목표는 자연이나 타인이나 초자연세계를 인간의지대로 지배하는 것이다. 독일 철학자 아르투르 쇼펜하워Arthur Schopenhauer(1788~1860)의 용어로 표현되면, 주술은 의지를 실현하는 데 사용되므로 응용과학을 닮았다."[8] 마르셀 모스도 주술의 이런 특성을 암시한다. "제임스 조지 프레이저와

---

4 로이 라파포트, 『인간성을 함양하는 의례와 종교Ritual and Religion in the Making of Humanity』(1999), p. xvi.

5 마르셀 모스는 『일반주술이론의 대략Esquisse d'une théorie générale de la magie』(1913) 제1장에 다음과 같이 기록했다. "공감은 주술의 충분하고 불가피한 특징이다. 모든 주술의례는 공감의례들이고, 모든 공감의례는 주술의례들이다. 주술사들이 종교적 기도의례와 희생의례를 닮은 — 물론 그런 의례들을 언제나 패러디하거나 모방하지만은 않는 — 주술의례를 집행한다는 것은 사실이다. 게다가 많은 종단의 사제들이 주술의례들을 답습하려는 성향을 현저하게 드러낸다는 것도 사실이다."

6 엘리자 매리언 버틀러, 『의례용 주술Ritual Magic』(1949), p. ix.

7 국립국어원, 『표준국어대사전』.

8 엘리자 매리언 버틀러, 앞 책.

발터 레만은 명실상부한 주술이론들을 제시한다. 프레이저가 『황금가지』 제2판에서 자세히 설명하는 주술이론들은 에드워드 버닛 타일러, 앨프레드 커민 라열, 프랭크 바이런 제번스, 앤드루 랭, 헤르만 올텐베르크의 모든 업적을 포함하는 전통을 통째로 가장 선명하게 표현한다. 이 모든 학자는 비록 세부사항들을 약간씩 다르게 이해할지언정 주술을 '과학 이전의 과학science avant la science(전前과학)'으로 지칭하는 데 동의한다. …… 프레이저의 관점에서 주술행위들은 공감주술의 두 가지 원리 — 유사성원리와 접촉원리 — 를 응용하여 특수한 효과들을 유발하도록 예정된 행위들이다."[9]

물론 다소 조직화된 다신교들이나 특히 정립된 경전經典을 보유한 매우 조직화된 고등종교들의 의례와 주술의례의 차이점은 유사점보다 오히려 더 많을 수 있다. 이런 의미에서 "주술의례는 조직화된 숭배의례에 포함되지 않는 사사롭고 비밀스러우며 신비스러운 어떤 의례이다"[10]라고 잠정적으로 정의하는 마르셀 모스의 견해도 타당하게 보일 수 있다. 그런데 여기서 "조직화된 숭배의례culte organisé"란 당연히 종교일 것이다. 이것은 비록 주술과 종교의 차이점이 유사점보다 아무리 더 많아도 종교가 분명히 숭배의례이고 주술의례의 흔적들을 간직한다면 주술의 원리들마저 간직한다는 사실을 의미한다. 더구나 종교가 대체로 "신神, 초자연적 절대자, 초자연력超自然力 같은 것을 믿는 신념이나 신앙으로써 인간생활의 고뇌를 해결하고 삶의 궁극의미를 추구하는 문화체계"[11]라면, "불행이나 재

9 마르셀 모스, 앞 책. 여기서 거명된 발터 레만Walter Lehmann(1878~1939)은 독일 고고학자이고, 앨프레드 커민 라열Alfred Comyn Lyall(1835~1911)은 브리튼 시인 겸 문학역사학자이며, 프랭크 바이런 제번스Frank Byron Jevons(1858~1936)는 잉글랜드 비교종교학자이고, 앤드루 랭Andrew Lang(1844~1912)은 스코틀랜드 작가 겸 인류학자이며, 헤르만 올텐베르크Hermann Oldenberg(1854~1920)는 독일 인디아학자indologist이다.

10 앞 책, 제2장.

11 국립국어원, 『표준국어대사전』.

<주술동그라미Magic circle>
잉글랜드 화가 존 윌리엄 워터하우스John William Waterhouse(1849~1917)가 1886년 완성한 유화

해를 막으려는" 주술의 취지와 "인간생활의 고뇌를 해결하려는" 종교의 취지도 상통하는 듯이 보인다.

이런데도 여태껏 주술과 종교는 다소 혹은 매우 다를뿐더러 심지어 상충한다고도 인식되면서 종교는 대체로 신성시되어 긍정되거나 권장된 반면에 주술은 마법, 요술, 사술, 마술 같은 미신이나 술수로 경원시되어 부정되거나 때로는 박해받기마저 했다. 물론 주술은 의술로 발달하거나 점성술과 연금술 같은 전과학 내지 이른바 유사과학類似科學을 배출하여 근대과학의 실마리를 암시하기도 했다. 그러나 주술은 종교에 영향을 끼친 만큼 예기치 못한 역사적 비운을 자초했거나 감내해야 했다. 그런 비운은 어쩌면 유사성원리와 접촉원리로 대표되는 주술원리들에 이미 내재했을 것이다. 왜냐면 이 원리들은, 베리스가 지적하듯이, 과격한 상상력과 맞물린 원시적 생각습관과 사고력 결핍의 소산들일 수 있기 때문이다.

3

그렇다면 종교에도 이런 주술원리들이 어떻게든 스며들어 작용했을 텐데 왜 주술만 그런 비운을 겪어야 했을까? 이 의문의 해답은 대략 두 가지 측면에서 모색될 수 있을 성싶다.

첫째, 주술과 종교는 정령이나 신 같은 초자연존재에게 개인의지나 집단의지를 전달하여 실현하려는 예배, 미사missa, 법회, 제례, 제사, 굿 같은 의례로서 실행되고 표현된다. 이런 의례는 결국 공연행위(의지표출언행)일 수밖에 없으므로 주관자나 집행자(랍비, 주교, 목사, 율법사, 승려, 제관 같은 성직자, 그리고 제사장, 샤만shaman, 무당, 무녀 같은 주술사), 참관자(신자, 주술의뢰자 및 동참자), 의례용 주문이나 기도나 염불이나 제문祭文, 절차, 제물(헌금, 공양미, 대용제물), 도구(물, 불, 향, 종, 목탁, 제기祭器, 제수용품), 장소(예배당, 신전, 신당, 교회, 모스크, 사원, 사찰, 종묘, 사당)를 요구한다. 그런데 주술의례는 비록 공연행위일지라도 사사롭게 은밀히 비밀리에 실행될 수도 있지만 종교의례는 되도록이면 공개적으로 거행되어야 한다고 믿긴다.

둘째, 주술은 유사성원리와 접촉원리에 의존하여 긍정적 마나(신비영능 또는 신비기운神祕氣運), 길운, 이득, 이로운 정령들, 그들의 선영향善影響을 불러들이거나 위무하고 부정적 마나, 액운, 해로운 정령들, 그들의 악영향을 물리치거나 위무하거나 이용하려는 개인이나 집단의 공감주술(유감주술과 감염주술)로 구체화된다. 종교도 주술원리들의 영향을 적잖이 받아서 그런지 이롭거나 우호적인 정령(신, 성령, 수호신, 천사, 부처, 보살, 신령, 조상신, 신선神仙)들에게 소원과 가호를 빌고 해로운 정령(악마, 악령, 악귀, 마귀, 유령, 귀신, 곡두, 도깨비)들을 무찔러달라고 호소하는 개인이나 집단의 예배와 기도로 구체화된다. 그러나 해로운 정령들을 사사롭게 이용하거나 악용하려는 의지마저 반영하는 주술과 다르게 종교는 해로운 정령들을 철저히 부정하고 배격하는 방향으로 발달했다.

주술과 종교의 이런 차이점들은 주술과 종교를 신봉하거나 실행하는 개인이나 집단의 심정적 태도가 달라지면서 생겨났을 것이다. 예컨대, 베리스가 주장하듯이, "만약 주문과 기도가 서로 어떻게든 다르다면, 주문이나 기도가 나름의 차이점을 내포하기 때문에 그렇지 않고 오히려 주문을 읊는 개인의 주문대상을 향한 심정적 태도와 기도하는 개인의 기도대상을 향한 심정적 태도가 다르기 때문에, 그리하여 주문음조가 기도음조와 다를 수밖에 없고 주문형식이 기도형식과, 한정된 범위에서나마, 다를 수밖에 없기 때문에 그렇다."[12]

이렇듯 개인이나 집단의 심정적 태도의 차이가 주술을 마법, 요술, 사술 같은 미신이나 마술로 비하되게 만들었고, '주문과 터부와 주술의례'를 '기도와 율법(계율)과 종교의례'와 차별화시켰으며, 주술사를 샤만, 마법사(마남魔男과 마녀), 무당(무남巫男과 무녀), 마술사로 인식되게 만들었고, '주술의례장소(주술동그라미, 동굴, 비밀의례장소)'를 '종교의례장소(신전, 신당, 예배당, 모스크, 사원, 사찰, 종묘, 사당)'와 차별화시켰으며, 주술의례용 노래와 춤을 종교의례용 찬송가와 성무聖舞와 차별화시켰고, 정령들을 이로운 정령들과 해로운 정령들로 분리시켰으며, 긍정적이거나 부정적인 마나와 주술효과들을 '축복(은총)이나 저주, 가호나 천벌, 기적이나 재앙'과 차별화시켰을 것이다.

4

이런 심정적 태도의 차이가 발생한 사연은 아주 복잡다단할 것이다. 하여간에 이런 차이는 주술시대와 종교시대의 분계선을 형성했거나 아니면 오히려 그런 분계선에서 발생했으리라고 추정될 수 있을 따름이다. 그렇다면 적어도 유럽에서는 마법과 마법사나 마녀가 이런 차이의 결과들일 수 있다. 왜냐면 유럽에서 주술과 주술사는 종교시대의 초기부터 자의로든 타의로든 해로운 주술을 일삼고 해로운 정령들과 교신하는 마법과 마녀로 간주되어 서서히 차별화되기 시작한 듯이 보이기 때문이다.

고대 그리스와 로마에서도 종교시대의 초기부터 특히 여성주술사는 마법이나 요술을 일삼는 마녀나 무녀나 요녀로 인식된 듯이 보인다. 예컨대, 호메로스의 서사시에 나오는 키르케나 고대 로마 전설에 나오는 쿠

12 본서, p. 200.

<율리시스(오디세우스)에게 술잔을 내미는 키르케Circe Offering the Cup to Odysseus>
존 윌리엄 워터하우스가 1891년 완성한 유화

마 무녀도 본디 여성주술사들이었을 것이다. 그들은 공인된 종교 또는 종교들의 성직자(남사제와 여사제, 신녀神女, 점술관占術官)들과 다르게 인식되었으리라고 추정된다. 이런 추정은, 베리스가 언급하듯이, 고대 로마에 "유피테르의 사제"나 "베스타 처녀사제들"이 존재했다는 사실로 예증될 수 있다. 또한 고대 유태인들 사이에서도 해롭거나 악하다고 인지된 주술과 주술사는 종교시대의 초기부터 마법과 마녀(무녀 또는 무당)로 간주되어 경원시되기 시작했을 것이다.[13]

그리하여 유럽에서 마법과 마녀는 서서히 터부시되어갔을 테지만 결코 사멸하지 않았다. 긍정적 마나와 그것의 효과들을 종교에 양보하거나 강탈당한 주술과 주술사는 자의로든 타의로든 부정적 마나와 그것의 효과들을 떠맡기 시작했을 것이다. 그럴수록 종교와 종교인들은 주술을 마법이나 요술 같은 미신으로 치부하여 기피하고 주술사를 마법사나 마녀로 치부하여 점점 더 은밀하고 비밀스러운 음지로 떠밀었을 것이다.

잉글랜드 극작가 겸 시인 윌리엄 셰익스피어William Shakespeare(1564~1616)의 비극희곡 『맥베스Macbeth』(1606) 제4막 제1장은 음산한 동굴에서 시작된다. 동굴 한가운데에 피워진 모닥불 위에는 가마솥 하나가 걸려있다. 천둥소리와 함께 동굴로 들어선 마녀 세 명이 가마솥에 둘러서서 맥베스를 저주하려는 부적을 만들기 시작한다.

그들은 "독물에 절인 창자, 차가운 돌 밑에서 서른하룻밤낮을 잠자며 독액을 분비한 두꺼비, 늪에서 잡은 뱀의 저민 뱃살, 도롱뇽 눈깔, 개구리

13 유태교-기독교경전 「이집트 탈출기」(「출애굽기」) 제22장 18절에는 "마녀를 살려두지 마라"는 모세 율법이 언급된다. 이것은 『새로운 국제판(NIV) 홀리 바이블』에서는 "Do not allow a sorceress to live"로, 『새로운 미국 표준 바이블(NASB)』에서는 "You shall not allow a sorceress to live"로, 『킹 제임스 영역판(KJV) 홀리 바이블』에서는 "Thou shalt not suffer a witch to live"로, 한국의 『공동번역성서 개정판』에서는 "요술쟁이 여인은 살려두지 못한다"로, 『성경전서 개역개정판』에서는 "너는 무당을 살려두지 말라"로, 『성경전서 개역한글판』에서는 "너는 무당을 살려두지 말지니라"로,『성경전서 새번역』에서는 "마술을 부리는 여자는 살려두어서는 안 된다"로, 『현대인의성경』에서는 "무당을 살려두지 말아라"로 번역되었다.

<가마솥과 마녀들Witches Round the Cauldron>
잉글랜드 화가 대니얼 가드너Daniel Gardner(1750~1805)가 『맥베스』 제4막 제1장을 소재로 삼아 1775년에 완성한 유화

발가락, 박쥐밑털, 개혀[犬舌], 독사혀[毒蛇舌], 독벌레독침, 도마뱀다리, 올빼미날개, 용비늘[龍鱗], 늑대이빨, 마녀들의 미라, 포악한 바다상어의 위장과 창자, 한밤중에 캔 독미나리뿌리, 신神을 모독한 유태인의 간장肝腸, 산

양山羊쓸개와 월식일月蝕日에 꺾은 주목朱木가지들, 터키인Turkey人의 코[鼻]와 타타르인Tartar人의 입술, 창녀가 낳자마자 교살하여 시궁창에 내버린 갓난애의 손가락, 호랑이 창자"를 가마솥에 넣고 휘저으며 잡탕을 끓인다. 이윽고 잡탕이 펄펄 끓으며 걸쭉해지자 그들은 잡탕에 "비비피[狒狒血]"를 조금씩 부으며 잡탕을 식힌다. 이렇게 저주부적이 완성되자 헤카테[14]가 다른 마녀 세 명을 데리고 동굴로 들어와서 말한다.

"잘했다. 애썼구나. 너희는 모두 합당한 보상을 받으리라. 자, 이제 도깨비들과 요정들처럼 둥글게 줄지어 가마솥을 빙글빙글 돌면서 노래하자. 잡탕에 마법을 걸자."

이 비극희곡에서 연출되는 이토록 기괴한 주술의례장면은 플랑드르(벨기에) 화가 프란스 프랑켄 2세Frans Francken II(1581~1642)의 흥미로운 유화油畫 속에서 연출되는 장면과 절묘하게 어울리는 듯이 보인다.

여기서 의미심장한 사실이 발견된다. 그것은 『맥베스』가 초연된 해와 프랑클 2세의 유화가 완성된 해가, 비록 우연하게 일치했을 수도 있을망정, 어쨌거나 공교롭게도 똑같이 1606년이라는 사실이다. 1606년은 유럽에서 이른바 마녀사냥이 자행된 약300년(15세기중엽~18세기중엽)에 달하는 세월의 한복판에 해당한다.

5

마녀사냥시대는 기묘하게도 르네상스(문예부흥) 시대, 종교개혁시대, 연금술시대, 계몽주의시대, 낭만주의시대, 근대과학의 형성기와 겹친다.

14 Hecate: '마녀들의 여왕'으로 묘사되는 이 등장인물의 이름은 고대 그리스에서 교차로, 현관, 조명, 주술, 마법, 약초와 독초, 유령, 접신점술接神占術, 요술을 주관한다고 믿긴 여신 헤카테Hekate에서 유래했다고 추정된다. 이 비극에서는 헤카테와 마녀들이 합창하는 노래 두 곡의 제목만 언급되지만, 잉글랜드 극작가 겸 시인 토머스 미들턴Thomas Middleton(1580~1627)의 희비극 『마녀The Witch』(1616)에는 두 곡의 가사가 모두 기록되었다는 사실은 흥미롭다.

<마녀들의 부엌>
프란스 프랑켄 2세가 1606년 완성한 유화

유럽에서 마녀사냥이 시작되었을 즈음에 공교롭게도 르네상스가 시작되었고, 반세기도 지나지 않은 1486년에는 독일 성직자들인 야콥 슈프렝거 Jacob Sprenger(1436/1438~1495)와 하인리히 크라머 Heinrich Kramer(1430경~1505)가 『마녀를 심판하는 망치 Malleus Maleficarum』라는 문제의 책을 펴내면서 마녀사냥을 가속화시켰다. 그리고 얼마 지나지 않아 마르틴 루터, 울리히 츠빙글리, 장 칼뱅이 종교개혁을 주동했다. 그런 한편에서 파라켈수스, 존 디, 튀코 브라헤, 미하일 센지보위 같은 연금학자들이 근대과학의 실마리들을 암시했다. 프랜시스 베이컨, 토머스 홉스, 르네 데카르드, 존 로크, 바뤼흐 스피노자, 임마누엘 칸트 같은 철학자들은 인간의 이성 理性에 호소하는 계몽주의를 주도했고, 안드레아스 베살리우스, 갈릴레오 갈릴레이, 요한네스 케플러, 로버트 보일, 아이저크 뉴턴, 고트프리트 빌헬름 라이프니츠, 앙투안 라부아지에 같은 과학자들은 유럽을 과학시대로 이행시키기 시작했다.[15]

그렇다면 마녀사냥시대는 주술시대 이래 수천 년간 지속된 종교시대를 과학시대로 이행시킨 전환기였을 수도 있다. 어쩌면 이 전환기의 유럽에서 종교는 수천 년간 잔존하며 암행되던 주술을, 하여간 착잡한 여러 이유 때문에, 청산하여 거듭나야겠다고 절감한 강박관념 내지 조바심에 사로잡혀 마녀사냥을 자행한 듯이도 보인다. 종교가 그런 강박관념에 사로잡힌 까닭은 많았겠지만, 어쨌거나, 마녀사냥이 주술청산작업의 일환이었을 가능성은 무시될 수 없을 것이다.

그런 정황에서 임박한 과학시대가 마녀사냥을 노골적으로 요구하지는 않았을 것이다. 왜냐면 종교재판에 회부된 갈릴레이의 천문학이나 갖가지 박해에 시달린 베살리우스의 해부학처럼 과학들도 자칫하면 이단시되어 종교재판에 회부되거나 박해받았을 수도 있을뿐더러 심지어 과학들에도 주술의 흔적이 잔존했을 것이기 때문이다. 주술의 특성을 다분히 간직한 민간요법, 점성술, 연금술 같은 이른바 전과학들이나 사이비과학들은 사실상 주술시대와 종교시대의 과학들이었다. 게다가 근대의 약학과 해

15 마르틴 루터Martin Luther(1483~1546)는 독일 기독교성직자 겸 신학자, 울리히 츠빙글리Ulrich Zwingli(1484~1531)는 스위스 기독교성직자 겸 신학자, 장 칼뱅John Calvin(1509~1564)은 스위스 제네바에서 활동한 프랑스 기독교성직자 겸 신학자, 파라켈수스Paracelsus(1493~1541)는 독일과 오스트리아에서 활동한 스위스 의사 겸 연금학자 겸 점성학자, 존 디John Dee(1527~1608)는 잉글랜드 수학자 겸 연금학자 겸 점성학자, 튀코 브라헤Tycho Brahe(1546~1601)는 덴마크 천문학자 겸 연금학자 겸 작가, 미하일 센지보위Michał Sędziwój(1566~1636)는 폴란드 철학자 겸 연금학자 겸 의사이다. 프랜시스 베이컨Francis Bacon(1561~1626)과 토머스 홉스Thomas Hobbes(1588~1679)는 잉글랜드 철학자들이고, 르네 데카르트René Descartes(1596~1650)는 프랑스 철학자, 존 로크John Locke(1632~1704)는 잉글랜드 철학자, 바뤼흐 스피노자Baruch Spinoza(1632~1677)는 네덜란드 철학자, 임마누엘 칸트Immanuel Kant(1724~1804)는 독일 철학자이다. 안드레아스 베살리우스Andreas Vesalius(1514~1564)는 플랑드르(벨기에) 의사 겸 해부학자, 갈릴레오 갈릴레이Galileo Galilei(1564~1642)는 이탈리아 천문학자 겸 물리학자, 요한네스 케플러Johannes Kepler(1571~1630)는 독일 수학자 겸 천문학자, 로버트 보일Robert Boyle(1627~1691)은 아일랜드계 잉글랜드 자연철학자 겸 화학자 겸 물리학자, 아이저크 뉴턴Isaac Newton(1642~1727)은 잉글랜드 수학자 겸 물리학자, 고트프리트 빌헬름 라이프니츠Gottfried Wilhelm Leibniz(1646~1716)는 독일 수학자 겸 철학자 겸 과학자, 앙투안 라부아지에Antoine Lavoisier(1743~1794)는 프랑스 화학자 겸 생물학자이다.

부학을 포함한 의학뿐 아니라 생물학, 천문학, 물리학, 화학 같은 자연과학들에마저 전과학들이 어떻게든 영향을 끼쳤을 확률도 완전히 부정될 수는 없을 것이다. 그러나 이성에 의탁한다고 자부한 근대과학은 주술의 잔재를 용납할 수 없었기 때문에, 비록 마녀사냥을 일삼는 종교에 협력하거나 영합하지는 않았어도 종교와 마찬가지로, 주술을 미신으로 치부하면서 경원시할 수밖에 없었을 것이다. 아마도 이런 역사적 맥락에서 주술은 마법, 요술, 사술이라는 별명들과 함께 마술이라는 별명마저 얻었을 것이다.

그렇다면 마녀사냥시대에 종교와 과학의 관계는 비록 겉으로는 서로 적대하면서도 내밀하게는 주술만은 용납하지 못하고 청산해야 할 미신들의 원흉으로 간주한 '적대적 공모관계'였을 수도 있다. 그러나 주술은 종교와 과학의 그토록 얄궂은 합공을 받았어도 결코 사멸하지 않았다. 수천 년간 주술은 종교의 은밀한 제물 겸 필요악처럼 유용되고 소모되며 어수선한 속세로, 어둠침침한 숲과 음산한 동굴로, 막막한 황야로, 비밀스럽고 매캐한 지하실로 떠밀리고 추방되거나 도피하면서 끈질기게 살아남았다. 게다가 주술은 종교에 은근히 마지못해 합세한 과학의 공격마저 절묘하게 받아넘기고 살아남을 수 있었다. 왜냐면 주술은 때마침 부흥한 문예들과 연금술에서 다시 활로를 찾았고 비록 문예처럼 화려하게나 연금술처럼 솔깃하게 부흥하지는 못했을망정 은밀하면서도 신비하게 거듭 재활할 수 있었기 때문이다.

6

주술은 마녀사냥시대의 전성기에 아니면 더 일찍 문예에서 활로를 모색하기 시작했을 것이라고 추정된다. 단테의 『신곡Divina Commedia』 중에도 특히 「지옥Inferno」, 조반니 보카치오의 『데카메론Decameron』, 제프리 초서의 『캔터베리 이야기들The Canterbury Tales』, 루도비코 아리오스토의 장편 서사시 『올란도의 광란Orlando Furioso』 같은 작품들에서는 주술이나 주술적 심정心情이 은밀하게 암약한다.[16] 셰익스피어의 『맥베스』, 토머스 미들턴의 『마녀』, 프란스 프랑켄 2세의 〈마녀들의 부엌〉, 에스파냐 작가 미겔 데 세르반테스Miguel de Cervantes(1547~1616)의 『돈키호테Don Quixote』에서는 주술이나 주술적 심정이 아예 노골적으로 표출된다. 같은 기간에 연금술도 주술의 재활에 직간접으로 일조했을 것이다.

아마도 마녀사냥시대의 황혼녘에 시작되었을 낭만주의시대는 주술적 심정을 본격적으로 재활시켰을 것이다. 아니, 어쩌면 주술적 심정이 오히려 낭만주의를 촉발했을 수도 있다. 어쨌든 낭만주의가 농익었을 무렵 괴테Goethe(1749~1832)의 『파우스트Faust』(1808~1832) 제1부 서두에서 노학자 파우스트는 "철학, 의학, 법학뿐 아니라 신학마저 전심전력으로 열심히 공부"했는데도 "그리하여 나는 마법Magie에 나를 내맡겼다"고 토로한다. 괴테가 『파우스트』 제2부를 집필하던 와중인 1812년에는 야콥 그림Jacob Grimm(1785~1863)과 빌헬름 그림Wilhelm Grimm(1786~1859)이 주술적 심정의 백화점이라고 평가되어도 무방할 유명한 동화집을 편찬했다. 1818년에는 매리 셸리Mary Shelley(1797~1851)가 장편소설 『프랑켄슈타인; 혹은, 현대의 프로메테우스Frankenstein; or, The Modern Prometheus』를 발표하여 이른바 과학소설의 실마리를 제시했다.

그렇게 르네상스 시대와 낭만주의시대의 희곡과 연극, 소설, 동화, 미술 같은 문예들에서 터전을 마련하고 정착한 주술은 고토를 탈환하려는 복

16 단테Dante(1265~1321)는 이탈리아 시인 겸 정치인, 조반니 보카치오Giovanni Boccaccio(1313~1375)는 이탈리아 작가 겸 시인, 제프리 초서Geoffrey Chaucer(1343~1400)는 잉글랜드 시인 겸 산문작가 겸 철학자 겸 천문학자, 루도비코 아리오스토Ludovico Ariosto(1474~1533)는 이탈리아 서사시인이다.

귀전을 준비하기 시작했다. 주술의 고토는 당연히 공연예술이었다. 왜냐면 주술의 고유하고 결정적인 표현수단은 종교와 마찬가지로 의례였고, 의례는 결국 연극, 악극樂劇, 춤 같은 공연행위이기 때문이다. 그래서 주술은 때마침 각광받기 시작한 오페라로 진군하기 시작했고, 더 정확하게는, 오래전에 쫓겨났던 고대 그리스나 로마의 원형극장 같은 공연장으로 ― 의례장소로 ― 마치 권토중래하듯이 귀환하기 시작했다. 예컨대, 리하르트 바그너Richard Wagner(1813~1883)의 오페라들은 이런 주술의 권토중래를 단적으로 예시했다고 평가될 수 있다. 낭만주의시대를 주동한 이른바 "질풍노도Sturm und Drang"나 "자유로운 상상력"이나 "자유정신" 같은 표어들은 주술의 귀환을 알리는 신호탄들이었다.

그리고 낭만주의의 열풍이 잦아들 즈음 프랑스 역사학자 쥘 미슐레Jules Michelet(1798~1874)가 1862년에 펴낸 역사서 『마녀La Sorcière』는 주술에 새로운 전기를 마련해주었다. 1855년에 펴낸 역사서 『프랑스 역사Histoire de France』에서 '르네상스Renaissance'라는 낱말을 최초로 사용하고 정의한 역사학자로도 유명한 미슐레의 『마녀』는 특히 유럽의 마녀사냥을 최초로 비판적 관점에서 재조명하려는 동향을 자극했다.

주술과 주술사들은 마침내 '음흉하고 사악한 마법과 마녀들'이라는 해묵은 꼬리표를 떼버릴 기회를 맞이했다. 그리고 반세기도 지나지 않은 1899년에는 미국 작가 겸 민속학자 찰스 고드프리 릴런드Charles Godfrey Leland(1824~1903)가 『아라디아, 혹은 마녀들의 복음Aradia, or the Gospel of the Witches』이라는 기서奇書를 편찬했다. 이것은 주술에게는 일종의 쾌거였을 수 있다. 왜냐면 그때까지 모든 고등종교는 경전을 구비했지만 주술은 경전을 결여했다는 사실이야말로 주술을 속악한 미신으로 인식시켜 핍박당

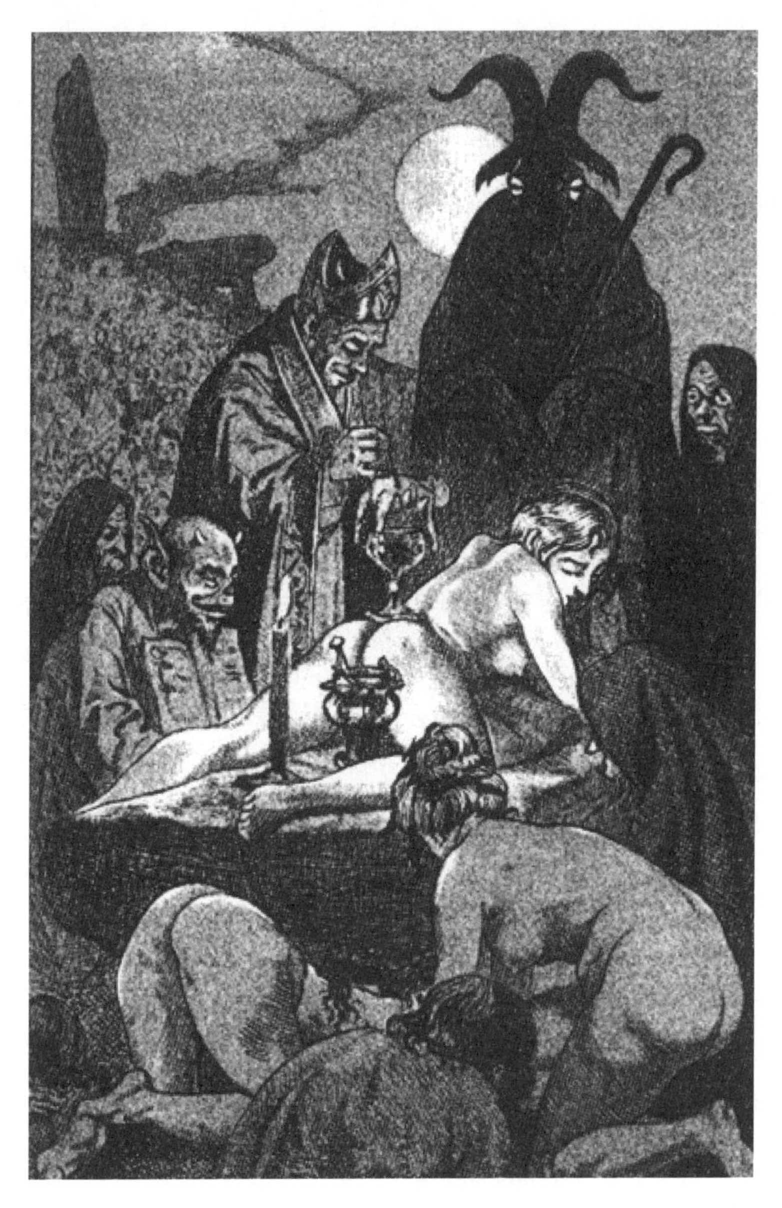

<마녀들의 집회Sabbat de sorcières>
쥘 미슐레의 『마녀』(1911년판)에 수록된 프랑스 삽화가 마르탱 방 말Martin van Maële(1863~1926)의 삽화

하게 만든 결정적 빌미였기 때문이다.

이렇듯 비록 엉성하고 소박하나마 "복음"이라는 칭호를 곁붙인 경전마저 구비한 주술은 20세기에는 만화, 동영상(영화와 방송), 디지털기기라는 비옥한 매체들까지 발견했다. 질풍노도처럼 그것들을 장악하여 강성해진 주술은 바야흐로 현대과학기술에도 해묵은 영향력을 행사하기 시작했고 자본주의라는 매혹적인 마귀마저 영접하여 유럽뿐 아니라 지구촌마저 자본주의의 굿판으로 변질시키는 듯이 보인다. 그래서 어쩌면 예컨대, 주술에서 파생한 연금술[17]의 낌새나 기미가 이른바 "융합, 통섭, 4차 산업" 같은 뻔질나게 복창되는 자본주의의 최첨단 유행어들 속에서도 희미하게나마 암약할지 모른다. 이 유행어들은 심지어 과학뿐 아니라 이른바 "인문학"마저 명분으로 삼아 자본주의에 복무할 이른바 "창의력"이나 "자유로운 상상력"을 강요하는 듯이 보인다. 하지만 그런 창의력이나 상상력이 과연 낭만주의시대를 풍미한 "자유연애관념" 혹은 "로맨스 감정"보다 주술적 마나mana의 영향을 얼마나 더 가뿐하게 떨쳐냈느냐 혹은 떨쳐낼 수 있느냐는 문제는 여전히 정답이나 확답을 얻지 못할 것이다.

7

요컨대, 종교시대에부터 미신으로 치부된 주술은 현대에도 문명세계의 종교들과 야생세계의 원시종교들뿐 아니라 현대의 "첨단"과학들 속에서마저 적나라하게나 희미하게 작용하고 또 작용할 수밖에 없는 듯이 보인다. 주술의 이토록 끈질긴 내구력은 다음과 같은 사실들로도 예증될 것이다.

종교시대와 과학시대에 미신으로 치부된 마법, 요술, 사술, 마술(흑마

17 엘리자 매리언 버틀러, 앞 책.

술黑魔術과 백마술白魔術) 따위는 주술의 별명들이었고, 마력魔力과 요기妖氣는 주력呪力(마나)의 별명들이었으며, 무녀(무당), 마녀(요녀), 마법사(마남), 마술사 같은 호칭들은 성직자(랍비, 사제, 목사, 율법사, 승려)와 차별화된 주술사의 별칭들이었다. 유럽에서는 종교가 주술을 미신으로 간주하여 청산하려고 아무리 잔혹한 마녀사냥과 종교재판을 자행했어도 그럴수록 종교는 오히려 미신을 더 흡사하게 닮아가다가 기복신앙으로 변질되어 종교개혁을 당한 반면에, 주술은 문예와 연금술에서 활로를 되찾아, 아니면, 오히려 문예와 연금술을 부흥시켜서 옛 위력을 서서히 회복했다. 민간에서도 주술이 비록 마녀들의 동굴이나 부엌 같은 음지들로 떠밀렸을망정 온갖 유령과 잡귀의 존재를 가정하거나 믿는 갖가지 점술과 비밀의례의 형태로 암약하거나 행세하면서 유유히 전래되었다. 멀리 조선에서도 유교가 불교와 주술(무속신앙 또는 토속신앙)을 싸잡아 미신으로 간주하여 심하게 억압했지만 불교와 주술은 결코 사멸하지 않았고 때로는 서로 영합하면서 기복신앙의 형태로 민간에 면면히 존속했다.

그런 한편에서 심지어 고등종교들로 자칭하거나 타칭된 유태교, 기독교, 불교, 유교에서도 여태껏 악마, 마귀, 마라魔羅, 귀신처럼 터부시된 정령들이 심심찮게나 뻰질나게 운위되었을 뿐 아니라 주술의례를 빼박거나 엇비슷하게 닮은 의례들마저 주기적으로 거행되었다. 오늘날 세계각지에서 거행되는 온갖 종교축제와 민간축제나 민속축제에서 겸행兼行되는 의례들의 대다수도 아예 주술의례들이거나 아니면 주술의례를 빼박든지 모방하고 시늉하는 행사들이다. 특히 근래에 자본주의가 이런 의례들과 행사들을 '관광산업용 공연행위들'로 변환시킨다는 사실도 자본주의의 주술성을 예증할 것이다.

하물며 주술을 멀리한다고 자부할 현대의 "첨단"과학기술이 발명하고 자본주의가 대대적으로 홍보하고 유통시키는 사이버게임들에서도 주술 혹은 주술적 심정의 효과들이 활발하게 암약할뿐더러 아예 난무하기도 한다. 스마트폰, 인공지능과 로봇, 가상현실이나 증강현실에 솔깃하거나 열광하는 현대인의 반응뿐 아니라 그것들을 두려워하고 터부시하는 현대인의 반응도 주술적 심정의 효과나 잔재를 뚜렷하게나 희미하게 드러낸다.

8

독일 철학자 헤겔Hegel(1770~1831)이 『종교철학강의Vorlesungen uber die Philosophie der Religion』(제2부 제1편 제I장)에서 말했고 프레이저가 깊게 동감했듯이 "주술은 여태껏 모든 시대의 모든 인간 사이에 존재했다." 주술의 이토록 끈질긴 생명력 또는 내구력은 주술적 심정을 형성한 주요한 두 원천에서 생겨나는 듯이 보인다. 두 원천 중 하나는 유사성원리와 접촉원리에 얽매인 원시인의 "기묘하게 왜곡된 생각습관"[18]이다. "주술로 통칭되는 신비한 행위와 주문"을 빚어내는 이런 원시적 생각습관은 "결과와 원인은 동일하고, 인간을 닮은 것이나 사물을 닮은 것은 인간자체이거나 사물자체이며, 생각의 유사성은 사실의 유사성이고, 인간을 한 번 접촉한 것은 계속 접촉한다"[19]고 시종일관 확신한다. 이렇게 확신하는 원시인은 자신이 직면하는 세계의 복잡한 인과관계를 정확하게 파악하지도 추리하지도 못해서 왜곡하거나 성급하게 싸잡아 단순하게 생각해버릇한다.

주술적 심정의 또 다른 주요한 원천은 원시인의 "강렬하고 과격한 상상력"[20]이다. 원시인의 미숙한 두뇌와 무지無知도 그의 상상력을 과격하게 만

18 본서, p. 14.
19 앞 책, p. 26.
20 앞 책, pp. 13, 39.

들었겠지만 그의 위태롭고 불안하며 험난한 생활환경도 그의 상상력을 과격하게 만들었을 것이다. 특히 까닭모를 질병, 잔혹한 전투나 전쟁, 불가항력적인 천재지변, 낯설거나 신기하거나 불가사의한 사물이나 타인이나 현상을 직면하여 고통, 위기감, 불안감, 공포감, 경외감을 느끼면 더욱 과격해지는 원시인의 과격한 상상력은 세계를 정확하게 추리할 수 있는 사고력을 약화시키는 동시에 원시적 생각습관을 증강하여 현실의 사물, 인물, 현상을 무분별하게나 터무니없이 허구화虛構化해버릇한다. 이런 허구화는 이른바 강렬한 공감, 감격, 감정이입, 프랑스 극작가 겸 배우 앙토냉 아르토Antonin Artaud(1896~1948)가 지향한 "마술적 일체감," 종교적 황홀경 같은 비현실적 격정을 촉발할 것이다.

어쨌거나 무분별한 허구화를 일삼는 생각습관과 상상력이 주술적 심정을 형성했을 것이고 주술을 고안하여 가다듬었을 것이다. 사물인물사건을 그것의 유사성에 얽매여 생각하고 과격하게 상상하여 무분별하게 허구화해버릇하는 이런 심정은, 예컨대, 베리스가 관찰한 '천둥소리를 내는 하늘과 자신을 향해 짖어대는 개를 동일시하는 네 살배기 여아'[21]의 심정과 거의 흡사하다. 이른바 "동심童心"이라고 회자되어온 '인간아동의 심정'과 흡사한 이런 심정이 주술시대를 종교시대로 변이시킨 의인화해버릇하는 성향(의인법)을 배태했을 것이다.

의인화(의인법)는 주술과 종교를 연접시키는 핵심적 성향이다. 주술시대에 터부들과 정령들을 빚어냈을 이 성향은 주술시대를 종교시대로 이행시키거나 변이시킨 동력을 적잖이 공급했을 것이다. 여태껏 모든 종교뿐 아니라 모든 동화와 거의 모든 민담, 설화, 전설, 신화마저 지배한 듯이 보이는 이 성향은 심지어 "첨단"과학문명을 자랑하는 현대세계에서도 은

21 앞 책, p. 15.

연중에든 노골적으로든 지배력을 유지하는 듯이 보인다. 예컨대, 아름답게나 기괴하게나 거대하게 보이는 자연환경이나 자연물을 여전히 이른바 "그림 같은" 인공물에 비유해버릇하는 현대인들의 심정도 '의인화해버릇하는 동심' 즉 주술적 심정을 단적으로 예시한다.

이토록 유구한 비유습관比喩習慣은 주술적 심정의 내구력뿐 아니라 복원력 내지 회귀성回歸性마저 암시한다. 회귀성은 특히 동심의 현저한 특성이기도 하다. 예컨대, 종교시대로 변이하던 주술시대가 빚어낸 밀교들이나 신비주의, 계몽주의시대로 변이하던 종교시대가 초래한 르네상스와 마녀사냥과 연금술, 과학시대로 변이하던 계몽주의시대가 빚어낸 낭만주의뿐 아니라 과학시대의 자본주의와 대중문화도 동심의 회귀성을 어떻게든 암시한다.

동심의 이런 회귀성은 이로울 수도 해로울 수도 있는 주술과 주술적 심정처럼 양면성을 띠기 마련이다. 한편에서 이런 심정은 여태껏 대체로 천국이나 낙원 같은 종교적 이상향, 이데아나 유토피아 같은 철학적 이상향, 문예창작력과 과학적 창의력의 원천 같은 것으로 인식되어서 그런지 종교시대에는 물론 과학시대에도 긍정되고 권장되었으며 때로는 동경되거나 찬미되기마저 했다. 그런 반면에, 그리고 오히려 그래서, 이런 심정의 원시성과 과격성은 고의로든 부지불식간에든 여태껏 대체로 경시되거나 은폐되거나 묵살된 듯이 보인다. 이런 심정의 부정적 측면을 무시하고 긍정적 측면에 치중하는 편애는 종교시대와 낭만주의시대의 특징이었을 뿐 아니라 과학시대의 현저한 특징이다. 그러나 자본주의는 바야흐로 이런 심정의 긍정적 측면뿐 아니라 부정적 측면마저 최대한 활용하는 듯이 보인다. 왜냐면 자본주의는 위기감, 소외감, 불안감, 공황을 주기적으로 조장해야만 자본과 자본가들을 존속시키는 주술효과를 발휘할 수 있기 때문이다.

찾아보기

(ㅂ)

(ㅌ)

(ㅍ)

(ㅎ)

터부, 주술, 정령들

모든 종교에서 발견되는 원시적인 요소들

초 판 1쇄 인쇄 2022년 4월 25일

지은이 엘리 에드워드 베리스
옮긴이 김성균
편 집 강완구
펴낸이 강완구
펴낸곳 써네스트
브랜드 우물이 있는 집
디자인 S-design

출판등록 | 2005년 7월 13일 제 2017-000293호

주 소 | 서울시 마포구 망원로 94, 2층

전 화 | 02-332-9384 **팩 스** | 0303-0006-9384

이메일 | sunestbooks@yahoo.co.kr

ISBN | 979-11-90631-42-6 (93290) 값 16,000원

우물이 있는 집은 써네스트의 인문브랜드입니다.